우리 함께 걸어요

약속

정치의

새로운

도전

우리 함께 걸어요

새누리당 약속지킴이 모임 지음

국민과 국회를 잇는
'약지'가 되길

 이 책을 읽으시는 독자 여러분이 잘 아시듯이, 비례대표의원은 각 분야에서 최고의 전문성을 인정받는 분들입니다. 장애인과 이주여성 등 우리 사회의 소수를 대표하는 분이 있는가 하면 과학자와 의사, 간호사, 기업인, 농업인, 드라마 제작자, 유아교육가, 노동운동가, 언론인 등 참으로 다양한 분야의 전문가들입니다. 이분들은 초선의원으로서 비록 지명도는 높지 않지만, 고도의 전문성과 오랜 경험, 그리고 높은 열정과 헌신으로 국회에 항상 새 바람을 불어넣어 주었습니다.

 이 책에는 이분들의 다양한 이력과 전문가로서, 또 정치인으로서 지향점이 담겨 있습니다. 많은 국민들에게 공감을 불러일으키고, 특히 청소년과 청년들에게 위로와 용기를 보내주기를 기대합니다.

 저는 지난 2012년 19대 총선 직후 비례대표의원들이 국민과의 약속을 지키는 모임(약지)을 결성하던 때를 잘 기억하고 있습니다. 비례대표의원들이 그런 모임을 결성한 것이 그때가 처음이기도 해서 매우 신선하게 느껴졌고, 그래서 더욱 아낌없이 박수를 보내며 격려했습니다.

19대 국회 임기 1년여를 앞두고 '약지' 모임이 이 책을 낸 것은 지난 3년 간 초심을 실천했다는 자부심이기도 하고, 한편으로는 남은 임기를 더욱 알차게 가꿈으로써 국민을 실망시켜드리지 않겠다는 다짐이기도 할 것입니다. 출판을 진심으로 축하하며, 이제 임기를 시작한다는 마음으로 앞으로 더욱 정진해 주실 것을 부탁드립니다.

모임의 이름 '약지'는 참으로 절묘하게 이분들의 마음을 나타내 준다고 생각합니다. 배우자에 대한 사랑과 믿음과 헌신의 증표인 반지를 끼는 손가락이 바로 약지입니다. 약속은 누구나, 반드시 지켜야 합니다. 바로 여기에서 건강한 믿음의 사회는 시작됩니다. 특히 국민의 대표인 국회의원의 약속은 천금(千金)의 무게를 가져야 합니다. 의원 여러분이 끝까지 우리 사회를 건강하게 하는 단비가 되어주시고, 국민과 국회를 잇는 믿음직한 약지가 되어주시길 바랍니다.

진솔한 글을 실어주신 의원님들에게 감사와 격려의 박수를 보내면서, 이 책의 출판이 많은 국민들께서 우리 정치의 또 다른 면을 이해하시는 계기가 되기를 바랍니다. 감사합니다.

2015년 4월
국회의장 정의화

변치 않는
언약의 '약지'가 되겠습니다

저희 새누리당 비례대표 새내기 의원 모두가 지난 2012년 국민과의 약속과 4·11 총선 공약을 꼭 지키겠다고 다짐하면서 만든 약속지킴이 모임이 3년째를 맞았습니다.

일자리, 장애인, 보육 등 민생 경제 현안과 통일, 외교, 안보, 교육, 문화, 농어업 등 나랏일 전반에서 각자의 전문성을 십분 발휘해 현장에서 국민과 얼굴을 맞대고 소통하고자 애썼습니다만, 약속을 제대로 지켰는지, 자칫 놓친 약속은 없었는지 저희 손을 국민 앞에 가지런히 내놓고 자성해봅니다.

변하지 않는 영원한 사랑의 약속으로 약지에 반지를 끼는 것은 옛 로마 사람들이 약지와 심장이 연결되어 있다고 믿은 데서 유래했다고 합니다. 그리고 동서양 모두 약을 저을 때는 항상 약지를 썼다고 합니다. 만약 해로운 것이 있다면 심장에 경고의 메시지를 줄 거라고 생각했기 때문입니다.

약속지킴이 모임도 이와 다르지 않다고 생각합니다. 심장과 약지처럼 국민과 국회를 가깝게 연결하고, 우리 국민과 정치에 해로운 것들이 있다면 현장에서 일일이 감지해내고 걸러내어 국민께 좋은 것만 드리는 것이 '약지'의 사명이라고 믿습니다.

오만한 엄지, 손가락질하는 검지, 서로 비난만 일삼는 구태 정치의 중지, 텅 빈 공약의 힘없는 새끼손가락이 아니라, 국민께 드리는 변치 않는 언약의 '약지', 튼실한 가락지가 되겠습니다. 그래서 이 작은 책에 그런 저희 진심과 노력을 담아보았습니다.

반짝이는 금반지만 자랑하는 그런 '약지'가 되지 않겠습니다. 다섯 손가락을 매듭까지 하나하나 매만져서 화합의 따뜻한 손을 이루는 '약지'가 되겠습니다. 국민의 아픔이 있는 곳에 약손가락이 되었으면 좋겠습니다. 열 손가락 깨물어 안 아픈 손가락 없는 심정으로 구석구석 살펴서 국민 대통합과 국민 행복에 힘을 다하겠습니다.

2015년 4월
새누리당 약속지킴이 모임 일동

강은희, 김상민, 김장실, 김정록, 김현숙, 류지영, 문정림,
박윤옥, 박창식, 손인춘, 송영근, 신경림, 신의진,
양창영, 윤명희, 이만우, 이상일, 이운룡, 이자스민,
이재영, 조명철, 주영순, 최봉홍

목차

강은희

'우연'과 '선택'의 연속에서
'나'와 '대한민국'을 만나다

강은희

- 1964년 대구 출생
- 대구 칠성초, 효성여중, 효성여고
- 경북대학교 물리교육학과 졸업
- 계명대학교 산업기술대학원 컴퓨터공학과 졸업(공학석사)
- 중·고등학교 교사
- ㈜위니텍 대표이사
- ㈔IT여성기업인협회 회장
- 대통령직속 국민경제자문회의 위원
- 대통령직속 국가경쟁력강화위원회 위원
- 대통령직속 국가정보화전략위원회 위원
- 現 19대 새누리당 비례대표 국회의원
- 새누리당 원내대변인
- 국회 운영위원회 위원
- 새누리당 인재영입위원회 위원, 경제혁신특별위원회(공적연금개혁분과) 위원
- 現 국회 교육문화체육관광위원회 위원
- 現 국회 여성가족위원회 위원
- 現 한국아동인구환경의원연맹(CPE) 이사
- 現 유네스코한국위원회 제28대, 29대 위원
- 現 새누리당 조직강화특별위원회 위원
- 상훈) 제9회 소프트웨어산업인의 날 기념 산업포장 수상('08. 11. 지식경제부)

'우연'과 '선택'의 연속에서
'나'와 '대한민국'을 만나다

　　지금까지 나의 삶을 되돌아보면 가장 행복했던 시절은 뭐니 뭐
니 해도 학생들을 가르쳤던 짧은 5년간의 기간이었다. 과학 과목을 좋아
하고 아이들을 가르치는 것도 좋아했던 꿈을 이루고자 사범대학에 진학
했고, 4년간의 대학생활에서 단 한순간도 잊어 본 적이 없는 꿈이었지
만 졸업할 무렵엔 교사 발령이 다소 정체되어 발령 대기가 불가피했다.
하지만 다행스럽게도 대구의 한 여자고등학교에 강사와 조교를 겸한 자
리를 얻을 수 있었다. 그곳에서의 첫 수업은 지금도 잊을 수 없다. 40여
명의 명랑하고 맑고 밝은 소녀들의 눈망울은 내게 큰 기쁨과 행복을 주
었다. 부족한 나의 강의에도 불구하고 학생들은 초롱초롱한 눈망울을 빛
내며 무척이나 열심히 강의를 들어주었다.

　하지만 늘 즐거웠던 것은 아니다. 물리실험을 너무 열심히 한 나머지
공휴일에도 학생들을 불러내어 실험실습을 했던 것이 학부모들로부터

▬ 지금까지 나의 삶을 되돌아보면 가장 행복했던 시절은 학생들을 가르쳤던 짧은 5년간의 기간이었다. (2014년 5월, 대구 달서고등학교 국회 견학 학생들과 함께)

항의를 받기도 하고, 같은 물리 과목을 가르쳤던 선배와는 우리 교육제도의 문제를 한탄하면서 허탈감을 누를 길 없어 이를 신랄하게 비판하기도 했었다. 지금은 그때보다 이런 상황이 더 심각하다고 하니 국영수를 제외한 교과목 교사들의 자긍심과 비애를 충분히 이해하고도 남음이 있다. 국영수를 담당하는 교과목 교사들은 과도한 부담에 힘들고, 그 외 과목 교사들은 늘 관심 밖이어서 오래 교단에 설수록 서서히 교사로서의 초기 열정이 사라지고, 나중엔 그냥 형식적으로 수업 시간만 채우는 나날들로 나타나기 시작한다. 교육의 본질이 훼손된 지금 우리 학교의 모습이다.

과거에도 입시제도는 어떤 제도를 도입하더라도 항상 무엇인가 또 다른 부작용을 불러일으켜 왔다. 모두가 만족하는 입시제도를 갖추기는 참 어려운 것 같다. 입시제도 자체가 절대적 평가가 아니라 상대성을 내포한 제도이기 때문이기도 하다. 입시제도는 그렇다손 치더라도 교육의 목적만큼은 사실 대학진학만을 위해 존재하는 것이 아닌데 우리의 12년간 학교교육을 모두 대학 입시로만 귀결하기에는 너무 희생이 크다는 생각이 든다.

학교교육에서 학생들에게 모든 과목을 골고루 제대로 소화할 수 있도록 가르치는 것은 매우 중요하다. 흔히 우리가 말하는 고등학교교육은 일반 시민으로서 삶을 살아가는 데 필요한 수준의 교육이며 이를 고등교육이라 정의한다. 즉 고등학교교육을 정상적으로 이수하게 되면 사회생활을 하는 데 필요한 충분한 정도의 기본적인 소양과 상식 수준을 갖출 수 있고, 또 스스로 문제를 해결할 수 있는 정도의 지적 능력까지 갖추게 되는 것이다. 그렇기 때문에 교과과정에 있는 과목 모두 나름의 의미를 가지고 있으며 이를 정상적으로 이수하면 보통시민으로서의 자질과 능력을 갖추게 되는 것이다. 그만큼 고등학교까지의 교육은 중요한 것이다. 그래서 입시와는 별개로, 고등학교의 교육은 대부분 학생들이 일정 수준의 학습능력을 갖출 수 있게끔 하는 학습완성도를 요구한다.

따라서 초등학교 시절부터 학년을 거듭할수록 누적되는 학습부진의 결과가 일부 학생들에게는 결국 학교와 사회에서의 부적응의 원인이 될 수도 있으므로 이를 방지하기 위한 정부와 교육청의 꾸준한 관심과 이를 해소할 특단의 대책이 필요하다. 또 사회적으로도 이들 학습부진 학생들이 건전한 사회구성원으로서 제 역할을 다 할 수 있도록 우리 모두 끊임없이 격려하고 배려해야 할 것이다.

교육의 본질을 회복하기 위한 공교육 정상화 촉진법을 발의하며

이런 이유로 학교교육을 정상화시켜 교육의 본질을 회복하고자 한 시도가 바로 '공교육 정상화 촉진 및 선행교육 금지에 관한 특별법'을 발의하게 된 동기다. 덧붙여, 이 법의 또 다른 목적은 사교육을 조금이라도 줄이기 위한 궁여지책을 모색하는 데 있기도 하다.

이 법의 근본적인 목적은 교육, 더욱 명확하게 정의하자면 모든 공공에서 이루어지고 있는, 특히 학교라는 울타리에서 이루어지는 모든 공교육을 정상화하자는 것이다. 이 법은 2014년 2월에 국회를 통과, 같은 해 하반기부터 시행 중이다. 법의 근본취지는 모든 교육의 정상화이지만 세간엔 이 법을 충분히 이해하지 못해 이 법 자체에 대한 부정적인 인식이 다

— '공교육 정상화 촉진 및 선행교육 금지에 관한 특별법'은 교육기본법이 정한 교육목적을 달성하고 공교육을 정상화하는 데 그 목적이 있다. (2013년 7월 '디지털 청춘 페스티벌' 청춘멘토로 출연하면서)

소 존재한다고 한다. 즉 혹자는 학교에서만 선행교육을 금지하면 오히려 학원에서 더 활발하게 선행학습을 하게 되어 학원을 도와주고 사교육비를 오히려 늘리는 것이 아니냐고 비판하기도 한다. 법의 일차적인 목적이 학교에서의 선행교육을 금지하고 있기 때문에 충분히 오해할 만한 소지가 있을 수 있다.

이 법은 초·중·고등학교의 교육과정이 정상적으로 운영되도록 하기 위하여 교육 관련기관의 선행학습을 규제해 교육기본법이 정한 교육목적을 달성하고, 공교육을 정상화하는 데 그 목적이 있다.

모든 엄마가 그러하겠지만 아이를 키우다 보면 내 아이가 다른 아이보다 좀 더 뛰어나기를 바란다. '남들이 하니까, 또 내 아이는 특별해야 하니까' 하는 마음에서 말이다. 그러다 보니 불안하고 조급해져서 남보다 조금이라도 앞서 배우기를 원하게 된다. 이러한 시도 가운데 일부가 입시경쟁에서 성공하자, 수많은 학부모들의 입소문에 따라 몇 학기 정도는 앞질러 선행학습해야 좋은 대학에 진학할 수 있다는 비법이 전달되고, 이것이 마냥 입시의 묘안이라도 되는 듯 퍼져서 급기야 선행학습이 필수가 되는 상황까지 오게 된 것이다. 너도나도 선행학습을 하니 대학에 진학하려는 학생들과 학부모들 사이에선 이미 보편화되어 버렸다.

한편, 그동안 우리의 교실은 어떻게 변화했을까? 다수의 학생들이 선행학습에 익숙해져 있는 상황이다 보니 과거 정규 교과과정에 따른 원리나 개념을 기본으로 먼저 가르친 후 학생들의 이해를 돕고 남은 시간에 예제를 풀이하던 방식에서 벗어나, 이제 원리나 개념은 슬쩍 형식적으로 넘겨버리고 곧바로 문제풀이부터 시작한다. 물론 대다수 학생들은 이미한 번 배운 내용이어서 자연스럽게 적응하게 된다. 과연 우리 아이들은 제대로 원리를 이해하고 내용을 깊이 있게 분석했을까? 학원에서는 어차피 학교에서 한 번 더 설명할 거니까 대충 주입식으로 넘어가고, 또 학교는 이미 학원에서 배웠으므로 겉핥기식으로 수업을 하게 된다. 학생들은 여러 번 들은 내용이라 깊이 있게 이해하는 것을 포기한다. 원래 지적 호기심이란 것이 처음 접했을 때 가장 강력하게 작동하지만 이미 수차례 반복학습으로 충분한 이해가 되지 않았음에도 그냥 스쳐 지나가게 된다. 어떤 것도 지적 호기심을 강하게 유발하지는 못한다.

그럼 선행학습을 하지 못한 아이들은 어떻게 될까? 처음 대하는 개념들이 생소한데 대충 설명하고 넘어가는 수업에서 더 이상의 개념을 이해하기는 어려운 상황이다. 수업이 어렵고 이해하지 못하는 것이 쌓임에 따라 학생들의 흥미 또한 떨어지게 된다. 미리 선행학습을 했던 학생들과 전혀 선행학습을 하지 않아 도무지 이해하기가 힘든 학생들이 함께 교실에 앉아 있다 보니 서로 흥미를 느끼지 못하는 교실 상황이 만들어진다. 이들은 학교에서 또 학원에서 왜 이런 수학공식이 나왔는지 개념은 미처 이해하지 못한 채 수학공식만 달달 외우고 문제를 푼다. 또 왜 자신이 문학을 배우고, 역사를 배우는지 진정한 의미는 모르고 학교에서, 그리고 학원에서 획일적인 학습만 강요받는다. '남들이 하니까' 말이다. 점점 수업에 흥미가 떨어지면 수업 자체가 곤혹스러워진다. 그리고 점차 수업시간에 잠을 자거나 떠드는 학생들이 많아지고, 전체 집중력은 떨어져 학생들은 이내 수업을 포기하게 되고, 또 교사들은 더 이상 가르칠 의욕을 상실하게 된다. 물론 모든 교실이 이와 같지는 않을 것이다. 하지만 몇 개의 교과목이나 특정 분야의 수업에서 이러한 현상이 일어나고 있음을 누구도 부인할 수 없을 것이다.

이제 우리 교육의 진정한 목적을 다시 되짚어봐야 할 때이다. 상상력이 풍부한 아이는 학교에서 이상한 아이로 취급받기에 십상이고, 재치가 넘치는 아이는 버릇없는 아이가 되며, 평범하지 않은 생각을 하는 아이는 쓸데없는 짓을 하는 아이가 되고 만다. 지금 우리 교육 시스템이 그렇다. 그동안 우리 교육 현장은 개개인의 색깔과 개성을 찾을 수 있도록 아이들을 안내하고 도와주는 역할을 하기보다는 어떻게 하면 선행학습을 통해 더 높은 순위를 얻을 수 있는지에만 골몰해 왔다.

누군가는 1등을 하고, 또 누군가는 꼴찌를 할 수밖에 없다. 초등학교 때부터 일찌감치 선행학습과 반복학습을 되풀이하면서 열심히 공부하지만 모두가 열심히 하기 때문에 단지 같은 자리에 머무는데도 아이들은 온 힘을 다해 앞만 보고 달린다. 세상은 빠르게 변화하고 있는데도 여전히 우리 교육 시스템은 사고력, 비판력, 창의력을 가르치지 않는다. 학교에서, 사교육 현장에서, 입시경쟁에서 아이들은 새롭고 창의적인 것을 알기 위해 공부하기보다는 이미 선행학습으로 알고 있는 것을 그저 단순 반복하고 있을 뿐이다. 때문에 공부는 열심히 하는데 실력은 그다지 향상되지 않는 것이 우리 교육의 현실이다.

특히 사교육 현장에서의 시험만을 위한 암기식 학습은 아이들로 하여금 창의력 발달을 저해하고 수동적인 학습에만 매몰되게 해 자기 주도적 학습을 어렵게 한다. 또 사교육으로 선행학습을 경험한 아이들은 정상적인 학교수업에 흥미를 잃고, 사교육에 대한 의존도 증가는 곧 공교육 붕

괴로 이어진다. 읽고 싶은 책은 마음껏 읽고, 스스로 도전하고 탐구하며, 또 자신이 하고 싶고 관심 있는 것들로부터 다양한 경험을 하면서 문제를 해결할 줄 아는, 즉 꿈과 끼를 가진 아이들을 길러 내야 한다. 그게 남들과 다르고 남들보다 특별한 아이로 길러 내는 방법이다. 이러한 특성을 키우고 보편적 가치를 가진 한 사람이 고유한 인격체로 바르게 성장할 수 있도록 도와주는 역할이야말로 바로 교육의 본질이며, 그것이 곧 공교육에서 추구해야 할 학교 시스템의 역할이다.

영재학교나 과학창의학교에서의 학생선발과정은 학생들의 창의성과 문제해결능력을 살펴보는 것이 아니라 아직 배우지 못한 선행학습의 내용을 출제해서 영재성을 찾아내는 웃지 못할 입시제도로 전락하고 있다. 이 또한 이 법을 통해서 사라져야 할 대상 가운데 하나이다.

대학입시제도 또한 같은 관점에서 개선되어야 할 과제다. 정상적인 교육과정을 제대로 이수한 학생들이면 누구나 풀 수 있는 내용으로 학생들을 선발, 아이들의 숨겨진 잠재능력을 키워줄 수 있는 시스템을 마련해야 한다. 반복학습에 길들여지고 선행학습이 습관화된 나머지 성인이 되어서도 이 사회를 살아가는 데 필요한 내용들을 과외로 공부해야 하는, 그러한 입시천재를 더 이상 만들어내서는 안 된다. 그런 차원에서 이 법을 이해해주었으면 하는 바람이다.

교사에서 사업가의 길로 들어서다!

새누리당 비례대표로 당선이 되었을 때 가장 많이 받았던 질문 중 하나가 어떻게 국회로 진출하게 되었는지에 대해서였다. 또 그러한 질문만큼이나 많이 받았던 질문이 어떻게 교사를 하다가 사업가로 변신했느냐는 질문이었다. 사범대학을 다니던 4년 내내 오로지 교사가 되는 준비에만 모든 것을 쏟아부었기에, 스스로 선택했던 사업가의 길이지만 돌이켜보면 나 자신도 잘 이해되지 않는 부분이기도 하다. 교사 선배들이 말하던 3, 4년이 지나면 온다던 권태기도 나에겐 전혀 없었다. 당시엔 학부모들도 교사들을 존중해주는 시절이었고 아이들과 함께한다는 것 자체가 하루하루 즐거운 나날이었다. 하루라도 빨리 학생들을 보고 싶은 마음에 출산휴가마저 앞당겨 끝내고 출근했을 정도였으니, 상당히 만족스러웠던 교사생활이었나 보다. 지금 생각해보면, 세 살밖에 되지 않는 아이를 둔 엄마였지만 당시 넘치는 에너지가 문제였던 게 아닌가 싶어 웃음이 절로 난다. 오로지 교사만을 천직으로 알고 사명감을 가지고 즐거운 마음으로 교사 생활을 하던 그 무렵, 남편은 내게 함께 사업할 것을 권유해왔다. 다른 사람도 아니고 평생 반려자가 간곡히 부탁을 해오니 그날 이후로 고민에 휩싸였다. 교사냐, 사업이냐, 하루에 열두 번도 더 넘게 생각이 바뀌던 나는 몇 날 며칠을 고민한 끝에 마침내 사업가의 길을 가기로 선택했다. 단 한 번도 학교를 떠난다는 생각을 하지 않았지만 만약 사업이 잘되어 성공하면 또 다른 기회로 다시 학교에 올 수 있고, 또 학교를 설립할 수도 있겠노라는 야심 찬 포부도 가지게 되었다. 돌이켜보면 정말 교직을 천직으로 알고 살았던 사람의 무모한 선택이 아니었나 하는 생각도 든다.

학교를 그만둔다는 것은 무척 가슴 아픈 일이었지만 한편으론 새로운 일에 도전한다는 것이 또 다른 용기를 주었다. 다시금 어떤 일이든지 잘 할 수 있을 것이란 자신감을 가지고 열심히 일에 몰두했다. 하지만 돈을 번다는 것은 결코 쉬운 일이 아니었고, 세상은 그렇게 만만하지 않았다. 납품 대금을 받지 못해 사업은 부도가 났고, 그날 이후로 단 하루도 편히 잠을 잘 수가 없었다. 설상가상으로 당장 백일이 갓 지난 둘째 아이와 함께 네 식구가 기거할 집부터 구해야 했다. 어쩜 이렇게 모든 것이 한꺼번에 사라질 수 있을까라는 후회와 회한이 몰려와 나를 견디는 것조차 힘들었다. 수중에 있던 단돈 몇십만 원으로 우여곡절 끝에 임시로 거처할 집을 어렵게 구했을 땐 겨우 안도의 한숨을 쉴 수 있었다. 그러나 그도 잠시, 쉴 새 없이 밀려드는 빚 독촉과 앞날에 대한 불안으로 하얗게 지낸 나날들이 수없이 많았다.

그로부터 재기하기까지 십 년이 넘는 긴 세월 동안 나와 세상과의 투쟁은 쉼 없이 계속되었다. 나의 존재는 없었고 오로지 일에만 몰두했던 시절이었다. 그리고 한 번 실패했던 경험은 다시 시작한 사업에 많은 교훈으로 돌아왔다. 요즘은 창업과 중소기업 지원체계가 과거에 비해 정말 잘 정비되어 있다. 아직도 더 개선해야 할 부분이 많겠지만 적어도 내가 이십 년 전에 처음 사업에 뛰어들던 시절과 지금을 비교해보면 모든 면에서 격세지감을 느끼게 할 정도로 제도가 많이 개선되어 있다. 예나 지금이나 창업은 스스로 해야 하는 일이라고 본다. '하늘은 스스로 돕는 자를 돕는다' 는 교훈이 뼈저리게 와 닿는 것은, 사회제도가 아무리 잘 갖춰져 있은들 그것을 실행에 옮기는 것은 결국 창업자 본인이기 때문이다. 스스로 모든 것을 시작하고, 결정하고, 또 개척해 나갈 수 있을 때 비로소 주변에서도 나를 도와줄 수 있고 그제야 주변의 도움이 나에게 가치 있게 다가올 수 있는 것이다.

기술 중소기업에서 전문기업으로 성장하기까지

 사업에 실패하면서 하늘과 땅이 딱 붙어버린 느낌으로 몇 년을 보냈다. 실패 후 모교에서 새로 찾은 일에 밤늦도록 몰두하면서도 한편으론 이 자리가 나의 자리가 아님을 늘 생각하면서 언젠가는 여길 벗어나 다시 창업을 해야겠다는 의지를 불태웠다. 한편으론 봉급생활이 주는 안정감을 떨쳐버리는 것이 두렵기도 했다. 주변에선 모두들 재창업하는 것을 만류했다. 특히 양가 부모님들의 걱정과 염려는 무척 컸다. 아이들이 한창 커가는 무렵에 다시 모험을 하는 것이 너무 무모하다는 생각도 들었다. 하지만 IMF가 발발한 가장 어려운 시기에 다시 한 번 창업을 할 수밖에 없는 상황이 되어 버렸다. 늘 가슴에 품어오던 생각을 한순간 떨쳐버리기엔 너무나도 간절했다. 자금이라도 좀 모아서 시작했었어야 하지만 재기하겠다는 강한 열망을 더 이상 미룰 수는 없었다. 아마도 젊었기 때문에 그런 무모함이 가능하지 않았을까라는 생각도 해본다. 그때 나에게 용기를 준 것은 수십 번의 사업실패를 경험하고서도 65세 때 다시

KFC(켄터키 프라이드 치킨)를 창업한 '커널 샌더스' 였다. 멀리 미국에 있는 할아버지도 65세 때 창업을 했는데 아직 젊은 나는 너무나 많은 가능성을 갖고 있다고 생각했고, 어쩌면 당연한 것이라고도 생각했다.

새로 창업하면서부터는 나름의 몇 가지 원칙을 세웠다. 그중 선택과 집중을 가장 중요한 원칙으로 삼았다. 과거에 백화점식으로 이것저것 모두 다 취급해서 결국 어느 하나도 제대로 할 수 없었던 점에 대한 철저한 반성이었다. 두 번째는 가능성 있는 아이템에 집중 투자해서 기술력을 높이는 것이었다. 차별화된 기술력만이 성공할 수 있는 유일한 방법이라고 생각했다. 그리고 마지막은 탄탄한 기술력을 바탕으로 한 글로벌 진출이었다. 서울도 아닌 지역에서 해외시장을 개척하는 것이 쉬운 일은 아니나 목표를 가지면 반드시 이룰 수 있으리라 확신했다. 결국은 이 세 가지 원칙이 그대로 지켜지면서 회사 경쟁력도 향상되어 해외수출까지 가능해졌다. 소프트웨어기업으로선 매우 드물게 재난관리와 비상상황 관리시스템이 회사의 주력 아이템으로 자리 잡으면서 해외 여러 나라에 컨설팅과 시스템 구축을 조금씩 확대하기 시작했다. 해외 각국을 돌아다니며 과거 IMF시절 우리 수출기업이 해외로 진출하다가 중단한 수많은 흔적들을 보면서 우리 회사는 두 번 다시 저런 실패를 하지 않겠노라 다짐하며 열정과 냉정함을 잃지 않으려고 노력했다. 아직도 우리나라에서는 이러한 아이템을 소프트웨어로 구현하는 것이 익숙치 않고, 또 비상사태가 발생하지 않으면 그 가치를 인정받기가 쉽지 않다. 인내와 끈기가 필요한 사업이다 보니 언제가 그 가치를 인정받아 지금까지 연구와 개발에 투입한 노력이 그 결실을 맺을 것이라 확신한다. 그리고 아직도 현장에서 최선을 다하고 있을 이제는 떠나온 직원들의 건승을 기원한다.

벤처기업과 벤처캐피탈의 육성

한 번 사업에 실패했던 나의 경험은 대학의 어떤 경영학 전공보다도 효과적인 교육과 교훈을 제공하는 것이었다. 우리나라에서도 패자부활전이나 성실실패 제도 등을 도입, 실패한 사업가들이 재기할 수 있는 프로그램을 가동하고 있지만, 우리의 경우 사업에 실패하면 무엇보다 우선해서 본인이 가장 책임을 많이 질 수밖에 없다. 아니, 사업주는 많이 지는 것이 아니라 몽땅 져야 하는 것이다.

■ 한 번 사업에 실패했던 나의 경험은 어느 대학의 그 어떤 경영학 전공보다도 효과적인 교육이자 교훈이었다.
(2013년 5월~2014년 5월 새누리당 원내대변인 활동 당시 현안 브리핑 후 기자들과)

미국의 중소기업전문가들은 우리나라 창업자들이 실패했을 때 이 모든 실패의 책임을 오롯이 개인이 감당해야 된다는 사실에 많이들 놀란다. 어떻게 그럴 수가 있느냐고 하지만 미국도 우리와 많이 다르진 않다. 다만 벤처캐피탈이나 벤처사업 시스템은 상당히 발달해 있어서 일반 사업과는 달리 기술창업의 경우엔 시스템이 감당하는 영역이 훨씬 많은 것이 특징이다. 특히 벤처기업의 경우엔 실패해도 개인이 직접적으로 책임을 지는 부분이 우리보다 훨씬 적을 뿐 아니라 재기할 수 있는 기회도 많이 부여된다. 이런 것이 가능한 이유는 벤처캐피탈이 잘 발달되어 있고 회계시스템이 투명하므로 실패할 경우에도 개인에게 책임을 묻지 않기 때문이다. 그래서 수많은 기업이 생성과 소멸을 거듭하며 그 가운데 글로벌기업이 탄생하는 것이다.

그런 사례들을 보면 우리의 벤처육성 시스템은 보다 더 정교하게 발전할 필요가 있다. 지금의 형식적인 벤처인증제도보다는 정말 기술과 가능성을 제대로 인정할 수 있는 벤처캐피탈의 육성도 함께 이루어져야 한다. 벤처캐피탈이나 금융기관들도 자본만 투입하거나 재무제표만으로 모든 것을 평가하고자 하는 소극적 자세에서 벗어나 기술과 가능성을 충분히 평가하고 인식개선도 해야 한다. 실제로 최근 몇몇 벤처캐피탈들은 스스로 진화해서 상당한 수준의 평가 시스템과 안목을 갖고 있을 뿐만 아니라 마케팅과 자금조달, 네트워크까지 모두 갖추어 종합적 서비스를 하는 추세로 바뀌어가고 있기도 하다.

중소기업과 대기업의 임금격차해소를 위하여

모든 기업은 창업하면서부터 중소기업이 된다. 지금의 우리나라 굴지의 글로벌기업인 삼성이나 엘지, 에스케이, 현대차그룹 등도 처음엔 조그마한 중소기업이었다. 그러니까 지금 우리 중소기업도 얼마든지 대기업이 될 수 있고 다국적 기업으로 성장할 가능성이 있다. 그럼에도 불구하고 최근 수십 년간 우리 중소기업이 굴지의 대기업으로 성장한 사례는 많지 않다. 왜 그런 것인지 냉정하게 분석해 볼 필요가 있다.

우선 현재 우리가 재벌이라고 부르는 기업들도 처음엔 모두 작은 중소기업이었지만 당시엔 이들 기업을 제외하고 다른 대기업이 없었다. 즉 중소기업이 모두 다인 시대에 사업을 시작했던 것이다. 그러니 지금처럼 대기업이 자본으로 독점하는 사례도 없었고 다른 대기업에 의한 기술탈취도 없었으며 대기업에 의한 일방적 거래도 없었던 시기였다. 실패도 많았지만 만들기만 하면 얼마든지 팔 수 있었고 다른 대기업의 우위에 의한 방해도 없었다. 이런 고유한 환경에 의해 작은 중소기업이 지금의 재벌기업으로 성장하게 된 것이다. 그러니 지금도 과거와 같은 생태계를 만들어주면 중소기업도 얼마든지 성장해서 부가가치를 높이고 부를 창출하고 대기업으로 성장할 가능성이 있다.

하지만 현실은 어떠한가. 물론 최근에도 자수성가해서 대기업군으로 발군의 실력을 발휘한 기업들이 더러 있다. 많지 않지만 우량한 기업들이 있다. 이런 기업들을 잘 분석해 보면 재벌기업들이 관심을 비교적 덜 가진 분야에 있는 종목들이 대부분이다. 만약 이들 기업도 거대기업군들과 같은 종목, 같은 분야였다면 이들이 지금과 같이 존재할 수 있었을지 의문이다.

현 정부의 경제정책에서도 경제민주화가 화두이긴 하지만 경제민주화만으로 현재 중소기업들이 성장하기엔 조건들이 너무나 좋지 않다. 가장 어려운 부분이 시장과 기술개발이다. 아무리 좋은 아이템이라도 시장이 형성되지 않으면 기업은 성장할 수 없다. 자신만의 독특한 아이템이 있다 해도 그 규모가 커지면 유사 아이템이 물밀듯 쏟아지게 되고 유사 아이템에 의해 최초의 창업자는 부가가치를 제대로 얻기가 어려워진다. 설상가상으로 시장이 확대되어 가능성이 보이기라도 하면 거대 자본으로 무장한 거대기업군이 일거에 진출해서 시장을 무너뜨려서 결국은 부가가치를 상실하게 되고, 경쟁력 자체가 사라지고 겨우 연명하는 단계로까지 전락하게 된다. 그나마 몇 년이 더 경과하면 영원히 사라지게 되는 것이다.

지금 잘나가는 중소기업들을 살펴보면 거의 대부분의 기업들이 중소기업에서 생산할 수밖에 없을 정도의 시장 파이를 가진 경우가 대부분이다. 시장이 거대해지면 결코 시장을 그대로 두지 않기 때문에 곧 과도한 경쟁에 휩싸이게 될 것이다.

우리는 흔히 독일의 경제와 사회를 많이 벤치마킹한다. 늘 독일의 강소기업을 배우라고 외치곤 한다. 하지만 우리 기업과 독일의 중소기업은 근본적으로 구조가 다른 부분이 많다. 물론 독일 역시 지금까지도 끊임없이 창업이 일어나고 있지만 보다 면밀히 살펴보면 우리 기업보다 훨씬 기술창업이 많이 일어난다. 기초과학을 연구하는 '막스플랑크 연구소'는 기초연구에 몰두하지만, 응용과학을 연구하는 '프라운호퍼 연구소'는 담당하는 분야의 특성대로 특허와 발명품들이 많이 생산되는 곳이다. '프라운호퍼'를 중심으로 한 연구자의 창업이나 기업과의 연계창업이 활발해서 태생부터 고부가가치를 기반으로 하는 경우가 많기 때문에 경쟁력 있는 창업이 가능한 것이다.

결국 경쟁력 있는 창업은 높은 부가가치를 창출하기 때문에 독일의 기업들은 우리와 달리 중소기업이지만 강소기업으로 성장하여 비록 중소기업에 재직하더라도 임금 격차가 상대적으로 적을 수밖에 없는 것이다.

그리고 최근에는 창업이 아니더라도 이미 오래전 산업화되거나 기업들의 역사가 수십 년에서 그보다도 훨씬 오래된 기업들이 생산하는 고유한 특성의 제품들 또한 무시하지 못하는 시장 경쟁력을 확보하기 때문에 수천 개 넘는 강소기업군이 존재하면서 강소기업과 대기업 간 임금격차도 줄이고 있다.

그러면 기업의 역사가 짧고 상대적으로 기술창업이 적은 우리나라는 앞으로 어떻게 해야 할 것인가. 이런 고민은 예전부터 있어왔으며 벤처기업을 육성하고 창조경제를 활성화시키고 창업을 독려한다는 기본 원칙은 있지만 방법과 실행 상의 난제는 여전히 풀지 못하고 있다.

우선 독일처럼 우수한 인재들이 직접적으로 중소기업에 입사하거나 혹은 고도의 기술중심 창업도 일어나기가 쉽지 않다. 고급 엔지니어들은 모험을 회피하는 특성 때문에 본인 스스로 창업보다는 대기업군에 안정적으로 취업하기를 선호한다.

결국 좋은 인재들이 중소기업을 찾거나 직접적인 창업이 이루어져야

이 불균형이 해소되고 제대로 된 일자리도 만들어지게 되는 것인데 이런 생각들을 근본적으로 변화시키기 위해서는 초등학교 때부터 창업에 대한 고민을 불러일으키는 교육을 지속적으로 해줄 필요성이 있다. 꼭 해야 하지만 이런 방법은 너무 오랜 시간을 필요로 하고 현실적인 효과가 금방 드러나기 어렵기도 하다. 결국 부가가치가 있는 기술창업을 현실적으로 가능하게 할 수 있는 그룹들은 현재 연구소에 재직하고 있는 연구자들과 대학에 있는 교수 그룹들이다. 이들이 현재 연구하고 있는 분야에서 창업이 가능하도록 여러 제도적 장치를 마련해주는 것이 필요하다. 우선 창업한 경우 휴직이 가능하도록 해서 생계유지에 대한 위험을 최대한 덜어줌으로써 창업에 두려움을 줄여줘야 한다. 또한 창업과 벤처캐피탈을 연계해 마케팅과 더불어 종합컨설팅을 제공함으로써 창업과 아이템에 대한 부분은 창업자 스스로 하되 기타 서비스는 제도로 뒷받침해주는 것도 방법이다. 이러한 방법이 확산되면 사회 전반에 건전한 기업 생태계가 형성될 것으로 생각한다.

소수 대기업군에만 의지하다 보면 앞으로 대한민국 경제는 치명적 리스크를 안고 가게 될 것이다. 하루빨리 기업 생태계를 활성화시킬 수 있는 더 많은 좋은 대책이 나오기를 기대해본다.

넘어질 때마다 일어서고 또 일어서라

세간에 '국회의원 특권 200가지'라는 말이 있다. 그만큼 국회의원에게 많은 권한이 부여된다는 점을 부각한 말인 듯한데, 아마도 그 기저에는 '정치 불신'이란 국민 정서가 깊이 자리하고 있을 것이다.

나 역시 국회의원이 되기 전엔 국회의원들이 세비나 받으면서 특권이나 누리고 개인적인 영달이나 추구하는 것처럼 보아 온 사람 가운데 한 명이었다. 하지만 막상 국회에 들어와 보니 현실은 많이 달랐다. 지금 이 시간에도 선배, 동료 의원들 중에는 누구보다 의정활동을 열심히 하고, 지역구를 챙기며, 또 1분 1초를 쪼개가며 바쁘게 생활하는 분이 훨씬 많다.

다소 의외라고 생각할 국민들도 많겠지만, 이 점은 진짜 믿어도 좋다고 본다. 그래서 정치권에 싸늘한 시선을 보내는 국민들을 볼 때마다 국회의원의 한 사람으로서 늘 안타까운 마음이다. 아무리 정치를 불신한다 해도, 그런 나머지 우리가 사는 세상에서 정치를 빼고 살 수는 없다. 국민께서도 정치를 혐오의 대상쯤으로만 볼 것이 아니라 국민들부터 먼저 우리 정치에 관심을 갖고 정치현안이나 정치인들의 일거수일투족에 대해 잘 살펴봐 주셨으면 한다. 또한 우리 국회의원 스스로도 정치적인 이해관계나 그때그때 주어지는 이슈만을 쫓아 인기에 영합하는 정책을 펼치기보다는 민의의 장인 국회와 상임위원회라는 국회 본연의 기능을 통해 국민의 뜻을 가감 없이 전달하고 대변할 수 있도록 노력했으면 한다. 나 역시 국회 구성원의 한 사람으로서 국민으로부터 주어진 임무와 역할에 충실하면서 진정 국민의 뜻에 부응하고, 화답하고, 또 국민이 바라는 바른 정치의 길을 갈 수 있도록 최선을 다해야겠다.

나는 지금까지 살면서 이 세상의 모든 일은 '진정성'에 달려 있다는 마

- 세상 모든 일은 진정성'에 달려 있다. 즉 진정성은 나의 '초심'(初心)이자 한결같이 바뀌지 않아야 할 나의 '종심'(從心)이다.

음을 일관되게 유지했다고 생각한다. 국회 밖에서나 국회 안에서나 서로가 서로를 교감하는 데 진술함을 가진 '진정성'만 있다면 국민의 대표로서 국민과 한 약속을 지켜나갈 수 있다고 생각했다. 즉 진정성은 나의 초심(初心)이자 앞으로도 한결같이 바뀌지 않아야 할 나의 종심(終心)인 셈이다.

정치 현장이든 경영 현장이든 인간관계든 아니 그 어떤 일이든 진정성을 갖고 상대를 대한다면 서로가 서로를 믿을 수 있고, 서로가 서로를 신뢰할 때 못해낼 일은 없다고 생각한다. 그래서 정치인의 약속에는 '진정성'이 무엇보다 중요하다.

현실 정치에서 여야가 갈라져 있고, 각 당마다 서로의 정강정책이 다르고, 현안마다 입장이 다를 수 있지만, 여야를 떠나 궁극적으로는 국민을 위해 일한다는 공통의 목적을 갖고 있다. 즉 서로가 서로를 믿을 수 있는 '진정성'을 갖고 국민에게 임하면 국민도 정치권을 신뢰할 수 있다. 서로 신뢰하는 자세가 무엇보다 필요하다.

얼마 전 타계한 넬슨 만델라가 이런 말을 남겼다. "인생의 가장 큰 영광은 결코 넘어지지 않는 데 있는 것이 아니라 넘어질 때마다 일어서는 데 있다." 사람은 태어나면서부터 다양한 굴곡을 겪는다. 살다 보면 누구에게나 한두 번의 역경은 찾아오기 마련이다. 그럴 때마다 스스로를 위로하고 긍정의 힘으로 살아가는 의지가 중요하다고 본다. 이는 성공했든 성공하지 못했든, 잘살든 못 살든, 삶의 의지가 약한 모든 사람들에게 해당된다. 내일 또다시 태양이 떠오르듯이 말이다.

김
상
민

그들의 꿈을 포기하지 않게
하는 것이 내 일입니다

김 상 민

- 1973년 경기도 수원 출생
- 수원 수성고등학교 졸업
- 아주대학교 사학과 졸업(제18대 총학생회장)
- 새누리당 비례대표 국회의원(19대, 정무위)
- 새누리당 경제민주화실천모임 운영위원(금산분리 관련 개정법안 대표발의)
- 새누리당 가족행복특별위원회 학교폭력대책분과 분과위원장
- 새누리당 창조경제 특별위원회 위원
- 새누리당 국가모델 연구모임 회원
- 청소년폭력예방재단(청예단) 〈청소년지킴이 국회의원〉 위촉
- 한국청년유권자연맹 〈19대 국회의원 청년유권자연맹 멘토단〉 위촉
- 사단법인 IEF(International e-culture Festival) 이사
- 정조대왕문화진흥원 고문
- 제18대 대통령직 인수위원회 청년특별위원회 위원장
- 새누리당 대통령선거 중앙선거대책본부 청년본부장
- 새누리당 대통령후보경선 박근혜캠프 청년특보
- 새누리당 대선기획단 조직위원
- 새누리당 청년희망공약단 위원
- 새누리당 19대 총선 청년유세단장
- 前 대통령실 국민소통비서관실 정책자문위원
- 前 아동학대방지 및 권리보장 특별위원회 위원
- 前 보건복지부 희망나눔 정책네트워크 위원
- 대학생자원봉사단 V원정대 설립자

그들의 꿈을 포기하지 않게
하는 것이 내 일입니다

지난 4월 16일. 그 참담했던 아침을 기억한다. 대한민국 국민이라면 누구나 마음을 졸이며 바다에 머리를 박은 거대한 배에서 단 한 사람이라도 구조되기를 기대하며 뉴스를 지켜봤을 것이다. 나 또한 국민의 한 사람으로서 눈물 흘렸고, 국회의원의 한 사람으로서 분개하며 막중한 책임감과 죄책감에 시달려야 했다.

그렇다. 세월호 참사는 대한민국의 현재를 총체적으로 드러내 주는 상징과도 같은 사건이었다. 침몰한 배는 양극화로 치달은 불공정한 대한민국의 현실을 보여주었고, 최소한의 구호 조치도 하지 않고 먼저 탈출한 선원과 선장은 권력의 눈치를 보며 몸 사리기에 급급한 우리나라 기득권들의 모습을 보는 듯했다. 무엇보다도 '가만히 있으라'는 방송만 믿고 선내에 머물다 그대로 수장되어버린 선량한 승객들은 바로 우리 국민들의 모습과 오버랩 되었다. 왜 이렇게 된 것일까. 몇 날 며칠을 고민하고 생각했다. 왜 아무 잘못도 없는 우리의 생때같은 학생들, 승객들이 억울하게 죽어야만 했을까. 이들은 단순히 운이 없어 배를 탔다가 목숨을 잃은 게 아니었다. 힘이 없고, 권한이 없어서 힘 있는 자들에게 이용만 당하고 소외당하는 다수의 고통 받는 서민들, 우리 국민들 또한 다르지 않은 운명임이 틀림없다.

사실, 알고 보면 우리 국민들이 원하는 것은 그리 대단하지도, 거창하지도 않다. 그저 상식이 통하는 세상, 당연한 일들이 당연하게 이뤄지는 세상. 그뿐이다. 이처럼 소박하고 착한 국민들을 절망하게 만드는 나라라면, 존재의 의미를 다시 생각해봐야 하지 않겠는가.

어쩌다 우리나라가 이렇게까지 됐을까. 가장 큰 문제는 기득권을 가진 사람들에게 있다고 본다. 그런데 국회의원이 되고 나서 가장 놀랐던 것은 국회의원보다 더한 기득권들이 곳곳에 숨어 있다는 사실이었다. 진짜 권력은 따로 있었다. 대통령이 바뀌어도 늘 그 자리를 꿰차고 있는 소위 '관피아'라 불리는 고위공직자들, 경제적 독점을 일삼는 대기업 일가들, 과도한 권력행사를 하는 일부 귀족 노조그룹, 권력과 결탁한 대형 로펌, 일부 종교단체 등등. 우리 사회 곳곳에 숨어 있는 강력한 기득권은 민주주의를 그저 성취, 성과를 위한 탐욕의 도구로 쓸 뿐이다.

물론, 기득권이 무조건 나쁘다는 이야기가 아니다. 우리 사회가 지금 이 자리까지 오게 된 데에는 이들 기득권들의 공헌도가 상당하다는 점을 반드시 인정하고 넘어가야 한다. 그들은 시대가 원하는 것이 무엇인지 꿰뚫어보고 그만한 결과물을 내오면서 오랜 세월에 걸쳐 그 위치에 오른 것이다. 그러나 권력이라는 것은 일단 성취하면 이를 지속적으로 행사하고 싶어 하고, 대를 이어 영원토록 유지하고 싶어 하는 본질적 특성이 있다. 이 기득권의 탐욕을 감시하고 견제하는 제도적 장치, 부당한 대우와 피해를 받는 사람들을 보호하고 그들의 억울함과 분노 그리고 부당한 대우로부터 이들을 대변하고 지켜주기 위해서 존재하는 것이 바로 국회의원이다. 다시 말하자면 개개인의 인간이 완벽한 존재가 아니기에 탐욕을 상호 간 제어하고 견제하기 위해 한시적인 권한을 부여한 국민의 대표, 국회의원을 뽑은 것이다. 소수의 권력자, 기득권들이 이익을 독점하고 권한을 남용하지 않도록 견제하고 모두가 잘살 수 있는 세상을 만들기 위해서 말이다.

그 이유로 나는 국회의원이 된 이래 매일 온몸을 짓누르는 무거운 책임감과 사명감을 느끼며 달려왔다. 국민들이 고통을 당하는 것은 국회의원이 제 몫을 다하지 못하기 때문이라고 생각하기 때문이다. 권력자들에

— 스포츠서울 마라톤대회에서(2013년 4월)

의한 부당한 힘, 비정상적이고 불공정한 현실에 대항해 용기 있게 싸워줄 사람, 힘없는 사람들을 위한 대변자. 그것이 국회의원이 되어야 한다는 것이 나의 생각이다.

잘못된 기득권에 의해 개인의 꿈이 짓밟히고, 돈 없고 힘없는 사람들은 차마 꿈조차 가질 수 없는 그런 세상이 되어서는 안 된다. 대한민국이 특정한 1%의 권익만을 대변하고, 그들에 의해 굴러가게 놔둬서는 안 된다. 나는 우리나라가 공정한 사회가 될 수 있도록, 그리고 모든 사람들이 당연하게 여기는 상식이 현실이 될 수 있도록 하는 것이 바로 정치인이 해야할 일이라고 생각한다. 그리고 그렇게 국회의원이 국민의 편에 온전히 설때 국민은 국회의원을 지도자로 인정하고 신뢰하고 사랑하게 될 것이다.

대학문화를 바꾼 괴짜 대학생

"형, 지금 동아리방에 빨리 와보세요. 난리 났어요!"

후배의 다급한 부름에 달려간 동아리실은 그야말로 난장판이었다. 누군가 일부러 난입해 분풀이를 한 것처럼 온갖 집기들이 다 부서져 있었던 것이다.

아주대학교 재학 시절 있었던 일이다. 원래 나는 학생회장직에 특별한 관심이 없고, 수많은 학생들을 이끌어가는 총학생회에 대한 존경심을 품고 있던 평범한 학생 중 하나일 뿐이었다. 그러나 이 사건으로 나는 기존 총학생회에 대한 실망감과 더불어 '옳지 못한 것은 바꿔야 한다'는 굳은 의지를 다지게 되었다.

  총학생회 임원들이 그토록 나에게 치졸한 복수극을 펼친 것은 몇 달 전, 학교의 상징물을 정하는 선거에서 졌기 때문이었다.

  당시 나는 18년 만에 학교의 상징물을 새롭게 정한다는 총학생회의 공지를 보게 되었다. 학교의 상징물을 그리스 신화 속 인마상(켄타우로스)으로 정하겠다는 내용이었다. 반신반마의 형상을 하고 있는 인마상은 성적인 의미를 지닌 상상의 동물이라고 알고 있었기에, 내가 사랑하는 학교의 상징물이 된다는 것이 속상했다. 또한, 글로벌화를 지향하는 학교의 미래상과도 전혀 맞지 않는다는 생각이 들었다.

  더욱이 못마땅했던 점은 상징물 선정 과정을 주도하는 총학생회가 학생들의 의견을 전혀 수렴하지 않은 채 일방적으로 추진하는 고압적인 태도였다. '이건 옳지 않다'는 생각이 강하게 들었다. 학교를 나타내는 상징물을 정하는 일에 학교의 주인인 학우들의 의견이 가장 중요한 것은 당연한 것이 아닌가. 나는 내가 할 수 있는 일을 하기로 했다. 그래서 대자보를 붙여 의견을 피력하던 당시 대학문화에 따라, 나 또한 나의 생각들을 대자보로 옮겨 적었다. 쓰다 보니 12장 정도의 대자보가 완성되었고 그저 많은 학생들이 보길 바라는 마음에 제일 잘 보이는 자리에 붙였다.

  문제는 그 자리가 총학생회 게시판이었던 것이었다. 그 때문인지 다음 날 전교생이 내가 쓴 대자보를 읽게 되었고, 결국에는 이 내용으로 전교생의 총투표까지 진행하게 되었다. 결국 대부분의 학생들은 학교의 상징물을 인마상인 켄타우로스로 정하는 데 반대했고, 인마상을 상징물로 정하는 것은 부결되었다.

이후 대학 상징물 선정에 대해 이의를 제기한 나의 의견에 많은 학생들이 동의하다 보니 총학생회에서는 나를 눈엣가시처럼 여겼다. 그러고는 일개 학생 한 명의 영향력이 이렇게까지 클 수는 없다며, 상징물 사건이 학교 측에서 김상민 군에게 사주했다는, 말도 안 되는 유언비어까지 퍼뜨렸다.

　나중에는 나를 비난하는 대자보가 여기저기 붙기 시작했고 교내방송에서는 대놓고 나를 나무라기도 했다. 하루는 총학생회 측에서 나를 총학생회실로 불러, 욕을 퍼붓기까지 했다. 그때까지만 해도 나는 혼란스럽고 의아하기만 했다. 학우의 한 사람으로서 의견을 피력한 일이 그렇게까지 잘못된 일인가. 그렇게 총학생회실을 나와 동아리방에 가니 그 사달이 일어난 것이었다. 그때까지만 해도 총학생회를 존경하고 당연히 민주적인 학생들의 대의기구일 것이라고 생각했었는데, 당시의 실망감은 어마어마한 것이었다.

　그때부터였다. 평범한 대학생이 투사로 변했다. 식당에서 의자 위에 올라가 다른 학우들에게 그간 벌어졌던 사건을 설명하고 부당함과 억울함을 큰 소리로 호소했다. 홀로 총학생회라는 기득권 그룹과 싸우기로 마음먹은 것이다. 이것이 학생정치에 입문하게 된 계기였고 내 인생의 전환점으로서의 중요한 사건이었다.

　아마도 상징물 사건과 총학생회와의 갈등이 없었다면 학생정치에 뛰어들지 않았을지도 모른다. 총투표 이후 이어진 총학생회 기득권 그룹과의 싸움에서 나는 총학생회의 올바른 역할과 마땅한 의무에 대해서 고민하게 되었고, 결국 이러한 고민이 아주대학교 총학생회장에 출마하게 된 이유가 되었다.

그 당시 아주대학교의 권력을 쥐고 있던 학생 리더들은 독선과 아집에 사로잡혀 편협한 운영으로 빈축을 사고 있었다. 당시 학생들에게 선풍적인 인기를 끌었던 힙합과 B-Boy 문화를 평가절하하고 오로지 집체 연극만을 고집하며 문화예술적 욕구를 억눌렀다. 당시 서태지와 아이들이 등장하면서 나름대로 새로운 문화가 형성되어가던 시기였기에 고리타분한 구습만을 강조하는 총학생회는 시대에 뒤떨어져 있었다. 이를 계속 지켜보고 있자니 견디기가 힘들 정도였다. 결국 뜻이 맞는 학우들과 함께 소통하고 호흡하고 그들의 필요를 채우는 문화 복지 총학생회를 주창하며 선거에 출마하게 되었다. 새로운 문화 속에서 함께하던 친구들과 재미있게 선거운동을 해나갔다. 신기하게도 아무런 선거 경험이 없던 우리 선거운동본부가 과반에 가까운 압도적인 지지를 받으며 당선되었다.

당선 이후에도 일방적이고 강압적인 총학생회의 모습을 반면교사 삼아 늘 학우들의 의견을 대변하고자 노력했다. 학생들의 필요와 요구에 귀 기울이기 위해 누구보다 열심히 학우들을 만나며 발품을 팔았던 것 같다.

내가 총학생회장으로 있던 시절에는 한창 대학 축제문화가 왕성해질 무렵이었다. 우리 아주대 축제는 다른 대학과 차별화되고 신이 나는 축제로 만들고 싶었다. 그래서 생각해 낸 아이디어는 바로 거리축제를 진행하는 것이었다. 차도를 모두 막은 길거리에서 각종 공연도 하고 학생들이 자유롭게 거리를 활보한다면, 학교 역사상 유례없는 재미있는 축제가 될 것이라는 생각이 들었다.

그러나 장애물이 있었다. 당시 아주대학교 앞으로 길게 뻗어 있는 차도

에서 지하도 공사를 진행 중이었던 것이다. 그렇다고 포기할 수는 없었
다. 나는 직접 수원시장을 찾아갔다. 아주대학교에서 최초로 개최하는
거리 축제에 대한 구상과 이를 통한 수원시의 이미지 제고, 축제 문화의
선도 등의 의견을 강하게 피력했다. 결국 수원시의 도움으로 지하도 공
사가 조속히 마무리되었고, 아주대 최초로 학교 앞 거리를 통제하고 거
리 축제를 열게 되었다. 축제는 학우와 지역주민들의 열화와 같은 호응
을 얻으며 성황리에 진행되었다.

　참 뿌듯했다. 총학생회 주최로 진행하는 첫 거리축제이기도 했고, 학생
들이 주체가 되어 만든 각종 퍼레이드나 춤·음악 등의 퍼포먼스가 이루
어진 행사였으며, 학생들뿐만 아니라 수원지역 젊은이들 수천 명의 축제
의 장이 되었기 때문이다. 무엇보다 간절히 바라고 도전한다면, 아무리
불가능해 보이는 일이라도 반드시 이루어진다는 신념을 갖게 된 것이 가

장 큰 수확일 것이다.

청년 사회 운동가로 다시 태어나다

앞서 이야기했지만 어렸을 때부터 나의 꿈은 목회자가 되는 것이었다. 그러나 성장과정에서 다사다난한 일을 겪으며 방향을 조금 바꾸게 됐다. 목회자의 마음가짐으로 살되, 교회가 아닌 대한민국의 정치, 경제, 문화 속에 뛰어들기로 결심한 것이다. 그것이 사회운동가 김상민의 첫 출발이었다.

당시 나는 우리 사회의 공공적 선을 실현하기 위해 어떤 일을 해야 할 것인가 오래 고민했다. 더불어 행복한 세상, 안전하고 믿을 수 있는 사회를 만들기 위해서는 사람들의 인식을 바꾸고 새로운 바람을 일으키는 일을 해야 한다고 생각했다. 그래서 필요한 것이 사람을 키우는 일이었고, 청년 리더십을 세우는 일을 하기로 마음먹었다.

그러나 나 또한 갓 서른이 넘은 청년의 한 사람일 뿐이었다. 거창한 포부를 실현시키기에는 현실이 녹록지 않았고, 사람들은 '너부터 커라' 라는 식으로 무시하고 외면하기만 했다. 결국 내가 제시한 꿈과 뜻을 믿고 투자하는 사람들은 하나도 없었던 셈이다. 그렇다고 한 번 마음먹은 길을 쉽게 포기할 수는 없었다.

'투자를 못 받으면 내가 직접 벌어서 하면 되지!'

내가 하고자 하는 사회운동에 필요한 자금을 벌기 위해 다양한 도전을 시작했다. 한우음식점으로 잘나가나 했더니 광우병 파동 덕분에 사업을 접어야만 했고, 뮤지컬 등 문화콘텐츠 관련 사업을 진행하며 성공과 실패를 거듭하기도 했다. 그 외에도 기업 컨설팅 등 다양한 사업으로 자금을 모아 대학생 리더십 운동과 학생운동, 자원봉사 활동의 기반을 마련하게 되었다.

몸이 몇 개라도 모자랄 지경으로 열과 성을 다해 뛰어다녔던 시절이었다. 그렇게 사업도 하고 사회운동을 통한 청년리더십 양성 활동을 병행하기를 몇 년째 하다 보니 에너지가 분산되는 것을 느꼈다. 결국 나는 선택의 기로에 서게 되었다.

'돈을 버는 인생을 살 것인가, 돈을 잘 쓰는 인생을 살 것인가.'

오래 생각할 필요도 없었다. 내가 진정으로 원하는 것은 좋은 차를 타고, 좋은 집에서 사는 것이 아니었다. 알량한 재주나마 돈 버는 능력도

- CCC 수련회에서 강연 당시(2013년 6월)

제법 있었지만 그렇다 하더라도 빌 게이츠나 스티브 잡스처럼 막대한 돈을 벌어들이기란 쉽지 않다는 생각이 들었다. 그럴 바에야 내가 진정으로 하고 싶은 일에 모든 열정과 에너지를 쏟아붓기로 결심했다.

한 번 결정한 일은 뒤도 돌아보지 않고 추진해나가는 내 성격상 머뭇거릴 것도 없었다. 이후 모든 사업을 모두 정리하고 남은 돈을 모두 대학생 자원봉사단 V원정대를 만드는 일에 투자했다.

나 또한 사람이기에 가진 것을 모두 내놓는다는 것이 쉬운 일만은 아니다. 그러나 사회운동이라는 것이 사람들의 신뢰를 기반으로 움직이는 것이기 때문에 다른 사람들과는 사뭇 다른 삶의 모습이 요구되었다. 사람들이 신뢰할 수 있는 진정성 있는 모습은 그 사람이 하는 말이나 사회적 위치에서 비롯되는 것이 아니다. 삶의 궤적 하나하나에 그 사람의 가치관과 철학, 어떤 목표를 향한 의지가 오롯이 스며들어야 한다고 나는 생각했다. 이를 위해 나는 삶의 원칙을 세웠다.

첫째, 개인적인 재산을 모으지 않겠다.
둘째, 자원봉사 단체로 취득한 재산은 반드시 환원시키겠다.
셋째, 현재 하는 일에 매진하기 위해 가정을 꾸리는 일은 미루겠다.

이와 같은 다짐은 나 자신과의 약속이었고, 동시에 내 주변의 동지들에게도 이야기하며 스스로를 채찍질했다. 실제로 나는 얼마 되지 않는 재산을 모두 단체에 투자하고, 일에 매진하느라 결혼 적령기에도 가정을 꾸리는 일을 뒤로 미뤘다. 지금 보면 다소 거창하지만, 당시 세웠던 삶의 원칙 몇 가지는 지금까지도 필사적으로 지켜나가고 있다.

쉽지 않은 결심이었지만, 나와의 약속을 지키면서 신기했던 점은 힘들 때보다 즐겁고 행복할 때가 더 많았다는 점이다. 삶의 원칙을 지킨 덕분에 나는 남들보다 조금 불편하게 사는 방법, 청렴하게 사는 방법을 배웠다. 남들보다 행복의 스펙트럼이 매우 넓어졌으며, 돈이나 주거환경, 사람들의 평판 등과 같은 조건에 구애받지 않고 살아갈 수 있을 정도로 자유로워졌다. 그리고 사회운동에 헌신한 시간이 축적되면서, 나의 진정성을 인정해주고 믿어주는 사람들이 늘어났고 그들로부터 큰 위로와 격려를 받았다. 이러한 과정은 나에게 사회운동가로서, 단체의 리더로서의 희생과 헌신이 무엇인지 체득하며 배울 수 있었던 큰 경험이었다.

박근혜 대통령이 내민 손을 잡고 국회로

대학생자원봉사단 V원정대를 설립하고 운영하고 있을 때 '도시락데이'라는 행사를 진행한 적이 있다. '도시락데이'란 등록금과 생활비로 힘겨워하는 대학생들에게 힘이 되어 주기 위해 직접 대학에 찾아가 도시락을 나누어주고, 천 원 이상씩 자유롭게 기부한 금액을 모아 다시 장학금으로 학생들에게 전달하는 프로그램이었다.

그러던 어느 날이었다. 여느 날과 다름없이 한 학교에서 도시락데이 행사를 진행하고 있는데, 내가 새누리당 감동인물찾기 대상인물로 선정되었다는 소식을 들었다. 감동인물찾기는 새누리당 비상대책위원회가 꾸

려졌을 당시 당에서 준비한 행사로, 현장에서 활동하면서 지역사회에 감동을 주는 인물을 발굴하는 프로젝트였다.

그것이 정치 인생을 시작하는 첫걸음이 될 줄이야. 행사 현장에 찾아온 박근혜 당시 새누리당 비상대책위원장님을 만났고, 이후 청년 비례대표로 국회에 입성하게 되었다.

국회의원이 되면서 나는 내가 함께했던 청년세대의 목소리를 대변해야한다고 생각했다. 새로운 세대와 문명이 이미 우리 사회와 문화의 중심이 되었는데, 정치 구조의 제도와 체계는 아직 새로운 세대의 진입을 허용하고 있지 않았다. 나는 이들의 열망과 필요를 반영할 수 있는 통로가 필요하다고 생각했다. 새누리당과 젊은이들을 연결할 진짜 통로가 필요하다고 생각했다. 그리고 이들을 대변하고 새로운 세대의 요구가 실현될 수 있는 정치구조를 만들어내야겠다고 결심을 하게 되었다.

국회에 와서 느꼈던 가장 큰 것은 국회의원 한 사람 한 사람의 역할과 책임이 매우 크다는 것이었다. 국회의원은 국가 운영에 관한 기초적 틀과 정책의 규모 등을 결정하는 매우 중요한 사람이다. 매번 마주하게 되는 선택의 순간에 우리 사회의 구조와 규범의 틀에 관한 결정이 이루어지기 때문에 현명한 판단력이 요구된다. 또한 다양한 이해관계가 충돌하는 속에서도 한쪽으로 치우치지 않고 공정한 방법으로 국민을 위한 결정을 내려야 한다. 행정부가 국민의 세금을 계획대로 진행하고 있는지, 국민을 위한 일을 잘 수행하고 있는지 감사하고 평가하여 정부가 올바른 방향으로 갈 수 있도록 목소리도 내야 한다. 그리고 무엇보다 군림하는 리더가 아니라 늘 국민 편에 서서 민의를 대변하는 자로서, 국민을 섬기는 사람이 되어야 하는 것이다. 이렇게 국회에서 생활해 보니 국회의원의 역할과 중요성을 더욱더 명확히 인식하게 되었고 행동 하나하나에도 보다 막중한 책임감이 생겼다.

나는 국회의원이 국민을 대변하는 사람이라고 생각한다. 국회의원은 어느 순간에나 어디에서나 국민 편에 서서 국민의 마음을 담은 목소리를 내야 한다고 생각한다. 특히 약자와 소외된 사람들을 위해서 더욱 이러한 역할이 필요하다. 나는 막대한 등록금 앞에 좌절한 대학생들, 억울하게 피해를 입은 가습기살균제 피해자와 같은 사람들의 필요를 채워주는 일이 내 일이라고 생각한다.

나는 사람들의 꿈을 포기하지 않게 하는 것이 내 일이라고 생각한다. 누구든 시행착오를 겪더라도 절대 포기하지 않으면 반드시 꿈을 이룰 수 있는 토대의 나라를 만들고 싶다. 누구든지 돈이나 환경 때문에 마음 속

깊이 간직한 소중한 꿈을 포기하지 않도록 장애물을 치우는 것이 국회의원이 할 일이며 내가 할 일이라고 생각한다. 그리고 난 꼭 그렇게 살아내고야 말 것이다.

새 정치의 꿈이 이루어지는 그날까지

· 새누리당 제19대 총선 청년유세단장
· 새누리당 청년 희망공약단 위원
· 새누리당 대선기획단 조직위원
· 새누리당 대통령후보경선 박근혜캠프 청년특보
· 새누리당 대통령선거 중앙선거대책본부 청년본부장

2012년에 내게 부여되었던 직책들이다. 힘과 권력의 구도가 맹렬히 소용돌이쳤던 지난 2012년, 박근혜 대통령과 새누리당은 당에서 오래 활동한 경력도 없는 신인 정치인들에게 중직을 연이어 맡겼다. 청년과 박근혜 후보를 잇는 가교, 파이프라인 역할을 요청했고, 그 결정은 지극히 옳았다. 박 대통령은 그 파이프라인을 통해 직접 청년들의 이야기를 들었고 실제적인 청년 공약을 함께 만들어 나갔다. 나는 그렇게 청년들과의 소중한 소통을 통해 만들어진 그 정책들이, 실제적으로 이루어질 수있도록 돕는 것이 나의 일이라고 믿었고, 그래서 청년들의 아픔을 조금이나마 해소하기 위해 열심히 노력했다. 그리고 그것을 통해 내 꿈이 이루어지는 나라, 자랑스러운 대한민국이 되기를 간절히 열망했다. 그리고 그 꿈을 담아 박근혜 후보님께 '내 꿈이 이루어지는 나라, 준비된 여성대통령'을 대선 슬로건으로 제안했고, 결국 채택되었다.

나는 만 39살의 나이로 국회의원에 당선되었다. 대학생 자원봉사단의 대표를 국회의원으로 부른 것은 새누리당으로서도, 박근혜 후보로서도 무척 파격적인 결정이었다. 나는 평생 동안 학생운동과 사회운동을 했고 청년 대학생과 함께 살았다. 사실 내 또래의 그 누구보다 청년들의 현실을 잘 알고 있다고 자부한다. 그렇기 때문에 그들을 대변하기 위해 국가와 국민의 부름을 받은 것이 아닌가, 하는 생각도 든다. 부담도 크고 어려움도 많지만 꼭 다짐했던 것은 절대로 이기적 탐심으로 가득한 기득권이 되지는 않으리라는 것이었다. 그리고 국가의 부르심에 순종하여 반드시 청년 나아가 국민을 대변하는 충실한 대변자로서의 사명을 완수하겠다고 다짐했다.

박근혜 정부의 첫 번째 대통령직 인수위원회 인선발표는 청년특별위원장으로 나를 임명한 것이었다. 이는 박근혜 대통령으로부터 받은 정치적 상이라고 생각한다.

인수위에서 활동하게 되었던 것은 나에게 영광스러운 일이었다. 대한민국 정부를 인수하고 인수받는 무척이나 중요한 자리에 함께하며 정부 조직 과정을 경험하고 그 가운데 청년들을 위한 정책들을 실제로 설계하고 조직하는 작업을 진행하는 것은 흥분되고 가슴 떨리는 일이었다. 또한 대한민국 헌정사상 최초로 대통령 직속 청년위원회를 설립하는 귀한 과정을 지켜본 것도 어마어마한 경험이었다.

대통령직 인수위원회에 청년특별위원회가 설치된 것은 박근혜 대통령이 청년정책을 실현하고자 하는 강력한 의지를 표현한 것이다. 사실 그동안 청년 문제는 역대 정부에서 '정책의 사각지대'에 있었다. 유아, 어린이, 여성, 노인 등을 지원하는 법은 있어도 청년들을 위한 지원법은 없었다. 박근혜 대통령은 '청년의 꿈의 크기가 곧 대한민국의 크기다. 대통령이 직접 챙기겠다'고 했다. 대통령이 '정치적 명운'을 걸고 직속기구로 청년위원회를 두기로 한 것은 매우 의미 있는 일이라고 생각한다.

　나는 청년특별위원장으로서 17개 부처에 흩어져 있는 기존 청년 정책을 모두 조사해 분석했고 그 내용을 토대로 청년의 눈높이에 맞는 정책을 만들어 대통령께 제안했다. 청년들이 희망을 잃은 '3포 세대(취업, 결혼, 출산을 포기한 세대)'가 아닌, 젊고 강한 대한민국의 엔진으로 거듭날 수 있도록 지원하는 계획을 세웠다. 그리고 이렇게 헌정사상 최초로 대통령 직속의 청년위원회가 탄생하게 되었다.

　나는 이것으로 청년 정치의 신호탄이 울렸다고 생각한다. 또한, 청년정치의 작은 싹이 움튼 것이라고 생각한다. 나와 같은 청년 정치인이 청년특별위원장의 이름으로 인수위에서 활동하고 헌정사상 최초로 청년세대를 위한 대통령 직속 청년위원회가 만들어진 것은 새로운 세대의 청년 정치를 위한 길이 아주 조금이나마 열렸다는 것을 보여준다. 나는 이 조금 열린 틈으로 수많은 순전한 청년들이 들어와 이 물결에 합류해야 한다고 생각한다. 한국 정치의 거친 토양에 청년들이 이제는 의연히 정착해야 한다고 생각한다.

　얼마 전까지만 해도 노키아폰은 세계에서 가장 많이 팔리는 휴대폰 중

하나였다. 그리고 블랙베리는 스마트폰의 원조였다. 그런데 불과 몇 년만에 이 두 회사는 상장 폐지되거나 다른 회사로 M&A 되고 말았다. 나는 이것이 우리가 겪고 있는 세상의 강력한 변화와 도전의 흐름이라고 생각한다.

정치권도 예외는 없다. 지금 지지율 1등인 새누리당도 노키아폰처럼 정치권에서 언제 어느 때 사라질지 모른다. 민주화의 원조라고 이야기했었던 민주당도 새 정치의 물결 속에서 이미 '상장폐지' 되어 버렸다. 그런데 새 정치라고 얘기했던 곳에 국민이 원하던 진정한 새 정치의 알맹이가 과연 있는가.

지금도 많은 사람들이 새 정치를 꿈꾸고 열망한다. 나는 이 새 정치가 다른 곳에 있다고 생각하지 않는다. 새로운 세대, 우리의 순전한 청년들의 새로운 정치가 바로 새 정치라고 생각한다. 이 새로운 세대가 실행의 주체를 넘어 결정의 주체가 될 때 비로소 새 정치는 이루어질 수 있다고 생각한다.

성경에도 이와 비슷한 이야기가 있다. '새 술은 새 부대에 담으라.' 나는 이 이야기가 참 마음에 와 닿는다. 새 정치는 기성 정치인의 것이 아니라 새로운 세대의 것이라는 의미로 들린다. 우리의 선배들을 헌 부대로 지칭하며 무시하는 것이 아니라 기성세대의 역할과 존재를 인정하지만 새로운 것은 새로운 틀에 담아야 한다고 이야기하는 것이다. 새 정치는 새로운 세대가 이뤄낼 수 있다.

우리는 우리 선배들의 정치적 유산을 창조적으로 계승하여 새로운 정치를 시작해야 한다. 그것이 바로 진정한 새 정치이며 청년정치이다.

이제 갑판 위로 올라서야 할 때

다시 한 번 세월호를 기억해보자. 침몰해 가는 세월호에서, 모두가 선장 말만을 믿고 선내에 웅크리고 있을 때 누군가가 '모두 갑판 위로 올라오라'고 외쳤다면 어떻게 됐을까.

수백 번, 수천 번 상상하고 안타까워했다. 승객의 안전을 책임져야 할 선장과 기관사가 제 몸만 보전하고, 경황이 없었던 스무 살 남짓 어린 여직원과 아르바이트생들은 우왕좌왕하다 희생당했다. 그들의 말을 믿고 구명조끼를 입은 채 구조되기만을 기다렸을 선량한 시민들과 어린 학생들……. 이들에게 여기 이렇게 가만히 있으면 안 된다고, 당장 자리를 박차고 갑판 위로 올라가야 한다고 말해줄 사람이 있었다면 결과는 달라지지 않았을까.

대한민국에도, 그리고 새누리당에도 '갑판 위로 올라가라'고 말해줄 이가 필요하다. 사실, 국민 개개인의 힘으로 현실의 굳건한 벽을 깨뜨리고 꿈을 이루기란 쉬운 일이 아니다. 함께 벽을 두드리고 넘어설 수 있도록 희망을 주는 사람. 그것이 국회의원을 비롯한 정치인의 할 일이라고 생각한다.

많은 국민들은 우리를 이끌어줄 지도자, 새로운 비전으로 믿음을 줄 리더를 찾고 있다. 공공의 선을 위해서 기꺼이 자신의 삶을 던질 수 있는 사람, 내 한 몸보다 국민을 더 생각하는 사람, 국민 모두의 꿈이 이뤄지는 것이 꿈인 사람. 나는 그러한 지도자가 새누리당에서 나오기를 진심으로 바라고 있다. 또 그렇게 되도록 나의 모든 것을 바칠 것이다.

김장실

문화강국으로 가는
디딤돌을 놓기 위해

김장실

- 1956년 경상남도 남해 출생
- 경남공업고등학교 졸업
- 영남대학교 행정학 학사, 서울대학교 행정학 석사, 하와이대학교 정치학 박사
- 제23회 행정고시 합격
- 대통령 사정비서관실, 정무비서관실 행정관
- 대통령 정무비서관실 국장, 대통령 비서실장 보좌관
- 문화체육부 어문과장, 문화관광부 예술국장
- 한국예술종합학교 사무국장
- 국무조정실 교육문화심의관
- 문화관광부 종무실장
- 문화체육관광부 제1차관
- 예술의 전당 사장
- 한국문화예술회관연합회 회장
- 現 제19대 새누리당 국회의원(비례대표)
- 박근혜 대통령후보 중앙선거대책본부 문화예술본부장
- 새누리당 대외협력위원장
- 새누리당 세월호사고대책특별위원회 위원
- 국회 문화체육관광방송통신위원회 위원
- 국회 교육문화체육관광위원회 위원
- 국회 예산결산특별위원회 위원
- 現 국회 안전행정위원회 위원
- 現 대한장애인농구협회 회장

문화강국으로 가는
디딤돌을 놓기 위해

정치는 국가의 방향과 목표를 정하는 궁극적 수단이기에 시대 정신을 읽어야 하며 그 정신을 구현해야 한다. 나는 우리 사회가 쌓아온 발전의 바탕 위에서 합리적 마인드로 문화를 꽃피우기 위해 온 힘을 기울이고 있다. 국민 행복과 국가발전, 그리고 대한민국의 대외적 위상을 높이기 위해 문화강국을 만들어 나가는 것이 나에게 주어진 소명이다.

중학교만이라도 갈 수 있기를 소원하다

'꽃이 지기로서니 바람을 탓하랴'라는 시구를 용용해 나는 '삶이 고달프기로서니 가난을 탓하랴'라고 생각한다. 어떠한 꿈을 이루지 못하고, 좌절하고, 포기하는 사람들이 흔히 가난을 핑계로 삼고, 환경을 탓하는

모습을 보면 이해가 되면서도 한편으로는 안타까운 마음이 든다.

인간의 의지와 운명이 맞붙으면 무엇이 이길까? 이 신파조의 질문에 선뜻 대답하기란 쉽지 않다. 그러나 단순하게 생각하면 이 질문에 대한 답은 간단하다. 의지가 강하면 얼마든지 운명을 이길 수 있다.

내가 태어난 1955년(실제 태어난 해)은 한국전쟁이 휴전에 접어든 지 겨우 2년째였다. 국민소득 2만 달러를 넘어선 지금 '가난' 이라는 단어를 말하면, 대부분의 청소년과 청년들은 '고리타분한 옛날이야기'로 치부하지만 그 시절에는 당장 입안에 음식을 넣는 것이 삶의 최대 목표라 해도 과언이 아니었다.

너나 할 것 없이 모두 가난했으나 특히 나의 집은 더욱 가난했다. 가난을 해결해보고자 일본으로 가셨던 아버님께서는 20년 이상을 노동자로 고되게 일하셨으나 해방 후 무일푼으로 귀국하셨다. 일본에서 그야말로 하루살이 인생을 사셨던 아버님은 해방된 조국에서 농촌에 정착했지만 농사조차 변변히 짓지 못해 삶이 고달프기 그지없었다. 큰누님과 둘째 형은 초등학교도 졸업하지 못했고, 큰형과 셋째 형은 겨우 초등학교만 졸업한 집안에서 4남 1녀의 막내인 내가 초등학교에 다닐 수 있었던 것은 그것만으로도 큰 행운이었다. 오죽했으면 초등학교 졸업을 앞둔 13살 나이에 중학교 진학은커녕 취업을 고민했을까?

어느 날 동네에서 세탁소를 하시는 어르신께서 내 부모님께 "장실이는 덩치가 좋으니 초등학교를 졸업하면 우리 세탁소에서 일하면 딱 좋을 것"이라고 말씀하시는 것을 듣고, 그렇게라도 되면 좋겠다고 생각했을 정도였으니까 말이다. 그것이 그때 한 소년에게 주어진 서글픈 운명이었다. 하지만 나는 그 운명에 굴복하지 않았다. 그 출발은 초등학교 4학년 때 새로운 세계를 발견하면서부터 시작되었다. 담임선생님의 심부름으로 학교 뒤 건물에 갔던 나는 그곳에 작은 도서관이 있는 것을 발견했다. 교실 하나의 벽을 빙 둘러 책이 가지런히 꽂혀 있었는데 정확히 기억나지는 않지만 대략 200여 권쯤 되었으리라. 다른 아이들이 운동장에서 온종일 뛰어놀 때 나는 이쪽 끝에서 시작해 저쪽 끝까지 책들을 읽기 시작했다. 심지어 학교가 끝난 후에도 책을 집으로 빌려 가 소 먹이러 갈 때나 풀 베러 갈 때도 틈만 나면 책을 읽었다. 그때 눈을 뜬 독서의 세계, 배움의 희열은 50이 넘은 지금까지 쉬지 않고 이어지고 있다.

또 6학년 여름방학의 사건도 나를 다른 운명으로 이끌었다. 전국적으로 유명한 우리 동네(상주) 해수욕장에서 멱 감고 소 먹이기 위해 집으로 돌아가던 길에 우연히 들른 학교에서 중학교 진학을 위해 과외수업을 받고 있는 친구들을 발견했다(당시는 중학교 입시가 오늘날 대학입시보다 더 치열했다). 창밖에 서서 부러운 눈으로 친구들을 바라보고 있다가 선생님과 눈이 마주쳤다. 선생님께서는 나에게 교실 안으로 들어오라고 부르셨지만 얼굴이 빨개져 후다닥 도망치고 말았다. 그날부터 중학교에 가고 싶다는 생각이 불처럼 타오르기 시작했다. 그 거창한(?) 꿈을 가족에게 이야기하자 처음에는 어림도 없다는 반응을 보이다가 고등학교는 절대 가지 않는다는 조건으로 입시를 얼마 앞두고서야 중학교 진학을 겨우 허락받았다.

내가 받은 것 이상으로 돌려주려는 마음가짐으로

중학교에서 3년이 흐르는 동안 나는 공부에 대한 욕심이 갈수록 커졌으나 집안 형편은 나아지지 않았다. 3학년이 되자 급우들은 큰 도시의 고등학교로 진학하기 위해 부산에 있는 학원에 다녔으나 나는 고등학생이 되는 것 자체가 불가능에 가까운 일이었다. 집으로 돌아와 가족들에게 울며 졸랐으나 앞길은 험하기만 했다.

둘째 형이 결혼을 앞두고 있었고 좁고 낡은 우리 집도 이사를 해야 하는 등 집안 사정이 도저히 나의 학비를 마련할 여건이 되지 못했다. 1년 내내 조르고 조른 끝에 어머니로부터 고등학교 진학의 허락을 받아냈지만 집안 분위기는 험악해졌다. 시험을 하루 앞둔 날 밤, 술에 취해 들어온 큰 형님은 나에게 집안 형편은 생각하지 않고 철없는 고집을 부린다며 호되게 혼을 내셨다. 수험서는 갈기갈기 찢겼고, 눈이 퉁퉁 부어 뜨기 힘들 정도로 두들겨 맞았다. 그럼에도 나는 다음날 새벽에 일어나 남해에서 부산으로 가는 배를 탔다. 합격하지 못하면 차라리 죽어버리겠다는 생각을 하면서 말이다. 다행히 경남공고에 합격했지만 고난의 학창생활이 그 후 15년 넘게 이어졌다.

영남대 행정학과와 서울대 행정대학원, 1992년 미국 하와이대 대학원 졸업까지 길고 긴 배움의 길을 이야기하자면 끝이 없다. 그 고난을 헤치면서 행정고시에 합격하고, 국비유학으로 미국에서 박사 학위를 받고, 주요 부처 고위 공무원으로 일할 수 있었던 바탕은 강인한 의지와 성실한 행동이 뒷받침되면 운명쯤은 얼마든지 물리칠 수 있다는 신념이 있었기 때문이었다. 훗날 내가 삶의 난제들을 원만하게 해결해나갈 수 있었던 힘은 그 어려운 시절에 어떻게 해서든 학교에 가야 한다는 꿈을 가졌고, 그것을 이루어가는 과정에서 체득한 용기와 결단력, 추진력이다.

나의 부모님은 아침부터 저녁까지 한시도 쉬지 않고 일을 하셨다. 특히나 어머니는 자식들을 제대로 교육시키지 못한 것이 한이 되었다. 그 대신 사랑과 부지런함으로 자식들을 교육시켰는데 나는 어렸을 때부터 그 사랑과 헌신, 부지런함을 몸으로 깨우쳤다. 참으로 아쉽게도 나의 아버님은 1975년에, 나의 어머님은 딱 10년 후인 1985년에 눈을 감으셨다. 아버님은 내가 꿈을 이루는 모습을 보지 못하셨지만 어머님은 아들이 행정고시에 합격하는 영광을 보시고 타계하셨기에 그나마 작은 효도를 한 셈이다.

두 분 외에도 내 인생에 빛을 비추어 준 분은 많다. 특히 돌아가신 초등학교 때의 김현오 선생님은 잊을 수 없는 은인이다. 공부를 잘했다며 나에게 학용품을 선물해주시며 용기와 희망을 심어주었다. 고마운 사람들이 어찌 이들뿐이겠는가? 내가 국가와 국민을 위해 일할 수 있도록 씨앗을 뿌려준 사람들은 많다. 그러기에 나는 내가 받은 이상으로 국민들에게 사랑과 헌신으로 되돌려주려 한다.

정치는 가능성의 예술

행정고시 합격 후 청와대에서 오랫동안 근무했다. 처음에는 청와대 사정수석실에서 근무하다 얼마 후 정무수석실로 자리를 옮겼는데, 그때 정치를 가까이 들여다보며 여러 분야를 배웠다. 이런 인연으로 학부와 대학원의 전공이던 행정학과는 다르게 미국 하와이대학에서는 정치학을 공부해 박사 학위를 취득했다. 공무를 더욱 잘 수행하고자 함이었다. 이후에도 공직생활을 하며 국회를 자주 방문했고 정치에는 겉보기와는 달리 국가와 민족을 위한 무한의 영역이 있다는 것을 깨달았다. 정부에서의 행정과 국회에서의 정치를 조화시키면 '정치는 가능성의 예술'이 될 수 있다는 것을 직접 체득했다. 그래서 예술의전당 사장직을 물러나면서 정치인으로서의 새 삶을 시작한 것이다.

간혹 사람들은 내게 "고위 행정관료가 왜 정치판에 발을 들여놓았느냐?"고 묻는다. 이 질문에는 부정적 뉘앙스가 담겨 있음을 나 자신도 부인하지 않는다. 사실 대한민국 국민 누구라도 정치라는 단어만 꺼내면

- 2014 인천세계휠체어농구선수권대회 조 추첨식에서 김장실 조직위원장과 마린 오차드 세계휠체어농구연맹 전 회장이 조 추첨 결과를 지켜보고 있다.

손사래를 친다. 해방 이후 70여 년 동안 우리나라의 모든 분야가 발전했음에도 정치는 여전히 후진적 상황에서 벗어나지 못하고 있다. 나 역시 이를 잘 알고 있다. 그러나 정치는 국가의 방향과 목표를 정하는 궁극적 수단이다. 즉 한 나라가 발전과 후퇴의 길목에 서 있을 때 정치가 제 몫을 하면 앞으로 나아가지만 잘못된 결정을 내리면 내리막길을 걷는다.

그러기에 정치는 대단히 중대한 문제이며, 법과 제도를 만들고 예산을 심의하는 등 국정의 중심적 역할을 할 뿐만 아니라 국민 전체에게 엄청난 영향을 끼치기 때문에 정치는 정도를 걸어야 한다. 부정적인 시각이 여전히 많음에도 내가 정치를 선택한 이유가 바로 여기에 있다. 30여 년 동안 쌓아온 국가 행정 경험을 살려 정치가 제 몫을 하도록 헌신하는 것이 나의 소명이자, 국민과의 약속이기도 하다. 우리는 지금까지 뜨거운 열정을 다해 전 세계가 부러워하는 많은 업적을 쌓아왔다. 그 성과를 합리적으로 더 발전시켜야 할 책임이 오늘을 살아가는 우리 모두에게 있다. 그것이 정치에 입문하게 된 초심이며 지금도 변함이 없다.

내 마음가짐은 '국민 행복을 위해 최선을 다하자. 시대정신을 읽고 국가가 그 시대정신에 맞게끔 제도와 문화를 만들어 나가도록 이 한 몸을 바치자'로 가득 차 있으며 그것을 이루기 위해 열심히 일하고 있다. 이제 국회의원은 과거에 우리가 생각했던 특권층이나 권력층이 절대 아니다. 아침부터 밤늦게까지 일하느라 자신조차 돌볼 여유가 없다. 나 역시 무수히 많은 세미나와 토론회, 행사에 참석하며, 어떻게 하면 우리 국민이 더 행복하게 살 수 있을지를 놓고 늘 고심한다.

청와대와 문화부에서 오랫동안 근무한 전문성을 바탕으로 문화 제도와 법을 꾸준히 검토하고 보다 나은 방향으로 개선하면서 국민 모두가 살기

- 교육문화체육관광위원회에서 김장실 위원이 문화기본법에 대한 제안설명을 하고 있다.

좋은 국가가 될 수 있도록 최선을 다하고 있다. 특히 소외 계층이나 장애인이 더 이상 차별받지 않고 평등한 행복을 누릴 수 있는 문화를 만들기 위해 노력한다. 2013년에 발의한 〈국민생활체육진흥법〉에도 그 염원이 담겨 있다. 전 국민 누구라도 일상생활에서 편리한 체육활동을 통해 건강한 생활을 누릴 수 있도록 뒷받침하는 제도이다.

문화는 전 국민이 누려야 할 기본 권리

21세기는 문화의 시대다. 잘 만든 영화 한 편이 수만 대의 자동차를 수출하는 것보다 더 수익이 좋다는 사실이 이를 잘 증명한다. 그럼에도 우리나라에 문화정책의 토대가 될 〈문화기본법〉이 없다는 사실은 참으로 아이러니다.

문화는 첫째, 개인 삶의 질을 향상시키며, 둘째, 인간의 소통과 커뮤니케이션을 활성화시킨다. 그 결과 갈등이 줄어들고 이해와 포용력이 높아진다. 셋째, 문화는 그 자체가 산업으로서 경제발전에 크게 이바지한다. 넷째, 문화는 소프트파워를 대변한다. 한 국가의 대외적인 이미지가 높아지고 국가경쟁력도 강화시킨다. 조셉 나이Joseph S. Nye는 일찍이 '소프트파워의 시대'를 선언했다. 이제는 하드파워와 소프트파워를 결합한 스마트파워의 시대가 우리 곁으로 다가왔다. 우리는 이 스마트파워를 강화시켜야 할 문턱에 서 있는 것이다.

나는 이를 뒷받침하고 국민행복과 문화융성 시대의 토대를 만들고자

2013년 12월 〈문화기본법〉을 대표발의했다. 문화권이 국민기본권으로 명문화한 일은 내 짧지 않은 의정활동 중에서 가장 보람된 일이다. 이 법을 제정하는 과정은 쉽지 않았다. 교육문화체육관광위원회 상임위원회 활동, 소위원회 활동, 각종 토론회 및 법안 발의 등의 과정을 통해 문제를 모두 끄집어내고 다양한 의견을 수렴하고 대안을 제시해 법률을 만들었다. 나 혼자만의 실천이 아닌 다수의 힘을 합쳐 이룬 성과이기에 더욱 보람을 느낀다. 중앙일보는 '문화기본법 국회 통과를 환영한다'라는 사설에서 적극적인 지지를 밝혔다.

> 국민 누구나 문화활동에 참여하고 문화를 향유할 권리를 일컫는 '문화권'이 최초로 법률에 명시되었다. 국회 본회의를 통과한 문화기본법은 대한민국의 국격(國格)을 한 차원 높일 수 있는 내용들을 담고 있다. 오랜 토론과 숙고를 거쳐 김장실 의원 대표발의로 제정된 기본법이 앞으로 문화강국을 향한 디딤돌 역할을 해주길 기대한다. 문화기본법은 문화권뿐 아니라 국가·지자체가 정책을 세울 때 문화적 관점에서 국민의 삶에 미치는 영향을 평가하는 '문화 영향 평가', 문화의 혜택이 소외계층에도 골고루 미치도록 하는 '문화복지' 개념도 명문화했다.
>
> —〈중앙일보〉 2013년 12월 11일

〈문화기본법〉은 나 자신과 국민과의 약속을 지킨 대표적 사례다. 이 법은 국민의 문화적 권리와 국가책무 외에도 문화의 정의, 문화정책 수립과 시행상의 기본원칙, 문화 진흥을 위한 조사·연구와 개발, 5년 단위 문화진흥 기본계획 수립 등이 담겼다. 여기에 매년 10월 셋째 토요일을 '문화의 날'로 지정하는 것도 포함됐다. 나는 언론과의 인터뷰에서 "그동안 문화 관련 법률은 주로 문화예술 창작자 지원과 청소년 교육, 관련 산업진흥에 치우쳐 왔다"며 "문화기본법은 국민이 문화를 향유하고 문화 격차를 해소하는 제도적 장치가 될 것"이라고 설명했다.

국민 누구나 마땅히 누려야 할 기본 권리를 지키고 건강과 발전, 행복과 성장을 꼭 이루어가자는 약속으로 '문화권'을 최초로 명시하며 문화를 국민 개개인의 삶 전 영역으로 확장하도록 했다. 문화가 교육, 복지, 환경, 인권과 통합적으로 연계되어 그 꽃을 피우는 것이다. 이의 활성화를 위해 생활체육 진흥, 국민체육 진흥, 관광 진흥, 출판문화산업 등 국민의 일상생활과 밀접하게 관련된 법과 제도의 정비를 계획하고 있다. 물론 앞으로의 과제가 쉽지는 않으리라 생각한다. 그러나 이 과정에서 나타나는 문제는 순간의 걸림돌일 뿐 진실이 올바르면 모든 꿈은 반드시 이루어진다.

문화 콘텐츠는 한국문화 세계화의 첫걸음

나아가 문화 콘텐츠 육성에도 열정을 쏟고 있다. 고용 없는 성장시대에 유일하게 고용 있는 성장을 할 수 있는 산업이 바로 문화 콘텐츠다. 10억 원을 투자했을 때 제조업보다 일자리를 2배 이상 창출할 수 있는 분야인

- 국회 연못 앞에서 애송시 낭송을 준비하는 김장실 의원

것이다. 한 언론과의 인터뷰에서 '문화 콘텐츠 산업 육성과 한류 세계화를 위한 입법화'에 힘을 쏟을 것이라고 밝혔다.

그때 나는 한국경제를 활성화할 신성장동력으로 망설임 없이 문화 콘텐츠 산업을 들었다. 세계의 주요 교역은 이미 그 방향이 문화 콘텐츠로 옮겨가고 있다. 지금 우리 경제의 중추로 역할을 하고 있는 조선, 반도체가 하는 일을 20~30년 후에 문화 콘텐츠가 할 수 있도록 민관 협력을 시작해야 한다. 그러기에 2012년 박근혜 후보의 문화 대선공약에 '문화예산 2%'를 포함시켜 많은 문화인들의 지지를 받았다.

문화체육관광부에서 일하면서 다양한 예술인들과 끊임없이 소통하고, 예술·문화·교육 정책을 추진하면서 시행착오를 겪기도 했지만 여러 성과를 올렸다. 그 과정에서 문화와 예술인뿐만 아니라 종교, 관광, 체육 등 수많은 사람들과 진실하게 만나면서 인적 네트워킹이 형성되었다. 앞으로도 문화 분야의 오랜 공직생활을 바탕으로 대한민국의 문화융성, 그리고 우리 문화의 세계화를 위해 헌신할 것이다.

장애인들을 위한 법안 마련과 정책에도 온 힘을 기울이고 있다. 이미 2014년 인천세계휠체어농구선수권대회를 통해 장애인은 일반인과 똑같이 문화와 체육에서도 출중한 능력을 발휘할 수 있음을 세계에 알렸다. 앞으로도 문화 · 체육 · 교육 등에서 장애인과 비장애인의 차별이 없는 공정하고 행복한 세계를 만들 것이다.

자신의 꿈을 이루기 위한 '인생의 나침반' 을 간직하자

나는 성공을 '노력의 선물' 이라 생각하며, 꿈은 '인생의 나침반' 이라 늘 강조한다. 그 누구이든 인생은 성공과 좌절, 행복과 불행이 교차한다. 언제나 승승장구하는 사람은 없으며, 끝없는 나락으로만 추락하는 사람도 없다. 중요한 것은 성공과 실패를 바라보는 마음자세다. 성공했을 때는 자세를 낮추는 겸손함이 필요하고, 실패가 닥쳤을 때는 미래에 대한 확신으로 도전해야 한다. 이때 노력하는 열정이 중요하고, '무엇이 올바른 것인가' 라는 분명한 목표가 있어야 한다. 교과서적인 말로 들릴 수 있으나 이 단순한 명제 속에 성공으로 가는 길이 담겨 있다. 50년 전 중학교조차 갈 수 없었던 헐벗은 소년이 행정고시에 합격하고 해외에서 박사학위를 땄다는 사실이 그 진리를 입증한다.

그런 의미에서 나는 소설가 이문열의 《우리들의 일그러진 영웅》과 《젊은 날의 초상》에서 많은 것을 터득했다. 특히《젊은 날의 초상》은 방황하던 시절에 청춘의 고충을 사실적으로 묘사해 마치 내가 주인공이 아닌가 싶을 정도였다. 감수성이 예민했던 불안의 시기에 삶을 되돌아보는데 많은 도움이 되었다. 최근에는 하버드대 역사학 교수 니얼 퍼거슨Niall Ferguson의《시빌라이제이션 Civilization: The West and the Rest》을 통해 세계의 흐름을 진지하게 성찰했다.

독실한 불교신자인 나는 무불경(毋不敬)과 무왕불복(无往不復)을 생각과 행동의 지표로 삼는다. 무불경은 "공경스럽지 아니함이 없다"라는 뜻으로 사람과 사물을 대할 때 언제나 공경을 지녀야 하며, 말은 부드럽고 명확해야 한다는 가르침이다. 무왕불복은 "돌아오지 않는 떠남은 없다"는 뜻이다. 삶에서 내가 한 행동은 언젠가 반드시 결과로 나타나며 내가 한 말이나 선행, 베풂, 잘못, 질투 등은 다시 나에게 돌아온다는 가르침이다. 그러므로 우리는 지금 나의 행동이 과연 올바르고 정당한 것인지 늘 마음에 두어야 한다. 정치인으로서 나의 신념도 무불경과 무왕불복을 바탕으로 한다. 언제나 국민을 공경하는 자세로 임하며 내가 추진하는 정책이 국민과 국가에 어떻게 돌아가는가를 고심하고 또 고심한다.

그런 의미에서 나는 세종대왕을 가장 존경한다. 세종대왕의 국민을 사랑하는 마음을 거울삼아 정치인의 길을 걷고 있다. 그 길 중 하나는 약속을 지키는 것이다. 정치인에게 약속은 생명과 같다. 정치인뿐만 아니라 모든 사람에게 약속은 한 사회가 유지되는 기초다. 공자는 무신불립(無信不立)이라 설파했다. 신뢰가 없으면 아무것도 성립되지 않는다. 특히 정치인은 국민과 국가, 세계를 상대로 행동하기 때문에 약속은 대단히 중요하다. 그만큼 신중해야 하고 꼭 지켜야 한다.

지금까지 살아오면서 가장 큰 역경은 무엇이었을까? 어릴 적부터 따라다닌 가난의 굴레였다. 그것을 떨쳐내기 위해 혼신의 노력을 했으며 차츰 앞으로 나아가기는 했으나 고등학교 졸업 후 1년 동안은 가장 힘든 시기였다. 공고를 다녔기에 대학입시를 제대로 준비할 수 없어 재수를 했는데 식사 부족과 운동 부족으로 몸이 허약해질 대로 허약해져 앉기조차 힘들었다. 그때 '더 이상은 못하겠다'는 자포자기가 들었으나 그 자리에서 일어서지 못하면 영원히 나락으로 떨어질 수 있다는 각오로 나 스스로를 강하게 채찍질했다. 내 인생 최대의 갈림길이었다. 그 고난의 시기를 굳은 각오로 슬기롭게 극복했기에 오늘날의 김장실이 있지 않을까.

그런 면에서 나는 오늘을 살아가는 청년들에게 '꿈을 가지고 노력하면 못 이룰 것이 없다'고 당부한다. 도전하기 전부터 겁을 먹어서는 안 된다. 존 F. 케네디 전 미국 대통령이 말했듯 "우리가 두려워할 것은 바로 두려움 그 자체다." 목표를 세우고 꾸준히 노력하면 반드시 목적지에 도달한다. 그 길목에 난관이 도사리고 있는 것은 세상의 당연한 이치다. 난관을 넘느냐 넘지 못하느냐에 따라 인생 전부가 바뀌며, 역사와 인류에 공헌할 수 있는 인물이 되느냐 되지 못하느냐가 결정된다.

김 정 록

미래를 꿈꾸지 못하는 사람들에게
미래를 꿈꾸게 하다

김정록

· 1951년 출생
· 숭일고등학교 졸업, 서강대학교 경제대학원 경제학과 석사 재학 중(제47기)
· ㈜세일그룹 경영
· 장애인표준사업장 ㈜CPL 대표이사
· 인덕학교(장애인학교) 이사
· ㈔한국지체장애인협회 중앙회장
· ㈔한국장애인개발원 이사
· 보건복지부 장애인정책조정위원회 위원(국무총리실 산하)
· 한국장애인재단 이사
· 노동부 장애인고용촉진위원회 위원
· ㈔전국장애인표준사업장연합회 회장
· ㈔한국장애인단체총연합회 상임대표
· 現 제19대 국회의원
· 새누리당 원내부대표
· 現 새누리당 중앙장애인위원회 위원장
· 現 국회 보건복지위원회 위원
· 국회 운영위원회 위원
· 現 남북관계 및 교류협력 발전 특별위원회 위원

미래를 꿈꾸지 못하는 사람들에게
미래를 꿈꾸게 하다

어둠이 짙게 드리워진 집 앞 어디선가 살기 어린 눈빛이 광선처럼 뿜어져 나오는 것이 느껴졌다. 순간 돌아서서 피할까 하다가 하루이틀 벌어지는 일도 아니고 사람 목숨 그렇게 쉽게 끊어질까 싶어 묵묵히 집으로 들어섰다. 나를 본 상대방이 위협적인 말을 하기 시작했다. 미동도 없이 그의 말을 들었다. 그러면서 그를 원망하지 않았다. 감사의 말을 전하는 수많은 장애인들의 목소리가 내 마음을 가득 채웠기 때문이었다.

내게 험한 소리를 쏟아붓는 사람은 다름 아닌 나와 같은 장애인들이었다. 2009년 '제6대 한국지체장애인협회 회장'에 당선된 뒤 내가 집행하는 일련의 일들에 대해 불만을 가득 품은 회원들이었다. 관행처럼 군수실이나 시장실 등 관공서에 들어가 이권을 관철하는 시위도 못하게 하고, 역시 이권을 얻으려고 건설사와 결탁하여 재개발 지역에 들어가 지

- 장애인표준사업장 ㈜CPL 대표이사 시절(이채필 고용노동부 장관 방문)

역 주민들을 강제로 내쫓는 행동도 못하게 하고, 지역 협회장 자리를 주
고받는 과정에서 오고 간 뇌물도 철저히 금지시켰으니 볼멘소리가 터져
나올 만했다.

하지만 그 모든 것에 얽매이지 않기로 했다. 권위적이고 비전문적이고
비효율적인 협회 운영에서 벗어나 전문적이고 투명한 협회를 만들겠다
는 나의 작심은 흔들리지 않았고, 그것에 올인해야 할 만한 이유도 충분
했다. 장애인은 누군가를 위협하거나 누군가의 도움으로 사는 사람이 아
니라, 장애인 그 모습 자체를 가지고 한 국가의 당당하고 정상적인 일원
으로 살아야 하는 국민이기 때문이었다. 비장애인과 다르니 특별한 관
심과 보살핌은 있어야겠지만, 본래 없는 특권을 억지로 만들어내는 일은
성립이 안 된다는 것이었다.

우리 사는 세상은 복잡한 것 같지만 의외로 단순하다. 먹어야 하고 입

어야 하고 추위와 더위를 피해 잠을 잘 자야 생명이 유지된다. 하지만 한 사람이 모든 것을 할 수 없어 협동의 체제로 누군가는 먹을거리를 생산하고, 누군가는 의복을 생산하고, 누군가는 집을 짓는다.

이러한 생산 과정에서 오랫동안 장애인은 아무것도 할 수 없다는 인식이 지배적이었다. 하지만 2000년부터 안산에서 일회용 주사기를 생산하는 장애인표준사업장인 CPL을 직접 운영하면서 그것은 정말 편견에 불과하다는 것을 알았다. 수십 명의 중증장애인이 일하는 사업장이지만 불량률 0을 기록하며 승승장구했다. 이들이 만든 주사기는 품질이 우수했는데, 그것은 역으로 이들이 주사기를 만드는 데 있어서 그 누구보다 적합하다는 것을 말하고 있었다.

물론 처음부터 우수한 주사기가 생산된 것은 아니었다. 제품 생산과 관련된 교육을 지속적으로 행했고, 장애 정도에 따라 어느 업무가 맞는지 시행착오도 많이 겪었다. 그러다가 지체장애인은 제품 조립, 지적장애인은 제품 포장에 탁월한 능력을 발휘한다는 것을 발견했고, 그들을 적재적소에 배치했다. 그 결과 주사기 생산량이 늘어나면서 회사는 점점 성장했고, 무엇보다 더 많은 장애인을 고용할 수 있어 좋았다. 이후 여느 회사처럼 장애인 직원을 위한 기숙사를 지었고, 기숙사 생활이 어려운 직원을 위해서는 통근버스를 도입했다.

이처럼 조금만 노력하면 경제적 자립의 길이 있는데도 불구하고 과거의 습관에 젖어 도움을 강제로 요청하거나 특권을 바라는 일은 용납될 수 없었고, 그러한 과정에서 생명의 위협을 비롯한 숱한 난관이 있었지만 끝내 굴하지 않고 장애인협회의 개혁을 이루어냈다. 이는 장애인들을 바라보는 비장애인들의 시선을 바꾸었고, 장애인들 또한 자신들을 바라보는 의식의 개혁을 이루어냈다.

장애는 내 인생의 장애가 되지 않아

내가 장애인이 된 것은 1960년대 후반, 그러니까 중학교 2학년 때의 일이었다. 만원 열차에서 사람들에게 밀려나는 한 할머니를 받쳐 올리다가 출발하는 열차에 오른쪽 발을 잃었다. 아니 정확히 말하면 사고로 발가락 두 개가 떨어졌는데, 파상풍을 염려한 의사가 발목을 절단하고 말았다. 지금처럼 의료기술이 발전하지 못했던 그 당시에는 흔했던 일이었다.

후천적으로 성장기에 장애인이 되자 눈앞이 캄캄해지며 좌절의 늪에 빠진 것은 당연지사였다. 동네에서 약자를 괴롭히는 아이가 있으면 태권도로 단련된 몸으로 그를 쫓아가 응징했던 내가, 학교에서는 규율부장을 맡을 정도로 활발히 활동했던 내가 다리에 의족을 차야 하는 상황이 되었으니 그 당시의 아픈 마음을 어찌 말로 다할 수 있을까?

살아온 인생보다 앞으로 살아갈 인생이 절망스러워 3개월 넘게 두문불출하던 나는 새로운 것을 깨달았다. 비장애인이었던 내가 갑자기 장애인이 된 나를 마주하는 것도 힘들었지만, 가족들을 비롯한 주위 사람들이 나를 여간 어렵게 대하는 것이 아니었다. 내 몸이 불편한 것은 둘째 치고 사람들 관계가 불편해지자 그것이 더 견디기 어려웠다.

힘들 때마다 용기를 주며 나를 일으켜 세우려는 부모님을 비롯해 주위 사람들을 힘들게 해서는 안 되겠다는 마음으로 다시 학교에 나갔다. 익숙하지 않은 무거운 의족만큼이나 무거운 마음으로 학교 정문에 들어섰는데, 학우들과 선생님들은 잠시 투병을 하다가 회복되어 학교에 나온 학생을 맞이한 것처럼 편안하게 나를 대해주었다. 만일 그때 그들이 불편 어린 시선 혹은 조롱을 보냈다면 내 인생은 어떻게 바뀌었을지 모른다.

　그 뒤로 나는 내가 장애인이라는 생각을 머릿속에서 지워나가며 스스럼없이 친구들과 어울리며 지냈고, 그러다 보니 어느 순간 장애에 대한 집착에서 벗어나 장애가 아무것도 아니라는 생각에 다다르게 되었다. 이는 내 노력도 있었지만, 나를 일반 사람과 다른 사람으로 여기지 않고 아무런 편견 없이 나를 보아준 사람들 때문에 가능했다.

　그래도 뭔가 새로운 것을 보여주겠다는 각오로 고등학교에 진학하자마자 개근상을 목표로 세웠다. 평소에 몸이 조금 아파도 등교하는 것은 큰 문제가 되지 않았는데, 가장 큰 고비는 20km를 행군해야 하는 교련수업이 있는 날이었다. 행군에 빠지면 결석 처리가 됐기 때문에 무리가 갔지만 오기로 완주를 했다. 의족과 살이 맞닿은 곳곳에서 피와 진물이 흘러내렸고, 걸을 때마다 극심한 고통을 느꼈지만 이를 악물고 걷고 달렸다. 부모님과 나 자신과의 약속을 지키기 위한 피눈물 나는 노력이었다.

　그렇게 나는 장애를 잊고 학교생활에 능동적이고 적극적으로 임했다. 소풍, 등산, 수련회 등에 한 번도 빠진 적이 없을 정도로 학우들과 격의 없이 어울렸고, 장애인을 위한 특별대우를 거부했다. 학창시절 갖게 된 이러한 자신감과 적극성, 그리고 우직함이 장애를 보는 내 시선을 일반인들과 다르게 만들어주었고, 그것은 사회생활에도 곧바로 반영되었다.

고등학교를 졸업하자마자 물류회사에 입사해 지붕개량사업 현장에 사용되는 슬레이트와 겨울에 생산되는 무의 출고를 담당했다. 새벽부터 저녁까지 쉬지 않고 일해야 하는 힘든 업무였기에 비장애인들도 일주일을 못 버텼지만, 3년을 그 회사에서 일했고 일 잘하는 직원으로 인정까지 받았다. 장애인, 비장애인을 떠나 무엇이든 열심히 일해야 한다는 자세가 내게는 중요했기 때문이었다.

장애가 있더라도 먹고사는 문제를 해결하는 데 아무런 장애가 없다는 것을 알게 된 뒤 내 사업을 시작하기로 했고, 손을 댄 이런저런 사업은 어려움 없이 성공을 거두었다. 물론 거저 얻어지는 것은 없듯이 사업이 성공한 데에는 무엇이든지 열심히 한다는 내 삶의 태도가 있었다. 늦은 밤

- 발달장애인법 제정을 위한 문화제

사무실 간이침대에서 잠시 눈을 붙이는 것이 유일한 휴식시간이었을 정
도로 일에 매진했고, 사업 시 제일 중요한 납기일 또한 한 번도 어긴 적이
없었다. 이는 돈을 주고도 살 수 없는 신뢰를 쌓았다는 것을 의미한다.

사업은 안정되어갔고, 이른바 재화 또한 풍족하게 쌓여갔다. 나만 열심
히 살면 이 세상 절대 남부럽지 않게 살 수 있다고 호언했다. 그러던 어
느 날 한국지체장애인협회의 초대 회장인 고 장기철 회장님을 만나게 되
었다. 모든 사람들이 열심히 산다고 해서 다 잘되는 것이 아니듯이 장애
인 또한 열심히 산다고 해서 다 잘되는 것은 아니었다. 그것을 나는 그분
을 통해서 절실히 알게 되었다.

20년 만에 외식을 했다는 부부가 준 깨달음

혹 그랬을지도 모른다. 나는 장애인이기 때문에 어찌 되든 내 몸 하나
만 잘 추스르면서 남에게 폐를 끼치지 않고 살면 된다고 말이다. 주위 사
람들이 비장애인이건 장애인이건 남에게 시선 둘 필요 없이 오로지 나
하나만 잘되면 그것이 남을 돕는 것이라고 말이다. 하지만 장애인협회
에 오고 가면서 나의 생각이 아주 잘못되었다는 것을 깨달았다. 장애인
을 위한 정책이 조금만 바뀌어도 장애인의 고통을 덜어질 수 있다는 것
을 말이다. 왜 나는 그러한 데에 관심을 두지 못하고 이기적으로만 살았
을까?

장애인의 권익을 도모하는 협회와 관계를 맺으며 일을 하다 보니 전과

다른 것들이 눈에 들어오기 시작했다. 생각보다 정부의 장애인 복지정책은 너무도 미약했고, 장애인의 목소리 또한 제대로 들어주는 곳이 없었다. 특히 장애인을 대상으로 하는 인권유린이 숱하게 자행되는 것이 속속 눈에 띄었고, 정말 장애인의 현실에 대해 몰라도 너무 몰랐다는 생각이 들었다. 혼자만 부유하게 사는 것은 아닌지 죄책감이 밀려왔다.

하지만 나는 무조건 권익 개선을 위한 장애인운동만 생각하지 않았다. 장애인 한 명 한 명이 경제적 자립을 할 수 있는 이 사회의 구성원임을 보여주기로 했다. 그래서 기존의 사업을 정리하고 장애인표준사업장을 만들어 장애인의 일자리 창출에 심혈을 기울였다. 앞에서 말했듯이 이 사업 역시 성공을 거두었고, 그 과정에서 삶에 대해 새롭게 눈을 떴다.

특히 기억에 남는 일이 있는데, 이는 나도 생각지도 못한 것이었다. 하루는 지적장애인을 회사에 보낸 부모가 찾아왔다. 그러고는 내 손을 꼭 잡고 눈물을 글썽거리며 말했다.

"회장님, 정말 감사합니다. 회장님 덕분에 20년 만에 처음으로 우리 부부가 외식을 해봤습니다."

그 말에 나는 충격을 받았다. 나 같은 장애인이야 의족만 차면 활동이 자유롭기 때문에 딱히 누구의 보살핌이 없어도 되었지만, 장애가 심한 경우는 반드시 보호자가 있어야 생활이 가능하다는 것을 늘 잊고 살았다는 것을 알았기 때문이었다.

이는 무엇을 말하는가? 내가 회사를 설립해 지적장애인을 고용하였기 때문에 지적장애인은 지적장애인대로 새로운 삶을 찾게 되었지만, 그로 인해 그를 돌봤던 보호자 또한 피보호자에게 얽매였던 삶에서 잠시 벗어

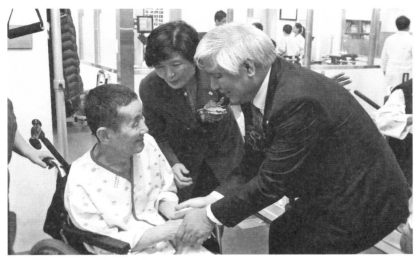

- 서울적십자병원 희망진료센터 개소식

나 자기만의 여유를 얻을 수 있다는 것이었다. 즉 지적장애인 한 사람의 삶을 위해서는 두세 사람의 삶이 함께해야 가능했는데, 이제는 필요할 때를 제외하고는 모두 독립적인 삶이 가능해졌다는 것이다. 품 안의 자식이 드디어 품을 떠나 온전한 한 사람으로 우뚝 섰다는 것이다.

이를 계기로 인생의 항로를 바꾸기로 마음먹었다. 거기에는 소 장수를 한 아버지가 내게 남겨준 덕목도 한몫했다. 그것은 나눔과 실천이었는데, 아버지는 집에 찾아온 걸인들에게 남은 음식이 아니라 항상 따뜻한 밥상을 내어 대접했다. 그러면서도 갑자기 음식을 먹게 되는 걸인들이 혹 배탈이 날까 봐 부드러운 음식부터 먹게 하는 섬세한 배려까지 보여주었다.

그러고 보면 나는 내가 장애인이라는 것을 잊고서 살았다고 하지만, 무의식 속에 내가 장애인이라는 것을 자각하고 있었기 때문에 나만 잘살면 된다는 이기심이 가득했던 것 같다. 그 생각이 너무 강해 아버지처럼 부유함에도 불구하고 남을 돌볼 생각을 하지 못했다. 몸이 장애라 문제가 되는 게 아니라 마음에 장애가 만들어졌다는 생각에 정말 새롭게 마음을 내어 새로운 인생을 살아가기 시작했다.

발달장애인과 그 가족에게 삶의 미래를 안겨주자

그 출발은 생명의 위협을 느낄 정도로 험한 상황도 있었지만 뚝심을 가지고 살았던 한국장애인협회 회장 시절이었고, 두 번째는 현재 내 삶을 규정짓고 있는 국회의원 생활이다.

사실 정치에 입문하기 전 뉴스와 신문기사를 통해 본 정치에 대해 좋은 인상을 가지고 있지 못했다. 올바른 장애인 정책 하나 제대로 내놓지 못하는 것 같았고, 민생은 뒷전이고 오로지 당리당략에 입각한 정쟁만 일삼는 곳이 정치판이라고 생각했다. 특히 전체 장애계의 현안 해결을 위해 여당이든 야당이든 쓴소리를 마다치 않고, 난생처음 노숙 농성과 단식 투쟁 등의 방법으로 장애인운동을 하면서 접한 정치판은 가까이할 곳이 못 된다고 생각했다.

그러던 2012년 1월 새누리당 측으로부터 영입 제의를 받았다. 하지만 애당초 정치인이 될 뜻이 없었기 때문에 인재영입위원장을 만난 자리에서 "나 말고 장애계의 능력 있는 분 중 기존처럼 1명이 아닌 2명을 비례대표로 영입해 주십시오"라고 말했다. 하지만 장애계와 새누리당 측의 강력한 요청은 계속되었고, 고심 끝에 의원 등록 하루 전에 공천을 신청했다.

국회로 출근하는 생활이 시작되면서 먼저 내 활동 영역을 넓히는 일부터 착수했다. 한국지체장애인협회에서는 250만 등록 장애인 중 50% 이상을 차지하는 지체장애인들의 권익 개선에 중점을 두었다면, 국회에서는 전체 장애인은 물론 노인과 여성, 아동, 이주노동자 등 모든 사회적 약자를 염두에 두며 일을 해나가기로 했다. 그중에 특히 발달장애인을 위한 법률안 마련에 총력을 쏟기로 했다.

발달장애인이란 〈장애인복지법〉 제2조에 따른 지적장애인·자폐성장애인 또는 지적장애인·자폐성장애인이 아닌 장애인이면서 만 18세 이전에 지적장애가 나타난 사람을 뜻하며, 사회적 약자인 장애인 중에서도 가장 어려움을 겪고 있는 취약계층에 속한다. 더구나 발달장애인의 가족 또한 말로 표현할 수 없는 고통과 어려움을 겪고 있다. 밥을 먹는 것, 화장실을 이용하는 것, 학교에 가는 것 등 생활 하나하나를 부모를 비롯한 가족이 챙겨야 하는 것은 큰 어려움이다.

특히 현재보다 나은 미래를 꿈꾸며 살 수 없다는 절망은 발달장애인과 그 가족에게 가장 큰 아픔이다. 발달장애인이 가족들의 도움으로 온갖 어려움을 딛고 우여곡절 끝에 학교를 졸업한다 해도 그들이 취업하기란 그야말로 하늘의 별 따기다. 그들이 있어야 할 곳은 결국 집 혹은 사회와 단절된 감옥 같은 시설뿐인데, 발달장애인은 자기주장과 자기보호가 어려워 학대, 무시, 성적·경제적 착취 및 인권침해에 노출되는 경우가 많다. 아무리 두 눈을 씻고 봐도 이들처럼 곤란한 상황에 처한 약자는 없을

- 전국지체장애인대회

것이다.

따라서 그동안 격리되어야만 했던 그들의 인권보호 및 자립을 위해 발달장애인의 권리보장 및 생계유지, 참여보장을 비롯한 맞춤형 복지체계를 지원하는 내용이 담긴 발달장애인법은 대단히 중요했다. 이러한 발달장애인법 제정을 위한 움직임은 이미 장애계에서 2007년부터 있어왔고, 18대 대선 공약에 포함됐음은 물론 보건복지부(장애인정책국)의 2013년 제1순위 업무로 추진되고 있었다.

장애계와 발달장애인 가족들의 오랜 숙원인 발달장애인법안을 발의하기 위해 국회의원이 되자마자 바로 준비에 착수했고, 이를 위해 보좌진 또한 본청 의안과 앞에서 2박 3일 밤을 새우며 법안을 다듬고 또 다듬었다. 이는 국내 20여만 명의 발달장애인과 그 가족의 아픔을 달래주는 것은 물론 약자의 편에 서야 하는 국회의원으로서 우선적으로 해야 할 일이기 때문이었다.

신문을 보면 발달장애인을 둔 가족은 때로는 자살을, 때로는 보호자가 없어 화재 등에 속수무책이기 때문에 목숨을 잃었다는 기사를 접할 수 있다. 자살 가족의 경우, 이들은 대개 "아들이 발달장애로 아빠, 엄마도 알아보지 못해 마음이 아프다. 발달장애 아이를 키우기가 힘들다. 가족에게 미안하다"는 내용의 유서를 남기곤 한다. 국가에서 조금만 더 신경을 쓰면 이런 불행을 충분히 막을 수 있는데 안타깝기 그지없다.

특히 기억에 남는 사건은 2012년 10월 경기 파주시에서 있었던 일이다. 당시 13세인 발달장애 누나가 화재가 발생하자 뇌병변 1급 장애가 있는 11세의 남동생을 구하려다 빠져나오지 못하고 함께 숨진 사건은 아직도 나의 뇌리에서 사라지지 않고 있다. 국가에서 정말 조금만 더 발달장애인에게 관심을 기울여도 소중한 목숨을 허망하게 잃는 사태는 일어나지 않았을 것이기 때문이었다.

다행히도 〈발달장애인 권리보장 및 지원에 관한 법률〉이 2014년 4월 본회의를 통과하여 2015년 11월 시행을 앞두고 있다. 이에 따라 생계보장, 교육, 재활 치료 등 발달장애인에 대한 개인별 맞춤형 복지서비스가 제공될 것이다. 마련된 발달장애인법을 통해 발달장애인과 그 가족의 삶에 긍정적인 변화가 생겨나길 기대하며 계속적인 관심으로 발달장애인의 인권증진에 힘쓰겠다.

장애를 입고 난 후 내 인생의 모든 시간은 장애를 극복하기 위한 노력과 도전의 연속이었다. 어려움과 시련으로 인해 목표를 포기하거나 약속을 어긴 적이 없다. 하나님은 결코 감당할 수 없는 시련을 주지 않으신다고 믿었기에 내게 닥친 고난과 어려움을 이겨냈다. 그 결과, 작은 어려움에는 아랑곳하지 않는 뚝심이 조금 생겼다. 새로운 도전에 필요한 엔도르핀이 늘 생성되어 있다. 뚝심과 도전 정신은 지금 내가 정치활동을 하는 데 가장 큰 자산이다.

요즘 여러모로 힘든 시기를 보내는 사람들이 많을 것이다. 장애인과 장애인 가족은 물론 우리 사회의 기둥이자 미래인 청년들도 일이 잘 풀리지 않아 지쳐 있을 것이다. 야고보서 1장 4절을 보면 "인내를 온전히 이루라. 이는 너희로 온전하고 구비하여 조금도 부족함이 없게 하려 함이라"라고 쓰여 있다. 우리 모두 고난에 굴하지 말고 담대하게 인생을 개척해 나가자. 그러면 언젠가 환한 미래가 성큼 우리 곁에 다가와 있을 것이다.

김현숙

국민과 함께 공감하며
동행하는 정치

김현숙

· 1966년 충북 청주 출생
· 청주 일신여고, 서울대 경제학과 졸업
· 서울대 경제학과 석사, 미국 일리노이대학교 대학원 경제학 박사
· 숭실대학교 경제학과 교수
· 現 제19대 새누리당 국회의원(비례대표)
· 現 국회 보건복지위원회 위원
· 現 새누리당 국민건강특별위원회 건강보험발전분과 분과위원장
· 現 새누리당 경제혁신특별위원회 공적연금개혁분과 간사
· 現 새누리당 공무원연금제도개혁 TF위원
· 現 국회 공무원연금개혁을 위한 국민대타협기구 위촉위원
· 現 국회 공무원연금개혁특위원회 위원
· 前 새누리당 원내대변인, 국회 운영위원회 위원
· 前 국회 동북아역사왜곡대책특별위원회 위원
· 前 국회 여성가족위원회 위원 및 새누리당 간사
· 前 새누리당 정책조정위원회 제5정조위 부위원장
· 前 새누리당 지방선거기획위원회 위원
· 前 국회 예산 · 재정개혁특별위원회 위원
· 前 국회 공공의료정상화를 위한 국정조사 특별위원회 위원
· 前 제18대 대통령직인수위원회 여성문화분과 위원
· 前 새누리당 국민행복추진위원회 행복한여성 추진단 단장
· 前 새누리당 〈5천만 행복본부〉 대선공약개발단 이웃사촌공약단 단장
· 前 국회 아동 · 여성대상 성폭력대책 특별위원회 위원
· 前 국회 지방재정특별위원회 위원
· 前 한국조세연구원 연구위원

국민과 함께 공감하며
동행하는 정치

       박근혜 정부는 국민과 함께 걸어갈 것이고 나 역시 그 대열의
끝에서라도 국민을 생각하며 뚜벅뚜벅 같이 걸어가고 싶다. 정치 초년생
이지만 춥고 긴 겨울밤 선비 옆을 지키는 동자처럼 국민이 겪고 느끼는

— 새누리당 원내대변인으로 임명되어 세월호국정조사특별위원회 계획서 채택 등 원내현안 브리핑을 하고 있다.
(2014년 5월)

현실의 고단함을 가슴으로 헤아려 가겠다는 다짐을 한다. 포기하고 싶은 순간에도 함께 걱정하며 걸어가는 누군가가 있다면 삶은 힘들어도 여전히 살아갈 가치가 있는 것 아닐까. '눈보라 치는 밤에 돌아오는 사람'이 외롭지 않게 동행하는 정치, 그것이 진정으로 국민을 위한 정치라 믿는다.

유년시절 아버지와 책, 지금의 나를 만든 계기

유년시절을 되돌아보면 두 가지가 떠오른다. 아버지와 책이다. 나는 학창시절부터 공부를 열심히 했고, 성적도 곧잘 나왔으나 아버지께서는 "공부 잘한다"는 칭찬을 해주신 적이 없었다. 간혹 서운해하는 나에게 되

— 서울대학교 대학원(경제학 석사) 졸업식에서 부모님과 함께 기념사진을 찍고 있다. (1991년 2월)

레 "공부만 잘한다고 인생 성공하는 것은 절대 아니다. 인간이 되는 게 중요하다"라고 강조하셨다. 그만큼 아버지께서는 인간됨을 중요하게 생각하셨고, 항상 나에게 강조하셨다.

지금도 아버지를 떠올리면 못생긴 과일이 오버랩된다. 아버지는 종종 퇴근길에 과일을 사 오셨는데 그 과일들이 다 무르고 못생긴 것뿐이었다. 어린 마음에 '이런 과일을 먹어야 할 만큼 우리 집이 가난한가' 하는 처연함이 들었다. 그런데 나중에 알고 보니 퇴근길에 만나는 과일장수를 그냥 지나치지 못하고 남은 과일을 모두 사 오셨던 것이었다.

아버지께서 허허 웃으시면서 "내가 남은 과일을 다 사줘야 그 사람이 집에 돌아갈 수 있지 않겠느냐"라고 하시던 말이 아직도 귀에 생생하다. 내가 가장 존경하는 아버지께서는 그렇게 나에게 인간됨과 베풂의 의미를 실천적으로 깨우쳐주셨고, 더 낮은 자세로 어려운 이웃에게 다가가는 법을 알려주셨다.

어린 시절 나는 유독 책을 좋아했다. 동화책을 비롯해서 역사·위인전 등 여러 분야의 책을 읽었는데 그런 나를 위해 아버지는 풍족하지 않은 살림에도 불구하고 책을 참 많이 사주셨다. 특히 세계여행을 꿈꾸는 나에게 "지금은 어렵지만 나중에 크면 다 가보거라" 하시며 세계의 명소를 소개한 여행전집을 사주셨다. 어린 마음에 그 책 속에 담긴 이국의 풍경을 얼마나 황홀한 눈으로 바라보았는지, 지금 생각해도 가슴이 두근거린다.

수년 전 프랑스 출장길에서 르와르 강 근처의 시농소 성을 찾게 되었다. 그 성은 아버지가 사주신 책에서 본 바로 그 성이었다. 사진으로만 보았던 아름다운 성이 내 눈앞에 펼쳐져 있자 감탄과 함께 아버지의 혜안에 머리를 숙이지 않을 수 없었다. '나에게 지적 자극을 주어 항상 꿈을 가지고 노력할 수 있도록 이끌어 주셨구나'라는 생각에 눈물이 핑 돌았다. 어린 시절 밤을 하얗게 새워가며 책 속으로 빠져들 수 있도록 항상 나의 꿈과 희망을 키워주기 위해 뒷바라지해주신 아버지의 마음이 가슴 깊이 와 닿았다.

두 아이를 키우면서 박사 학위를 취득하다

대학에서 경제학을 전공한 나는 졸업 후 KDI에서 첫 직장생활을 시작했다. 내가 배운 것을 국가를 위해 헌신할 수 있는 보람의 시간이었으나 가슴속에는 언제나 배움에 대한 갈망이 끊이지 않았다. 그 배움의 열정을 이어나가기 위해 다시 미국 유학길에 올랐다. 두 아이의 엄마이자 가정주부로서, 또 어떤 의미에서는 '평범한 여성'으로서 힘든 결정이었지만 더 깊고 넓게 배울 수 있는 경험이었다. 국내에 있을 때보다 시야를 넓혀 세계를 인식할 수 있는 뜻깊은 시간이었다.

미국 유학 중 일리노이대학에서 만난 조인구 교수님은 평생 잊을 수 없는 분이시다. 교수님은 항상 학생들에게 많은 것을 요구하는 까다로운 분으로 소문이 자자했다. 그분 밑에서 공부를 하고, 논문을 쓰는 일은 무척 힘겨운 나날이었다. 그러나 그 힘든 나날만큼 보람도 많았다. 특히 함께 유학 온 남편이 먼저 한국으로 돌아가고, 아이 둘을 키우며 논문을 쓰다 보니 포기하고 싶은 마음이 하루에도 여러 차례 들었다. 하지만 여기에서 포기하면 아무것도 이룰 수 없다는 각오로 끝까지 최선을 다해 논문을 완성하였다.

그렇게 완성된 논문은 2003년 University of Illinois at Urbana-Champaign에서 〈Transmission Capacity Effects on Market Inefficiencies in the California Electrical Network〉라는 제목으로 간행되었다. 미국의 민영화된 전력시장의 마진을 시장지배력과 송전혼잡효과로 분리한 최초의 논문이라는 점에서 큰 자부심을 느낀다.

그 후 교수님의 지도를 받으며 미국에서의 취업을 준비했으나 아쉽게도 뜻을 이루지 못했다. 이유야 어떻든 가슴이 쓰라린 것은 사실이었다. 한국으로 돌아가는 나에게 교수님은 이렇게 말씀하셨다.

"미국에서 직장을 구하지 못했다는 것을 절대 잊지 마세요."

그 한마디 말은 이후 나의 삶에 하나의 이정표가 되었다. 벌써 10년이 넘은 일이지만 지금도 자만하게 될 때나 '이만하면 충분하지 않나' 라고 스스로 만족할 때마다 교수님의 그 말 한마디가 나를 일깨워주고 있다.

보육, 여성 정책 재정전문가로 국회에 입성

한국으로 돌아와 내가 들어간 곳은 한국조세재정연구원이었다. 4년여 동안 이곳에서 연구위원으로 일하면서 조세재정 중 보육재정과 관련된 연구를 했고, 숭실대학교 교수로 자리를 옮긴 후에도 세제는 물론 보육,

여성, 저출산에 대한 연구를 지속해나갔다.

특히 조세재정연구원에서 영유아를 키우는 데 소요되는 표준보육비용을 산정한 일은 큰 성과였다. 이는 우리나라에서 최초였으며 보육정책에 큰 기여를 한 발걸음이 되었다. 그전까지는 양질의 보육서비스를 제공하기 위해 적절한 기준비용이 없었던 반면 표준보육비용을 산정함으로써 정부가 체계적이고 과학적으로 산정한 비용을 지급할 수 있게 되었다.

숭실대학교에서 경제학 교수로 재직하면서 근처에 있는 국립현충원을 자주 찾았다. 선열의 얼이 깃든 곳을 거닐면서 학생들의 삶의 고민에 대해 많은 이야기를 나눴다. 특히 여학생들의 취업과 향후 가정을 이루는 것에 대한 고민은 나로 하여금 많은 생각을 갖도록 했다. 나 또한 아이 둘을 기르면서 일하는 워킹맘이었기 때문에 어머니의 마음으로 문제점들을 바라볼 수 있었다. 이러한 여성·보육 등의 문제점들을 해결해야 일과 가정이 양립할 수 있다고 확신했다. 이후 미래세대를 키우는 보육과 국가 잠재성장력과 관련된 출산 문제를 다룰 전문가로 인정받아 비례대표로서 국회에 입성했다.

처음 정치에 입문했을 때, 어떤 초심을 가지고 있었는지 묻는 사람들이 많았다. 그 질문에 대한 답은 어렵지 않았다. 나는 '제대로 된 정책을 만들어 국민생활에 도움을 주겠다'는 사명감을 가지고 국회의원 생활을 시작했다. 거창한 이념이나 세상을 바꾸는 획기적인 제도보다는 국민들의 실제 생활에 초점을 둔 정책에 열정을 다하겠다는 마음을 다졌다. 그 속에는 합리적 선택을 어렵게 하는 집단논리는 절대 받아들이지 않겠다는 굳은 의지도 포함되어 있었다. 올바른 정책으로 더 좋은 세상, 모두가 행

복할 수 있는 세상을 만드는 일에 작은 힘이라도 더하겠다는 것이 초심이었고, 지금도 그 초심은 변치 않았다. 2013년 5월 〈여성신문〉과의 인터뷰 기사도 정치를 시작하는 나의 마음을 잘 보여준다.

숭실대 경제학과 교수 출신인 김 의원은 의정 활동의 포부를 묻자 "개인적인 욕심은 없다"며 말을 이었다. "국회에 들어올 때 노교수 한 분이 '처음 마음먹은 일을 꼭 이루고 오라'고 격려해줬어요. 초심이 바로 대한민국 보육의 틀을 확실히 잡아놓고 가겠다는 것이었어요. 박근혜 정부가 성공해 임기 말쯤 국민에게 열심히 일한 정부이고 대선 때 약속을 제대로 지켰다는 말을 듣길 바라는 마음뿐입니다."

—〈여성신문〉 2013년 5월 9일

국회에서 하는 일은 곧바로 국민에게 영향을 미친다. 정책, 제도, 법률이 모두 이곳을 거쳐 탄생되고 폐기되고 수정되기 때문에 의원들은 늘 최선을 다한다. 나는 국회에 들어와 여러 선배 의원들이 전문 분야를 찾아 의욕적으로 의정 활동을 펼치는 모습을 보고 깨달은 바가 많았다. 그러면서 나 역시 이곳에서 국민을 위해 투철한 전문지식으로 많은 일을 해야겠다는 각오를 다졌다.

제대로 된 정책이 국민을 행복하게 만든다

국회 입성 후 보육과 여성정책에 대한 전문성을 인정받아 대선 공약 총

- 박근혜 대통령 후보시절 청주 일신여고 방문 당시, 후보자와 일신여고 학생들과 함께 기념식수를 하고 있다. (2012년 7월)

괄기구인 국민행복추진위원회(행추위)에서 행복한여성추진단장을 맡았다. 여성의 나이를 생애주기별로 출산, 임신, 육아, 노후 등으로 나누고 '내가 맞벌이 주부 또는 결혼하지 않은 여성이라면' 등으로 나눠 매트릭스를 채워갔다. 한국 여성의 처지와 생애주기별로 해결해야 하는 문제를 분석해 당시 박근혜 당선인의 여성 공약을 촘촘하게 채워갔다.

실제로 당시 박근혜 당선인의 공약 중 나의 맞춤형 보육정책은 큰 반향을 일으켰고, 박근혜 당선인도 선거 유세에서 국가가 보육과 교육을 책임지는 맞춤형 보육정책을 빠짐없이 언급했다. 가장 기억에 많이 남는 일화를 소개하면, 캠프 종합상황실에 가장 문의가 많았던 공약이 셋째 아이 대학등록금 면제 정책이었다. 하루는 박근혜 후보의 유세에 어떤 엄마가 꼬마와 함께 인사를 왔는데 '셋째 아이'란 명찰이 달려 있었다. 그 모습을 보는 순간 그 아이를 위해서라도 반드시 공약을 실천해야겠다고 다짐했다. 현재 셋째 아이 대학등록금은 1,225억 원의 예산이 반영되어 시행을 앞두고 있다. 2014년의 신입생부터 시작해 2017년에는 전체 대학생으로 확대하여 전면 시행할 예정이다.

박근혜 후보가 대통령으로 당선된 후 대통령직인수위원회에서 여성문화분과 위원으로 활동하면서 행추위에서 만들었던 보육 · 여성 공약을 새 정부 정책으로 다듬는 작업을 했다. 이후 여성가족위원회 간사와 보건복지위원회 위원으로서 대선 공약을 포함한 국정과제가 제대로 추진될 수 있도록 최선을 다해 정책을 만들고 정부를 뒷받침하고 있으며, 현재도 운영위원회 위원과 보건복지위원회 위원으로 활동하며 그 역할을 다 하고 있다.

상임위 활동을 하면서 가장 기억에 남는 정책

　상임위 활동을 하면서 가장 기억에 남는 정책이 대한민국 국민이면 누구나 국가 책임하에 아이를 돌볼 수 있어야 한다는 모토를 바탕으로 행복추진위원회 단장으로서 만들었던 '0~5세 전 계층 무상보육' 정책이다. 당시 비상대책위원장을 맡았던 박근혜 대통령 역시 "아이를 키우는 엄마 아빠의 부담을 덜어 드리기 위해 2013년부터 만 5세까지의 모든 아이들에게 양육비나 보육료를 지원하겠다"고 밝혔다.

　나는 이 약속을 실현하기 위해 2012년 5월 '0~5세 전 계층 무상보육 시행'을 골자로 하는 〈영유아보육법 일부 개정법률안〉을 발의했다. 그러나 반대가 많았고 당시 정부와 국회의 대립이 계속되었다. 하지만 많은 의원들이 이 정책은 국민과의 약속이며, 반드시 실현되어야 한다는 데 뜻을 모아주었다. 우여곡절 끝에 2013년 1월 1일 법안이 통과되면서 2013년 3월부터 전 계층 무상보육이 시행될 수 있었다.

　무상보육은 말 그대로 0~5세 영·유아의 보육 및 교육을 국가완전책임제로 실현하는 정책이다. 큰 틀에서 0~5세 보육료를 국가에서 전액 지원하는 한편, 소득 하위 70%에게만 지원되던 양육수당을 전 계층으로 확대하여 지급한다.

　'전 계층 무상보육'을 실시하면 부모의 보육 부담을 크게 덜어 출산율을 높이고 여성들이 일자리로 복귀할 수 있는 환경을 조성한다. '보육환경 개선', '여성 경제활동 참가율 제고', '국가 경쟁력 상승' 등 세 마리를 토끼를 잡을 수 있어 경제발전은 물론 행복하고 활기찬 사회를 만드는 데도 많은 도움을 준다.

보육 정책은 아니지만 심혈을 기울인 또 하나의 정책이 기초연금 정책이다. 우리나라의 어르신들은 젊었을 때는 열심히 일하고 자녀 세대의 교육·육아를 뒷바라지하느라 본인의 장래는 돌보지 못하신 분이 상당수다. 그들 대부분이 노후 생활이 불안하고 빈곤한 상태에 놓여 있는 등 노인빈곤 문제는 우리 사회가 하루빨리 해결해줘야 되는 중요한 문제다.

따라서 새누리당은 노인분들께 월 20만 원을 드리기 위해 대선공약 이후 인수위원회, 국민행복연금위원회를 거쳐 2013년 9월에 기초연금안을 발의하였고, 나 또한 보건복지위원회 위원으로서 10월의 국정감사, 11월 보건복지부 장관 인사청문회, 12월 예산과 법안심사를 통해 이를 관철시키고자 최선의 노력을 다하였다.

2014년 7월에 기초연금이 지급되려면 6월 초에는 신청·접수를 받아야 하는데, 하위 법령 제정, 시스템 구축, 신청접수 등 만반의 사전 준비 조치가 필요하다. 다른 것은 별도로 하더라도 시스템 구축만도 최소 4개월 이상 소요되기 때문에 2월에 반드시 본회의에서 통과시켰어야 했다.

그러나 야당의 비협조로 2월 국회에 통과가 불투명해져 기초연금 여야정협의체 구성에 이르렀고, 나 또한 여당의 대표로 협의체의 주체가 되었다. 이후 반복되는 논의 끝에 마침내 5월 2일 밤늦게서야 본회의를 통과했다.

우여곡절 끝에 법안은 국회를 통과하였지만 야당의 발목잡기에 붙잡혀 소모적인 논쟁을 무려 7개월 동안 이어갔다는 점에서 안타까운 마음이 들었다. 그러나 이러한 과정에서 이해가 상충되는 문제로 인해 여야의 대립을 풀어 가는 데에 있어서는 시간이 필요하다는 것을 배울 수 있는 소중한 경험이었다.

또한 여성가족위원회 간사로 활동할 때부터 지금까지 생애주기별 맞춤형 복지 공약과 연계하여 여성의 경력 단절을 예방하는 지원 정책과 이미 경력이 단절된 여성의 사회 진출을 지원하는 문제 해결에 많은 힘을 쏟았으며, 청소년 등 사회적으로 보호받아야 할 취약 계층을 위한 정책에도 열과 성을 다하고 있다.

2013년 7월 태안에 있는 사설 해병대 캠프에서 공주사대부고 학생 5명이 목숨을 잃었다. 이 안타까운 사건은 국회의원이기 이전에 두 아이의 엄마로서 너무나도 가슴 아픈 소식이었다. 다시는 이러한 사고가 발생하면 안 된다는 마음에 2013년 9월 청소년 활동의 안전대책을 마련하기 위한 〈청소년활동진흥법 일부 개정법률안〉을 발의하였다. 법안을 통과시키기 위해 여성가족위원회 간사로서 당정협의를 주도하는 등 많은 노력을 기울인 끝에 12월 국회 본회의를 통과하였고, 2014년부터 시행을 앞두고 있다.

청소년은 나라의 기둥이자 우리의 미래이다. 강인한 정신력과 굳은 의지, 협동력을 길러주기 위해 다양한 캠프를 운영하는 것은 환영할 일이지만 청소년 활동의 본질을 분명히 하고 철저한 안전대책을 세워야 한다. 아무리 좋은 목적이라 해도 청소년의 몸과 마음에 상처를 주어서는 안 된다. 이는 대한민국 모든 부모가 같은 마음이며, 그 마음을 담아 법률안을 발의했다.

눈앞에 있는 현실에 충실하면 골인 지점은 어느새 눈앞에 와 있다

중학교 시절 교과서에서 배웠던 로버트 프로스트의 시 '눈 내리는 저녁 숲가에 멈춰 서서'의 마지막 구절인 '잠자기 전에 몇 마일을 더 가야 한다'는 내가 인생을 살아가는 기준을 잘 설명해준다. 인생은 결과도 중요하지만 그것을 이루어가는 과정 또한 중요하다. 이상을 향해 나아가는 과정으로서의 삶은 무엇보다 중요하며, 남들이 나 자신의 노력을 가치 없는 일이라 폄하하더라도 나 자신과의 약속을 지켜 인생의 이상을 찾아가야겠다는 태도 자체만으로도 값진 것이 아닐까?

인생에서의 성공 또한 이와 다르지 않다고 생각한다. 성공은 '인생을 판단하는 데 중요한 잣대'가 결코 아니다. 사람들의 존경을 받는 위인들은 처음부터 성공이라는 목표를 정해놓고 달려가지 않았다. 꿈을 세우고, 그 꿈을 이루기 위해 헌신적으로 노력한 결과 성공을 이루었다. 그러므로 오직 성공을 위해 매진하기보다는 아름다운 꿈을 가지고 그 꿈을 이루기 위해 자신을 올바로 투입하는 것이 참된 인생이 아닐까 생각한다.

그래서 그런지 높은 이상에 비해 낮은 현실을 괴로워하며 주저앉는 청년들을 보면 안타까운 마음이 든다. 국회의원이 되기 전 교수를 지냈기에 나는 항상 청년들과 함께했다. 그런 만큼 청년들의 고충과 고민을 많이 접했고 밝은 미래를 만들어주기 위해 최선을 다했다. 앞선 세대로서 오늘의 청년들에게 훌륭한 환경을 물려주지 못한 점에 대해서는 미안할 따름이다. 그러나 현실을 외면한 채 취업이나 진로를 포기하고, 결혼과 같은 중요한 자신의 삶 또한 포기하는 모습을 보면 너무나도 안타깝다.

이 시대의 청년들에게 현실을 외면하지 말고 주어진 환경에서 최선을 다해야 한다는 말을 꼭 전하고 싶다. 그리고 눈앞에 주어진 일에 온 힘을 쏟아 해결하고 또 해결하다 보면 어느새 골인 지점이 눈앞에 와 있는 것을 느끼게 해주고 싶다. 먼 미래를 걱정하며 시간을 보내기보다는 그 고난의 과정을 반복하면 반드시 행복한 미래가 기다릴 것이다.

앞으로 정치인으로서 나의 자세

그림에 대한 큰 재주는 없지만 좋은 그림을 보면 마음이 가라앉고 분심(分心)이 없어진다. 조선시대 화가 최북(崔北)이 그린 〈풍설야귀인(風雪夜歸人)〉은 힘들었던 미국 유학시절 삶에 대한 의지를 다져주는 좋은 벗이었다.

글자 그대로 해석하면 '눈보라 치는 밤에 돌아온 사람'이라는 뜻이지만 이 제목과 그림에는 그 이상의 여러 의미가 담겨 있다. 어린 동자를 데리고 지팡이를 쥔 채 밤길을 걸어오는 사람은 마치 인생의 한파를 견디며 꿋꿋이 살아가는 사람을 연상시킨다. 내가 그 그림의 주인공은 아니지만 삶의 고비와 마주칠 때마다 늘 열심히 살아야 한다는 각오를 새롭게 다져주곤 했다.

누구에게나 삶은 고단한 것이고 그렇기에 포기하고 싶은 순간이 있다. 나이 많은 어르신이 보면 감히 어찌 인생을 얘기하는가 하실지 모르지만 인생을 살아내는 것 자체가 구도의 길이고 수행의 길이라는 생각도 든다. 관념적인 생각조차 이러한데 살면서 부딪히는 생계의 고단함, 자식을 낳고 길러야 하는 그 숙연한 고단함, 거기에 자신이 설정한 목표를 향해가는 데 있어 다가오는 세상의 온갖 풍파까지 견뎌내야 하는 일생은 얼마나 시리고 힘든가.

비록 정치 초년생이지만 춥고 긴 밤바람 속에서 선비 옆을 지키는 동자처럼 국민이 겪고 느끼는 현실의 고단함을 가슴으로 헤아려 가겠다는 다짐을 해본다. 포기하고 싶은 순간에도 함께 걱정하며 걸어가는 누군가가 있다면 삶은 힘들어도 여전히 살아갈 가치가 있는 것 아닐까.

류
지
영

문 두드려 본 사람만이
그 마음을 안다

류지영

· 1950년 대구 출생
· 대구 원화여자고등학교, 숙명여자대학교 졸업
· 동 대학교교육대학원 교육학 석사(유아교육전공)
· 월간유아 발행인, ㈜유아림 대표이사
· 한국여성경제인협회 서울지회 회장
· 한나라당 중앙당 부대변인
· 숙명여자대학교 총동문회장
· 한국에어로빅체조연맹 회장
· ㈔한국유아교육인협회 회장
· 국회 보건복지위원회 · 운영위원회 위원
· 새누리당 비상대책위원회 위원
· 새누리당 중앙여성위원장
· 現 국회 여성가족위원회 간사
· 現 국회 미래창조과학방송통신위원회 위원
· 現 새누리당 중앙윤리위원회 부위원장
· 現 국회 미래여성가족포럼 공동대표

문 두드려 본 사람만이
그 마음을 안다

국정에 바빠 볼 수 없는 딸을 보기 위해 오래간만에 부모님께서 먼 길 찾아오셨다. 밤늦게까지 상임위 회의가 있던 터라 얼굴이 말이 아니었다. 벌써 여든을 훌쩍 넘으신 어머니는 현관 앞까지 마중을 나오셨고, 죄송한 마음에 어쩔 줄 모르는 나를 아무 말씀 없이 안아 주셨다.

내가 어릴 적만 해도 어르신들은 여자아이가 공부 잘하고 일등 하면 뭐 하냐며 얌전한 게 최고라고 말씀하시곤 했다. 가을운동회에서 작은 체구로 비지땀을 흘리며 일등을 해도, 학교 시험에서 좋은 성적을 받아도 칭찬 한 번 듣는 것이 쉽지 않았다. 한껏 기대에 차 있다가 시무룩해지던 내게 어머니만큼은 '잘했다' 며 등을 토닥여주었다.

어릴 때부터 어머니는 그랬다. 최선을 다하는 모습이 예쁘면서도 여자라는 이유로 마음껏 꿈을 펼치지 못하는 것이 안쓰러우셨는지, 누구보다 든든한 후원자로 응원해주셨다. 내가 쓰러질 듯 기우뚱하면 든든하게 잡아주셨고 실패하여 울고 있을 때는 말없이 눈물을 닦아주셨다.

대학 진학의 꿈을 품었을 때에도 탐탁지 않아 하시던 어르신들을 뒤로한 채 어머니는 "네 마음이 원하면 해봐야지" 하며 '류지영의 꿈'을 지원해주셨다.

"잘해낼 수 있어요!"

나는 당당하게 약속했다.

그러나 성인이 되면서 어머니와의 약속을 지키는 일은 쉽지 않았다. 졸업과 거의 동시에 결혼을 하였고, 어머니와의 약속도 내 꿈도 생각할 겨를 없이 가족만을 위해 살았다.

하지만 어머니가 나를 위해 평생 기도하신 그 마음은 내 안에 묵묵히 자리 잡고 있었다. 남들은 늦었다 할 때 다시금 새로운 꿈을 꿀 수 있게 격려해주었다. 전업주부에서 국회의원이 되기까지 참으로 많은 눈물과 기쁨의 시간을 지나오면서, 나는 항상 어머니와의 약속을 기억했다.

약속과 꿈을 이루기 위해서 감당치 못할 것이 없었습니다

결혼 후, 남편의 해외지사 파견이 결정되어 함께 미국으로 가게 되었다. 낯선 이국땅에 따라가 남편을 내조하면서 홀로 출산과 양육을 도맡아 하는 것은 결코 쉬운 일이 아니었다. 전업주부의 고충은 물론, 남편의

— "진정성 있는 정책을 위해서는 직접 현장에 찾아가 소통하는 것이 무엇보다 중요합니다." (2012년 6월, 새누리당 민생탐방, 보육현장 방문)

직업 특성상 거의 매일 치러야 하는 손님맞이까지 오롯이 나의 몫이었다. 나만의 시간과 일을 가진다는 것은 엄두도 낼 수 없었다. 그렇게 내 꿈을 포기한 채 바쁜 일상을 지내다 보니, 눈 깜짝할 사이에 5년이 지나 두 딸의 엄마로서 한국으로 돌아올 시간이 되었다.

귀국해서 가장 먼저, 아이들이 다닐 좋은 학교와 유치원을 물색했다. 미국 학교와 유치원에 다시는 갈 수 없다며 하염없이 울던 아이들을 간신히 달랬기 때문이었다. 한국의 유치원을 알아보기 전에는 막연하게 '아이들 가르치는 곳이야 비슷하겠지' 하는 생각을 했었는데, 막상 미국과는 너무도 달랐다.

미국 유치원의 가장 큰 특징은 '자율'과 '엄격'이 공존한다는 것이다. 아이들에게 자율을 최대한 보장하고, 이를 키우기 위해 신나는 놀이학습

위주로 프로그램을 구성해 아이들의 전인적 발달을 돕는다. 교사들은 아이들이 스스로 결정할 수 있는 환경을 만들어주고, 분쟁이 생기는 경우에 중재하는 역할만 수행한다.

반면 아이들을 교육하는 외적인 환경 조성에 있어서는 엄격한 매뉴얼을 만들어 철저하게 관리한다. 가령 스쿨버스를 기다리는 사람이 부모가 아니면 아이를 다시 학교로 데려가는 등, 혹여나 발생할 수 있는 안전사고를 미연에 방지하기 위해 작은 것부터 세심하게 신경을 쓴다.

그러나 당시 우리나라 유아교육환경은 유치원·어린이집·미술학원·음악학원 등에서 각기 이뤄져, 교육자의 역량과 열정에 따라 교육수준과 서비스에서 크게 차이가 났다. 또, 정부 주도의 통일된 유아교육 시스템은 물론, 시설설치·운영에 대한 매뉴얼과 관리체계조차 구축되지 않은 상태였다. 어쩌면 그나마도 누릴 수 있는 것이 다행이라면 다행인 상황이었다.

두 아이의 엄마로서 최고의 교육환경을 만들어주고 싶었지만, 내가 할 수 있는 것이 그다지 많지 않았다. 매일 아이들을 등원시키면서도 '이것만 바꿔도, 저것만 도입해도 아이들에게 더욱 좋을 텐데' 하는 아쉬움을 떨칠 수 없었다. 그때부터였던 듯하다. 나의 두 딸이 자라나고, 손자·손녀들이 성장하게 될 교육환경이 변화되어야 한다고 생각했던 것이.

고민의 깊이가 깊어질 무렵, 우연찮게 아이가 다니던 미술학원 원장이 후임자를 찾는다는 소식을 접했다. 무심코 지나칠 수 있는 이야기인데 그 소식을 듣자마자 가슴이 두근거리기 시작했다.

'아! 이거 내가 해야겠다.'

대학에서 미술을 전공했었기에 자격은 충분했다. 인수를 위한 조건 역시 나와 딱 맞았다. 지금이 아니라면, 그동안 고민했던 유아교육 프로그램을 아이들과 나눌 수 있는 기회가 쉽게 오지 않을 것 같았다. 하늘이 내게 준 기회라 생각했다.

그러나 무엇을 시작할 때 한 번쯤 큰 벽에 맞닥뜨리게 되는 것은 만고의 진리인가 보다. 내게는 '가족'이 첫 번째 장벽이었다. 남편은 나의 의견을 듣고 나서 두 가지를 우려했다. 직장생활을 한 번도 하지 않았던 내가 바로 원장으로서 사업체를 이끈다는 것이 쉽지 않다는 점과 남편 내조는 그렇다고 쳐도 어린 두 딸을 챙기는 일에 소홀해지면 어떻게 하느냐는 것이었다. 다 맞는 말이었다. 당시 여성들이 일하는 것이, 더군다나 사업체를 운영하는 것이 쉽게 용인될 수 있는 사회적 분위기가 아니었기에 남편의 우려는 어찌 보면 당연한 것이었다.

하지만 나는 잘해낼 자신이 있었다. 엄마이기에 이 일을 반드시 해야 한다는 확신도 있었다. 두 딸의 얼굴을 볼 때마다 결심은 더욱 굳어졌다. 무엇보다 '그토록 내가 하고 싶은 일'을 만났는데 도저히 놓칠 수 없었다.

남편의 반대를 극복하기 위해 내가 선택한 강수는 바로 각서였다. 지금 생각해보면 내가 순수하면서도 꽤 당돌했다는 생각이 든다.

"첫째, 일보다는 남편 스케줄이 먼저다. 둘째, 아이들의 학교 일은 무조건 엄마 몫이다. 셋째, 가족의 식사는 반드시 직접 준비한다. 넷째, 남편보다 먼저 귀가한다. ……" 이것은 열 가지 조항을 담고 있던 각서 가운데 일부분이다.

'남자가 부엌에 들어가면 큰일 난다' 는 어르신들의 말이 당연하다 여겨졌던 때였기에, 내조에 소홀함이 없으면서도 내 일을 반드시 해내겠다는 의지를 각서를 통해 보이고 싶었다. 이게 가능하겠냐는 남편의 거듭된 물음에도 나는 흔들림 없었다. 그리고 결국 남편은 내 손을 들어줬다.

"그 각서를 다 지키셨어요?"

이 얘기를 들은 많은 분들이 내게 하는 질문은 항상 한결같았다.

내 대답도 마찬가지였다.

"물론이죠!"

지금에서야 웃으며 이야기하지만 참으로 고된 날들이었다. 어떻게 다 해낼 수 있었을까 생각해보면 오직 열정만이 답이었다. 남편과의 약속은 물론, 아이들에게 더 나은 환경을 만들어주겠다는 나 자신과의 약속을 위해 몸이 상하는지도 모르고 일했다. 당연히 내가 감내해야 하는 것이라 생각하며 견뎠다. 아니, 어쩌면 '감내' 보다는 즐겼다는 표현이 맞는지도 모르겠다.

그러나 나는 이 시대의 여성들, 특히 워킹맘들이 나처럼 살아야 한다고 말하는 것은 아니다. 오히려 본인의 역량을 제대로 끌어내기 위해 현명하고 지혜롭게 가족과 가사분담을 하고, 일에 집중할 수 있는 환경을 만들어야 한다고 강조하곤 한다.

과거에 비해 나아졌다고 하지만, 여전히 우리나라는 여성이 일하기에 좋은 환경이 아니다. 굳이 말을 하지 않아도 그녀들의 눈에서 얼굴에서 그 힘겨움을 읽을 수 있고, 이해할 수 있다. 다만, 눈앞에 높은 장벽이 놓였을 때, 당장은 힘들겠지만 나와 같이 적극적으로 대처하길 바라는 마음에서 꺼낸 작은 이야기라는 사실을 기억해주길 바란다.

국회의원이 된 지금은 가족과의 아침 식사만큼은 함께하려고 노력한다. 다만, 주말엔 가족과 함께 시간을 보내며 주중에 못한 이야기를 나눈다. 각서가 무효가 된 지는 이미 예전이지만, 진정한 '내 편'이 된 남편과 두 딸에 대한 감사와 사랑을 전하는 나만의 방법이다. 또 일하고 싶어서 안간힘을 썼던 나의 열정, 초심을 잃지 않기 위해서이다.

더 많은 아이들의 미소를 보기 위해 새로운 꿈을 꾸었죠

빵빵한 볼이 매력인 한 녀석이 양 볼이 발개져서 뛰어들어오더니, 스케치북을 번쩍 들고 자랑을 한다. 이미 이 반, 저 반 선생님들한테 갔다 왔나 보다.
"원장님, 저 오늘 엄청 큰 분홍고래를 그렸다요!"

유아교육 현장에 있는 분들이 고된 업무환경 속에서도 떠나지 않는 이유는, 아마도 아이들의 해맑은 웃음 때문일 것이다. 나 역시 그랬다. 새로운 것을 배웠을 때 세상을 다 얻은 것 같은 아이의 미소는 천하 어떤 것보다 귀했다. 그래서 항상 아이들에게 무엇을 더 가르칠까, 무엇을 더 줄까 고민했다. 선생님들의 열정도 대단해서 매일같이 새로운 프로그램을 고민하였다. 덕분에 유아미술학원은 인근에 입소문이 나 규모가 제법 커졌고, 더욱 바빠졌다.

개원한 지 7년째 어느 날, 〈월간유아〉에서 내게 갑작스레 제안을 해왔다. 미래를 위해 꼭 필요한 잡지니 경영위기에 놓인 〈월간유아〉를 인수하고 제대로 키워줄 수 있겠느냐는 것이었다. 수익사업이 아니기에 그동안 '유엔아동복지기금'의 지원을 받고 있었는데, 우리나라가 유엔 원조대상국에서 제외되면서 지원금이 끊겨 더 이상 잡지를 발행할 수 없게 되었기 때문이었다.

학원은 더 많은 손길이 필요한 상황인데 하필 지금, 그것도 폐간위기의 잡지라니. 주변 사람들의 우려가 쏟아진 것은 당연했다. 나 역시 학원을 인수할 때와 달리 참 많은 고민을 했었다. 경영위기의 잡지사를 운영하는 것도 우려가 되었지만, 무엇보다 잡지사 운영으로 인해 학원 아이들에게 소홀해지면 어쩌나 하는 걱정이 컸다.

그러나 고민을 하면 할수록 아이들의 얼굴이 떠올랐다. 지역민을 위한 일을 넘어 전 국민을 위한 일을 하고 싶은 마음이 커져 갔다.

'잡지를 통해 지금보다 더 많은 아이들과 학부모들에게 다양한 교육프로그램을 알려줄 수 있지 않을까.'

그렇게 두 번째 두근거림이 시작되었다.

지금이야 유아교육의 중요성이 워낙 잘 알려져 있고, 인터넷의 발달로 교사들은 물론 학부모 역시 어디서든 유용한 정보를 찾곤 한다. '전인적 발달이다, 프로이트 이론이다' 전문지식까지 줄줄 꿰는 학부모도 있다.

그러나 당시 〈월간유아〉는 국내에 단 하나뿐인 교수용 전문지였고, 이를 통해 어린이집과 유치원 교사들에게 교육에 필요한 학습 콘텐츠를 제공하는 것이 전부나 마찬가지였다. 분명 필요한 사업이었고, 누군가는 반드시 해야 할 일이었고, 겁 없이 내가 해야 한다는 사명감도 있었다.

결국 나는 주위의 우려를 뒤로 한 채 인수를 결정하였고, 사업 로드맵을 작성했다. 콘셉트는 '아이를 키우는 A부터 Z까지 나눌 수 있는 곳'이었다. 기존의 다양한 교수진들의 전문적인 유아교육 콘텐츠는 물론, 현장에서 일하는 선생님들이 직접 의견을 제시하고 그 안에서 토론을 할 수 있는 장을 만든다면 결국 아이들에 대한 양질의 교육 콘텐츠로 발전하리라는 생각이었다.

뜻은 좋았는데 현실은 그렇지 못했다. 3년 정도 적자운영을 면치 못했고, 결국 잘나가는 학원을 처분하여 재투자를 하기에 이르렀다. 인수를 우려했던 사람들의 '그럼 그렇지'라는 말이 내 귓잔등을 맴도는 것 같았다. 그럼에도 희망의 끈을 놓지 않을 수 있었던 것은 작은 변화가 시작되고 있음을 느꼈기 때문이었다.

많은 교육기관들 사이에서 '꼭 읽어봐야 하는 필독서'라는 소문이 나기 시작했다. 이에 탄력을 받아 유아교육 현장에서 필요한 프로그램을 개발했다. 대기업의 전문경영인인 남편을 멘토 삼아 투자를 과감하게 늘려가고, 회사운영에 내 모든 역량을 더욱 모았다. 밤낮으로 전문가들을 만나고, 현장의 선생님들과 대화하며 그들의 어려움을 해소할 수 있는 방안을 잡지에 실었다. 그리고 교수용 전문지로만 인식되던 잡지회사를 유아 관련 토털사업으로 확장하기 시작했다. 교사재교육 문화센터, 부모교육, 어린이행사, 유아교육박람회, 임신출산박람회, 대한민국 어린이와 교사에게 필요한 현장교육·해외사례 등 육아정보를 제공하기 위해 할 수 있는 일은 무궁무진했다.

그러면서 잡지는 안정궤도에 올랐다. 전국에서 유아교사들에게 꼭 필요한 지침서가 되었다. 그리고 인수하기 잘했다고 칭찬하는 이들이 늘어났다. 만약 내가 개인적인 욕심만을 생각했다면, 〈월간유아〉를 살리겠다는 생각은 하지도 않았을 것이다. 큰 뜻이 있었던 것은 아니었지만, '더 많은 아이들이 행복한 세상'을 위해 일하겠다는 마음이 나에게 뜻밖의 결과를 안겨준 것이다.

여성에게, 엄마에게 가혹한 대한민국

내게는 항상 '여성경제인'이라는 수식어가 따라 붙었다.

남성경제인이라는 말은 사용하지 않으면서 대체 왜 유독 여성에게

— "청소년들에게 꿈이 있어야 대한민국에 미래가 있습니다." (2014년 5월, 원화여고 후배들과 함께)

만 그리할까?

학원 운영을 시작하고, 잡지사를 운영할 때 어김없이 나를 위협하는 벽이 하나 있었다. 바로, 사회 전반에 퍼져 있는 여성에 대한 차별이다. 잡지사의 대표가 여성이어서는 안 된다는 편견 때문에 같은 잡지사를 운영하면서도 모임에 배제되기도 했고, 의견이 관철되지 못한 경우도 있었다. 그나마 한국여성경제인협회 서울지회장으로 활동하면서 그나마 차별을 덜 받았지만, 다른 많은 여성경제인들은 홀로 어려움을 삭힐 수밖에 없었다.

또한, 현장의 원장, 교사 그리고 학부모를 만나면서도 여성에 대한 차별을 여실히 느낄 수 있었다. 유아보육환경이 굉장히 열악함에도 나아지지 않고 있는 것은, '보육=엄마의 일'로 치부되어 유아보육현장에 대한 제도마련·예산투입의 필요성을 인지하지 못해 항상 후순위로 밀린 탓이었다. 또 아이를 낳고 키우는 것이 뭐 그리 대수겠느냐는 인식 때문에, 워킹맘들은 회사일과 집안일을 고스란히 혼자 감당해야 했다.

이대로는 안 되겠다 싶어 한국유아교육인협회를 설립하였다. 유아교육인들의 의견을 제대로 수렴할 수 있다면, 구조적인 문제의 해결방안을 찾을 수 있지 않을까 하는 신념에서였다. 전문가들과 함께 현장의 고질병을 해결하기 위해 백방으로 고민해 보았으나, 워낙 다양한 사안이 얽혀있다 보니 이대로는 역부족이었다. 개개인의 노력과 연구만으로는 유아보육환경 개선과 워킹맘들의 '일과 가정의 양립' 문제를 해결할 수 없었다. 결국 매일같이 쏟아지는 민원과 현장의 애로사항을 들고 정부로, 국회로 내가 갈

수 있는 곳은 다 찾아다니면서 설득을 하기도 분노해 보기도 했다. 저녁마다 퉁퉁 부은 발을 만지며 울기도 참 많이 울었다.

그러나 그 일은 그간 내가 도전했던 일과 달랐다. 열정과 진정성이 있기에 통할 수 있다고 생각했지만 현실의 벽은 너무나도 높았다. 유치원을 비롯해 유아교육정책은 정부의 우선순위가 아니었기에 항상 우리의 목소리는 긴 줄 가장 끝에서 공허하게 메아리로 돌아올 뿐이었다.

이대로라면 변화는 없겠다 싶었다. 여성으로서 평생 열악한 환경 속에서 살아온 경험을 토대로, 여성들이 마음 놓고 일하고 그에 대한 정당한 대가를 받을 수 있는 환경을 직접 만들어야겠다고 결심을 했다. 이번엔 결정하는 데 그리 오래 걸리지도 않았다.

"내가 직접 국회로 가서 우리 목소리를 제대로 대변해보자."

현장의 소리, 문제 해결의 시작입니다

살아가면서 너무 늦거나, 너무 이른 건 없단다
꿈을 이루는 데 제한시간은 없단다
─영화 '벤자민 버튼의 시간은 거꾸로 간다' 중

인상 깊게 봤던 영화의 대사이다. 정치를 하기 위해 당에서 일해보겠다 했을 때, 많은 사람들이 이미 늦은 거 아니냐고 했다. 30대부터 당에서, 지역에서 일하며 꿈을 키우는 사람들 틈에 껴서 할 수 있겠냐고. 그러나 꿈을 품은 나에게 그것은 그리 큰 문제가 아니었다.

시작은 우연히 찾아왔다. 한나라당 중앙위원회 여성분과위원장과 잡지인으로서 한국여성경제인협회 서울지회장의 이력으로 한나라당 부대변인까지 역임했다. 물론 처음 해보는지라 실수도 많고 웃지 못할 해프닝도 많았다. 혹시 나중에 기회가 된다면, 정치를 꿈꾸는 후배들을 위해 하나둘씩 풀어볼 생각이다.

아무튼 그렇게 내공을 쌓아가며 절대 서두르지 않았다. 그저 묵묵히 일하면서 때를 기다렸다. 4년이 지나 19대 국회의원 공천신청을 했다. 또 반대에 부딪혔다. 왜 사서 고생을 하냐고들 했다. 남들은 여유롭게 등산이다, 여행이다 인생을 즐기려 하는데 존경받지도 못하고 사람들이 욕하기 바쁜 정치를 왜 하냐며.

그러나 개의치 않았다. 내가 관심도 없던 정치권에 뛰어들기로 결심하게 한 수많은 아이들과 선생님 그리고 여성계의 얼굴을 잊을 수 없었고, 그 공허하게 울리는 슬픔을 잊을 수 없었다. '류지영'만이 해낼 수 있는 정치를 해야만 한다는 사명감을 놓을 수 없었다.

진심이 통했던 것일까. 당에서도 여성정책과 유아교육정책의 중요성을 인지하기 시작했고, 나를 비례대표 후보명단에 올렸다.

'드디어 제대로 일해 볼 수 있겠구나…….'

2012년 5월, 19대 국회가 개원한 뒤로 지금까지 여성발행인과 여성경제인 그리고 유아교육인으로 여성과 아이들을 위해 제대로 일해보자는 마음으로 일해왔다. 보건복지위원으로서 열악한 유아·보육교사와 현장의 어려움을 국회와 정부에 정확하게 알리고, 교사들의 처우를 개선하기 위하여 근무환경비 인상을 관철시켰다. 입법을 통해 유독 어린이집에 차별적인 법안을 개정하기도 했다. 새누리당 원내부대표로 해결을 촉구하는 강한 목소리도 낼 수 있었다.

국회 여성가족위원회 간사와 새누리당 중앙여성위원장 그리고 비상대책위원으로서, 여성들이 처한 문제를 지적하고 구체적인 해결방안을 논의하였다. 또한 공천관리위원을 두 번이나 하며 여성의 정치참여 확대를 위해 동분서주한 것 역시 여성 문제를 근본적으로 해결하기 위함이었다.

아직 현재진행 중이기에, 그간의 의정활동을 평가하는 것은 성급한 것 같다. 다만, 비례대표 의원이 짧은 시간 동안 다양한 직책을 맡고 바쁘게 일할 수 있었던 것은 현장의 소리에 항상 귀 기울인 덕분이 아닐까 하고 조심스레 생각해본다. 아파서 눈물 흘려본 사람의 이야기를 직접 듣고 함께 아파하며 대안을 모색해 왔기에, 오늘처럼 가볍지 않은 자리가 내게 주어지는 것이 아닐까……

국회의원이 되니 각양각색의 민원이 매일 들어온다. 혹자는 의정활동만으로도 벅찬 시간일 텐데 중요한 민원에만 집중하라 조언한다. 그러나 중요도의 경중을 따질 수 없다 생각한다. 내가 현장의 목소리를 듣고 뛰어봤기 때문에 국회의 문을 두드리는 사람들의 마음을 안다. 모든 노력을 했음에도 해결이 되지 않을 때, 심지어 내 힘만으로는 어찌할 수 없다는 결론에 도달했을 때 국회의원을 찾는다. 그들의 삶에서 절박한 문제를 갖고 온다는 것이다.

그래서 나는 기회가 있을 때마다 현장의 이야기를 내게 적극적으로 알려달라고 부탁한다.

━ "여성의 정치참여 확대는 대한민국을 변화시키고 도약하게 하는 키(key)입니다." (2013년 8월, '지방선거 여성정치
참여 확대방안' 토론회 중)

"현장의 목소리를 언제든 들려주세요.

의원회관 321호는 여러분에게 항상 열려 있습니다."

진심이다. 혼자 울고 포기하지 않길 바란다.

세계의 미래를 이끄는 아이들의 미소로 행복해집니다

1. 아동은 생명을 유지하며 또 최상의 건강과 의료혜택을 받을 권
   리가 있다.
1. 아동은 차별대우, 학대와 방임으로부터 보호받을 권리가 있다.
1. 아동은 모든 종류의 교육을 받을 권리와 신체적, 정서적, 도덕

적, 사회적으로 성장하는 데 필요한 평균수준의 생활을 누릴 권
리가 있다.

1. 아동은 자신과 관련된 모든 일에 대해 자신의 의사를 자유롭게
표현할 수 있는 권리가 있다.

— 유엔아동권리협약 중 아동의 4가지 권리

1993년 한중수교가 이뤄지고, 유아교육인 대표자격으로 중국 정부로
부터 초청을 받아 장춘소학교 부설유치원을 방문하게 되었다. 그 이후
중국을 십여 년 동안 수차례 방문하였지만, 지금도 중국 각지의 조선족
유치원은 잊혀지지 않는다.

그곳엔 아무런 감정도 느낄 수 없는 콘크리트 건물만 덩그렇게 있었다.
교육시설은 물론 그 흔한 장난감도 없었다. 아이들이 가지고 놀 수 있는
것은 돌멩이와 나무, 흙뿐이었다. 위생문제는 말할 것도 없었다.

유치원 방문 이후 2박 3일 내내 울면서 다녔다. 우리나라 아이들과 너
무 다른 환경에서 자라나는 아이들을 보며, 그 아이들의 가능성이 빛도
보지 못하고 사그라질까 싶어 마음이 아팠다. '내가 뭔가 해야겠다'라는
사명감을 떨칠 수 없었다. 한국에 돌아와 바로 후원회를 조직하여, 매년
전문강사들을 초빙해 중국 현장에서 교사들을 위한 강습회를 개최하고,
교육에 필요한 교재와 물품을 보내기 시작했다. 그리고 지금, 그 당시의
아이들이 자라 미래지향적인 한중관계의 물결을 만드는 주인공이 되고
있다.

등원 후에도 세계의 아이들을 돌보는 일에 소홀하지 않으려 노력하고

— "누군가의 아이가 아닌, 우리의 아이들입니다."(2014년 9월, KOWA의 에이즈퇴치활동 −인도)

있다. 그 첫 번째는 이광희 (사)희망고 대표와 함께 아프리카 남수단의 주민들과 아이들을 지원하는 일이었다. 희망고는 아프리카 빈곤지역, 특히 남수단에 망고나무를 심어 그 지역의 주민과 아이들이 배고픔을 해결하고 나아가 판매를 통해 자립할 수 있는 환경을 만들고 있다. 특히, 남수단의 아이들은 오랜 내전과 기근으로 겨우겨우 목숨만을 이어가고 있으며, 영화 '울지마 톤즈'를 통해 보여졌던 고(故)이태석 신부의 헌신과 같은 사랑이 아니라면 그 아이들을 일으킬 수 있는 것은 없어 보였다. 다만한 가지, 아이들 스스로 꿈을 꿀 수 있는 환경을 만들어준다면 그곳에도 희망의 싹이 자랄 수 있지 않을까 하는 마음을 갖게 되었다.

  아무것도 없는 남수단에 건물을 짓고, 책걸상을 들이고, 교육자재를 구매하기 위해서는 상당한 예산이 필요하였다. 이를 위해 (사)희망고와 함께 국회에서 바자회를 주최하기도 했다. 다행스럽게도 많은 분들이 우리의 뜻에 공감하고 후원해 주셔서 남수단 유치원 설립은 빠르게 진행되고 있다. 얼마 전에는 사진 한 장을 받았다. 그 안에는 유치원 앞에서 밝게 웃고 있는 아이들이 있었다. 입고 먹을 것이 없어 고통 받던 아이들이 달라진 것이다. 그 감동은 글로 표현할 수 없을 정도이다. 이제 그 아이들이 한 명의 인격체로서 교육을 받고, 창의성을 키우며 남수단의 미래로 성장할 수 있을 것이다. 그리고 사랑으로 아이들과 동행하는 희망고에 큰 빛이 있길 기대해본다.

건강하게 태어날 수 있다는 것은 그것만으로도 엄청난 축복이다. 그러나 여기, 태어날 때부터 질병으로 고통 받는 아이들이 있다. 바로 엄마로부터 에이즈에 감염('모자수직감염'이라고 함)된 아이들이다.

2013년 가을, UNAIDS유엔에이즈의 미셸 시디베 총재를 만났다. 긴 시간의 만남은 아니었지만 우리는 참으로 많은 것을 나누고 공감했다. 아동의 권리·복지향상을 위해서 건강에 대한 보장이 최우선으로 이뤄져야 하며 건강 사각지대에 놓인 아동을 살리는 일에는 국경이 없다는 것, 특히 '예방가능한 질병' 때문에 아동들이 고통 받고 사망하지 않도록 시급한 국제협력이 이뤄져야 한다는 것이었다.

그리고 우리는 대표적인 '예방가능한 질병', 바로 '에이즈AIDS: Acquired Immune Deficiency Syndrome(후천성 면역결핍 증후군)' 퇴치를 위해 협력하기로 했다. 많은 이들이 에이즈를 불치병으로 알고 있으나, 백신개발 등으로 인해 기대수명이 늘어나고 해마다 아동의 신규감염은 줄어들고 있다.

문제는 백신개발과 보급 등에 막대한 예산이 수반되어 제대로 된 처방

한 번 받지 못하고 고통을 홀로 감내하는 사람들이 부지기수이며, 에이즈에 대한 편견으로 많은 감염자들이 심적 고통을 겪고 심지어 자신의 질병을 숨기고 살아가는 경우도 상당하다는 것이다. 무엇보다 감염자가 아동일 경우에는 그 피해가 더욱 심각한 상황이었다. 아동이 감염되는 이유는 성폭력·성매매 등 외압도 있지만 '모자수직감염' 비율이 상당하다. 태중에 있을 때 백신치료가 된다면 아동의 감염을 충분히 예방할 수 있으나, 지원이 원활하지 못하여 지금도 많은 수의 아동들이 에이즈로 목숨을 잃거나 고통 받고 있다.

나는 다음 시대를 이끌어가야 할 아이들에 대한 지원이 무엇보다 시급하다고 생각했다. 효과적인 에이즈 퇴치를 위해서는 백신개발과 배급을 지원하고 국내외 캠페인과 반편견운동 등을 동시에 진행해야 하나, 혼자서는 도저히 할 수 없는 일이었다. 단발성의 이벤트가 아닌 장기적인 관심과 지원이 필요하기에, 무엇보다 아이들을 사랑하고 엄마의 마음으로 보살필 수 있는 진심을 가진 사람들이 필요했다.

그리고 다행히, 우리 세상은 아직 참으로 따뜻한가 보다. 처음 나와 뜻을 같이한 한영실 전 숙명여대 총장(현 교수)과 구삼열 전 국가브랜드위원장 외에 새누리당 신경림 의원, 민병주 의원, 김해련 송원그룹 회장, 송경애 SM C&C 사장, 조애진 육아방송 이사장, 오분희 프린세스 대표, 조현민 대한항공 전무까지 대한민국을 이끌어가는 정치·경제·사회 대표 여성리더들이 '에이즈 퇴치'라는 하의 목표를 위하여 한자리에 모인 것이다.

우리는 KOWA(한글명: 고와)를 결성하였고, 우선 에이즈 감염자를 직접 만나고 열악한 환경을 제대로 보자는 데 의견을 모았다. 현장을 정확히 알지 못한다면 추상적이고 단순 홍보를 위한 활동으로 그칠 수 있다는 우려 때문이었다. 그렇게 결정된 첫 번째 방문지는 에이즈 감염자가 가장 많고, UNAIDS 본부가 있는 '아프리카'였다. 그러나 출국을 준비하던 즈음, 문제가 발생했다. 에볼라가 아프리카 전역에 퍼지고 있어 입국이 금지된 것이다. 일정을 연기하는 것이 어떻겠냐는 외부조언도 있었지만, 이대로 멈출 수는 없었다. 우리의 시작이 늦을수록 에이즈로 고통 받는 사람들은 살 희망을 점점 잃어갈 것이 자명했기에……

짧은 시간이었지만 많은 논의 끝에, 최종적으로 에이즈 수직감염이 심각한 22개국 중 유일한 아시아 국가인 인도를 방문하기로 결정하였다. 인도에는 많은 에이즈 관련단체들이 활동하고 있으며 수직감염으로 고통 받고 있는 아이들을 가장 가까이에서 살펴볼 수 있는 곳이었기 때문이었다.

우리가 도착한 9월의 인도는 정말 무더웠다. 거기에다 익숙하지 않은 환경이기에, UNAIDS와 백신을 개발하는 IAVI International AIDS Vaccine Initiative(국제에이즈백신사업)에 후원금을 전달하고 직접 현장에 방문하여 에이즈 환우들을 만나는 일정 하나하나가 강행군이었다. 그러나 우리는 지치지 않았다. 아니, 지칠 수 없었다. 인도에서의 하루하루가 지날수록 우리 안에 사명감이 가득해졌기 때문이었다. 에이즈 환자들이 놓인 환경을 직시하면서 우리 안에 막연하게 있던 편견이 자연스레 해소되었고, KOWA가 앞으로 무엇을 해야 하는지 구체화되기 시작했다. 무엇보다 환우들을 돕고 있는 사람들의 따뜻한 미소를 대할 때마다, 사랑과 희생

정신이야말로 에이즈 퇴치운동의 희망임을 다시금 깨달았고 나아가 우리 안에도 섬김의 마음이 가득해져만 갔다.

인도 방문 이후, KOWA의 행보는 더욱 바빠졌다. 우리의 역할에 대한 구체적인 논의와 더불어 사업을 진행하기 시작한 것이다. KOWA는 기존 에이즈퇴치를 위한 기구들과 달리 정치·경제·사회 여성리더들이 모인 만큼 다양한 역할을 수행할 수 있을 것으로 기대된다. 각 분야를 대표하는 여성리더들의 추진력과 다양한 아이디어는 성공적인 에이즈퇴치 활동을 위한 최적의 조건인 것이다. 더욱이 엄마의 마음으로 어린이 감염자들의 치료를 돕고 대한민국의 에이즈 반편견운동을 활발히 펼치고 사회인식 변화에 일조한다면, 사회는 지금보다 더욱 여성의 능력을 높게 평가하게 될 것이다. 이로 인해 우리나라 저변에 자리 잡은 성불평등 문제가 조금이나마 해소되지 않을까 하는 기대감도 있다.

이제 시작이다. KOWA는 앞으로 에이즈 환자인 엄마에게서 수직감염된 전 세계의 아이들을 치료하고 보호하여 세계의 미래를 이끌어갈 주역들을 건강하게 지켜낼 것이다. '에이즈 퇴치'가 더 이상 다른 나라의 이야기가 아닌, 전 인류가 함께 노력해야 해결할 수 있는 중대 사안임을 대한민국 사회가 깨달을 수 있도록 다양한 활동을 전개하고, 이를 통해 전 세계 에이즈 퇴치활동에 기여할 것이다. 약만 있으면 나을 수 있다는 불가능할 것 같던 '기대'를 '현실'로 만들어주고, 비감염자들의 '편견'을 '이해'로 바꾸는 데 최선을 다할 것이다. 인도에서 태어난 희망의 싹이 대한민국에서 희망의 열매로 맺힐 것이다.

"우리나라에도 배고프고 못 배우는 애들이 많은데, 남의 나라를 왜

도와줘?'

이렇게 생각할 수도 있다. 틀린 말은 아니다. 그러나 우리 또한 어려웠던 시절을 보내고, 지구촌 곳곳의 얼굴 모르는 따뜻한 사람들의 도움을 받지 않았던가. 또, 나눔을 통해 내가 얻는 것이 더 많다는 사실을 안다면, 아니 딱 한 번만이라도 활짝 웃는 아이들의 미소를 본다면 그들 역시 기꺼이 동참할 것이라 믿는다.

그리고 함께 새로운 꿈을 꾸게 될 것이다.

우리의 아이들과 세계의 아이들이 모두 웃는 그날을.

그 아이들이 이끄는 우리의 미래를.

당신이 행복해지길 바랍니다, 꿈을 꾸세요

많은 사람들이 꿈을 가지라고 말한다. 관련 강의와 서적이 쏟아져 나오고 베스트셀러 목록에는 항상 자기계발서가 있다. 흔히 사회진출을 앞두고 있는 청년들에게 하얀 도화지에 그들의 인생을 비유하며, 무엇이든 그릴 수 있으니 마음껏 꿈을 꾸라 한다.

그러나 과연 이 말이 와 닿는지 묻고 싶다. 이미 도화지에 집과 나무를 잔뜩 그려서 다른 것을 그릴 수 없다고 한다. 검은 붓으로 의미를 알 수 없는 선으로 가득 채웠기에 내 인생은 아름답지 않다는 사람들도 있다. 꿈은커녕 잠잘 시간도 없이 취업을 준비해야 한다는 청년들이 있다.

충분히 이해하고 공감한다. 마음대로 꿈을 꿀 수 없는 게 현실이다. 그럼에도 불구하고 나 역시 꿈을 꾸라고 하고 싶다. 대신 왜 꿈을 꾸는지, 무엇을 위해 꿈을 꾸는지 스스로 많은 고민을 해봐야 할 것이다.

'꿈을 꾸라'는 어머니와의 약속에서 나의 꿈은 시작되었다. 그리고 가족과의 약속, 대한민국 아이들과 여성과의 약속, 지금 나와의 약속을 통해 계속 꿈을 꾸었다. 꿈을 얻고자 내가 할 수 있는 최선을 다했고, 내가 필요한 곳엔 꼭 함께하였다.

나는 지금도 계속해서 새로운 꿈을 꾸고 있다.

또 다른 가슴 두근거림을 기대하면서.

문정림

생명과 인권을 추구하는
‘착한 법’, ‘착한 세상’을 꿈꾸며

문정림

- 1961년 12월생
- 가톨릭의대 및 동 대학원 졸(의학박사/재활의학 전문의)
- 前 가톨릭의대 재활의학과 교수
- 제19대 국회의원(새누리당 비례대표)
- 국회 보건복지위원회 위원
- 국회 윤리특별위원회 위원
- 새누리당 직능특별위원회 의료복지분과 위원장
- 새누리당 제5정책조정위원회 보건복지분과 간사
- 새누리당 국민건강특별위원회 건강보험발전분과 위원
- 前 국회 운영위원회 위원
- 前 국회 아동·여성대상 성폭력 대책 특별위원회 위원
- 前 국회 공공의료정상화를 위한 국정조사 특별위원회 위원
- 前 새누리당 원내부대표
- 박근혜 대통령후보 중앙선대위 대변인
- 박근혜 대통령후보 직능총괄본부 보건의료본부장
- 박근혜 대통령후보 인재영입위원회 보건의료본부장
- 박근혜 대통령후보 선진비전본부 제3본부장(여성/복지)
- 前 대한의사협회 공보이사 겸 대변인
- 前 대한의사협회 의무이사
- 前 대한의학회 정책이사
- 前 대한소아재활발달의학회 이사장

생명과 인권을 추구하는
'착한 법', '착한 세상'을 꿈꾸며

사람들 눈에 의사는 매우 바쁜 사람으로 비친다고 한다. 환자나 보호자가 되어 병원에 가보면 흰 가운을 입은 의사는 여느 사람들보다 걸음이 빠르며, 의학 드라마 속 의사는 제때에 식사도 못하고 부스스한 얼굴로 병원을 분주히 누비며, 잠시 쉬려고 하면 울리는 호출에 커피를 쏟기도 하고, 잠들 만하면 전화벨이 울려 황급히 뛰어나간다.

사람들 눈에 국회의원은 바쁜 것 같기는 한데, 도대체 무슨 일로 바쁜지 감이 오지 않는가 보다. 새벽부터 밤늦게까지 한시도 쉬지 않고 부지런히 다니고 있는데, 무엇 때문에 그렇게 다니는지 가까이서 보지 않고선 납득이 되지 않을 수 있다. 국회의사당에 조용히 앉아 있거나 단상에서 연설을 하거나 아니면 단체로 피켓을 드는 모습을 많이 연상하는 대다수의 사람들은 국회의원이 왜 그리 바쁜지 언뜻 가늠이 안 될 수 있다.

의사가 가장 우선시하는 일은 위급한 생명을 구하는 소중한 일이다. 모든 사람이 건강하게 살 수 있도록 사람의 몸과 마음을 돌보는 일을 평상시에 늘 하고 있는 직업이다. 즉 의사는 아픈 사람을 건강하게 돌보는 일을 하는 사람으로, 하는 일이 무엇보다 명백하다.

국회의원이 가장 우선적으로 하는 일은 국민의 고통을 덜기 위해 입법활동을 하는 것이다. 계층별로 직업별로 이해관계가 다르겠지만, 모두가 골고루 어려움 없이 잘 사는 세상을 만들기 위해 끊임없는 대화 속에 타협을 이루어내는 것, 즉 현재보다 더 나은 삶의 환경과 조건을 만들어주는 행위인 정치를 하는 것이다. 따라서 하는 일이 명백해 보이지 않는 것은 생활 속에서 개인별로 느끼는 정도가 다르기 때문이다.

그러나 의사도 국회의원도 결국은 사람을 상대로 하는 직업이다. 아픈 사람에게는 의사가 희망이듯이, 현실의 삶이 고달픈 사람에게는 정치가 희망이다. 의사도 국회의원도 누군가의 아픈 삶을 어루만지며 치료를 하는 것이다. 그래서 둘은 다른 것 같지만 같은 지향점을 가지고 있다. 이것을 나는 의사를 거쳐 국회의원 활동을 하면서 늘 느끼고 있다.

의학용어 중에 라포르rapport라는 말이 있다. 의사와 환자 사이의 조화관계나 신뢰관계를 의미하는데, 한 마디로 마음이 서로 통하는 관계를 말한다. 이는 치료에서 상당히 중요한 것인데, 의사와 환자가 서로의 마음을 닫고 기계적으로 문진하고 치료하면 제대로 된 치료가 이루어질 수 없기 때문이다.

이는 어떤 질병의 영역이든 다 마찬가지이겠지만, 특히 어린이 환자를 대할 때 마음을 열지 않고서는 최선의 치료를 할 수가 없다. 더군다나 짧은 기간의 치료로 완치되는 것이 아니라 평생 장애를 안고 살아가야 할 어린이들의 경우에는 더욱더 세심한 주의가 요구된다.

장애 아동의 재활을 전공으로 한 소아재활 담당 재활치료 전문의인 나로서는 라포르를 넘어 환자는 물론 그 가족들과 공감을 형성해야 장애아동과 가족이 더 나은 삶을 사는 데 일조할 수 있다.

이런 마음가짐으로 20년간 재활의학과 교수로서, 재활의학 전문의로서 재직하며 생명과 인간의 소중함을 느끼며 가졌던 나의 생명에 대한 의식이 정계에 들어오고 더욱 확장되었음을 느낀다. 인간의 생명이 소중하다는 것은 두말할 나위가 없지만, 정치를 통해 세상을 더욱 폭넓게 보게 되어 모든 생명의 존엄성을 더욱 절감하게 된다.

2013년 10월, 실험동물이 부당한 대우를 받지 않도록 동물실험의 원칙, 동물실험의 금지, 윤리위원회 설치 등을 주요 골자로 하는 〈동물복지법〉 개정안을 발의했던 것은 생명의 존엄성을 추구하고 알리는 내 노력

— 동물 생명 존중과 학대 방지를 위한 동물보호법 개정 방향 모색 토론회에서(2013년 4월)

141

의 일환이었다. 인간을 위해 불가피하게 실험에 사용되는 동물조차도 윤리적인 방법으로 존중되어야만 하며, 실험의 도구로만 간주해서는 안 되기 때문이다.

환자를 넘어 국민의 생명을 보다

내가 의사가 되는 것은 너무도 당연한 것이었다. 아버님은 정형외과 전문의이자 교수였고, 어머님 역시 산부인과와 병리학의 전문의이셨다. 의가(醫家)에서, 의사라는 직업의 선택은 당연한 것이었던 만큼 나는 의대에 진학했고, 의대 교수로 20년간 일했다.

의대생의 일정은 고단하다. 하루 8시간 이상의 빡빡한 수업은 물론이고, 밤늦게까지 혹은 밤새 두꺼운 의학서적을 끼고 혹은 베고라도 있어야 한다. 외워야 할 것도 많고 보아야 할 것도 많다. 한시라도 소홀히 하면 재시, 과락 등의 위험이 있어 늘 긴장 속에 공부에 매진해야만 한다. 그래서인지 의대 시절을 떠올리면 강의실, 해부학 실습실, 도서관, 여학생실 이외에는 별다른 기억이 없다.

의대를 졸업하고 재활의학 전문의가 되고 의대 교수로 살면서도 내게 한가로움은 주어지지 않았다. 거기에는 작은 것 하나도 소홀히 함을 싫어하는 나의 성격도 기여했다. 완벽을 추구하는 나의 성향은 강의를 할 때도, 학회 발표 준비를 할 때도 여실히 드러났다. 내용의 완벽성은 당연한 것이고 강연자로서의 자세, 강의실의 배치 등 환경에 따른 효과적

내용 전달 등을 익히고자 교수법과 프레젠테이션 전문서적 등을 보곤 했다.

 '어떤 분야이든 무슨 일이든' 진심을 다해 최선을 다해야만 목표했던 성과를 이룰 수 있다. 그래야만 새로운 일이 다가올 때, 그 일에 대해 준비되어 있는 자신의 모습을 발견하고 자신감으로 직면할 수 있는 것이다. 매 순간 열심히 살다 보면 어떤 난관이 다가오더라도 이겨내고 나아갈 수 있게 된다.

 그러한 마음으로 나는 재활의학 분야에서 최선을 다했고, 그 과정에서 인정받았다. 나는 2003년 동아일보에서 조사한 재활의학 분야 명의에 선정된 바 있는데, 전국 대학병원 재활의학과 교수들의 추천으로 선정되는 방식이어서 보람되기도 했다. 동료 의사들이 내 역량과 전문성, 그리고 환자를 대하는 의사로서의 태도를 인정해주었다는 것에 송구함과 함

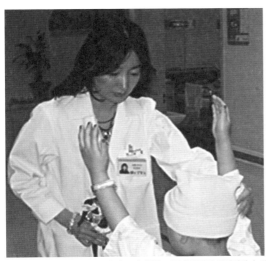

━ 환자와 그 가족을 돌봐야 한다는 절실함은 나를 끊임없이 채찍질했다. 가톨릭 의대 재활의학과 교수 시절.

께 기쁨이 있었다.

사실 모든 것은 절차탁마(切磋琢磨)의 결과이다. 환자와 그 가족을 돌봐야 한다는 절실함이 나를 끊임없이 채찍질했고, 나를 움직였다.

그런데 막상 나의 가족에 대한 미안함은 늘 함께한다. 재활의학과 교수로 지내면서 환자만을 돌보는 삶을 살지는 않았다. 환자들이 더 나은 여건에서 치료를 받을 수 있도록 의료제도나 정책을 개선하는 일에도 많은 시간을 바쳐야만 했다. 의사단체에서 10년 이상 활동하면서, 대한의사협회 공보이사 겸 대변인, 의무이사, 대한의학회 정책이사, 한국여자의사회 공보이사, 대한재활의학회 홍보이사, 대한소아재활발달 의학회 이사장 등의 직책을 수행했다.

이러한 활동을 멈추지 않고 지속한 이유는 분명했다. 환자를 포함한 국민의 생명과 건강을 지키기 위해서 의학이라는 학문적 발전뿐 아니라, 현실에 부합하는 합리적인 법과 정책이 절실하다고 생각했기 때문이다.

'정치꾼'이 아니라 '정치인'이 되어야

2011년 11월 나는 의대 교수직을 사임했다. 재활의학과 교수로서, 의료 정책을 늘 생각하던 의사로서, 의료계를 대변하던 위치에서 활동하던 어느 날, 국민의 생명과 건강을 위한 근본적인 의료 발전을 위해서는 정치를 하는 것이 더 나은 선택이라고 판단했기 때문이다.

정치 입문 전, 나는 자유와 보수의 가치를 존중해왔다. '참다운' 자유는 개인이 누리는 자유의 최대화와 권리의 보장, 집단이 아닌 개별 주체의 독립성 존중을 그 특징으로 한다. 이에 '참다운' 자유는 국가 개입의 최소화 및 자생적으로 형성된 질서와 환경에 대한 존중, 침해 금지의 풍조를 확산시켰다고 믿었다.

'참다운' 보수는 전통의 존중, 점진적인 사회 개선, 공동체를 위한 봉사를 주요 가치로 삼고 있다. '참다운' 보수는 인간이 더불어 살아가야 하는 사회적 동물임을 인정하고, 공동체의 유지와 발전을 위한 경제, 국방 및 안보체제의 질서 유지를 중시한다. 그래서 납세의 의무와 국방의 의무 등 공동체의 존속을 위한 각 개인의 봉사를 미덕으로 여긴다.

반면에 '과도한 자유'는 공동체 질서를 교란하고, '과도한 규제'는 자유의 위축을 가져온다.

결국 정치는 개인의 자유 보장과 공동체의 유지와 발전이라는 양자를 동시에 고려하여 지나치지도 모자라지도 않는 적정선을 유지하는 '운용의 틀'이라는 생각을 가지고 있다.

이러한 내 생각은 정치 활동을 하는 현재도 지속되고 있다. 합리적이고 적합한 법이야말로 국가가 국민에게 할 수 있는 정직한 약속이기 때문이다. 그리고 이를 통해서만 국민은 국가를 신뢰하게 된다. 그러한 신뢰관계를 더욱더 돈독히 하는 매개체 가운데 가장 중요한 역할을 하는 사람이 바로 정치인이다.

우리는 종종 이성적 사유를 생략하고 국민의 감성에 기대거나 고단한 국민의 삶을 기만하며 그럴듯한 명분으로 인기를 끄는 정치인을 본다. 20세기 초 미국의 정치인이었던 제임스 클라크James Clark는 "정치꾼은 다음 선거를 생각하고, 정치인은 다음 세대를 생각한다"고 했다. 이처럼 나는 미래를 생각하는 정치인이 되고자 오늘도 불철주야 뛰고 또 뛴다.

나는 환자를 대하는 심정으로 진심을 다해 국민과의 약속을 지키는 국회의원이 되고자 한다. 자극적 이슈에 대한 피상적 접근으로 언론의 주목을 받거나 대안 제시 없는 폭로성 지적은 철저히 배제한다. 국민에게 꼭 필요한 현안이라면 신중한 검토를 거치고 또 거쳐, 보건복지부 등 관련 부처와 의료계, 시민단체 등 각계각층과 꾸준히 협의하는 과정을 거친다. 그리고 이를 토대로 법안과 정책을 마련하고 있다.

국민에게 피상적으로 호감을 주려고 포장하는 것이 아니라, 국민에게 유익한 결과가 돌아가고, 미래가치를 느끼게 해주는 정책을 제시하려고 늘 고민한다. 내 이름을 알리려고 애쓰기보다, 진정으로 국민이 원하는 바를 알리려고 애써왔다.

특히 의료현장에 늘 존재하는 정부, 국민, 의료계의 갈등과 신뢰를 저해하는 풍토를 바로잡고자 노력하고 있다. 의료현장과 의료계에서 활동하며 다양한 보건의료 현안을 보고 느꼈던 전문 지식과 경험을 바탕으로, 진료환경과 의료서비스 개선, 장애인건강 증진 및 자립기반 강화, 국민건강 증진을 위한 정책 수립 및 개선을 위해 할 일은 너무도 많다.

이를 위해서는 보건복지부 등 정부와 유관단체, 그리고 국민의 입장을 듣고, 각자의 입장을 조율하는 과정이 필요하다. 이를 통해 각자의 주장과 근거를 충분히 검토하고, 협의 과정에서 발생하는 이해당사자 간의 첨예한 대립을 서로 소통해서 조율이 이루어지도록 늘 인내심을 가지고 노력하고 있다.

국회에서 법률안의 완성도를 높이다

대한민국은 민주공화국이고, 민주공화국의 가장 중요한 특징은 삼권 분립이며, 그 가운데 국회는 입법권을 가지고 있다.

나는 개정 법률안을 발의하는 데서 검토한 내용과 방향을 바탕으로, 해당법의 목적과 체계에 부합하는지, 비용은 얼마나 드는지 등 완성도를 높이고자 늘 최선을 다하고 있다. 세심한 부분까지 고려하지 않으면 국민에게 돌아갈 실질적 효과는 떨어질 수밖에 없다.

이 같은 노력 때문인지, 의정활동에서 높은 법안 가결률을 기록할 수 있었다. 2013년 9월, 이코노미스트지 조사분석 결과 나는 19대 국회 법안 가결률 1위(28.6%), 법안 가결 건수 2위(10건), 법안가결 및 대안 반영률 2위(40%)를 기록했다. 보건의료 현안에 대한 진단과 제도 개선의 노력이 숫자로 표시된 것 같아 기뻤다.

국정감사에서는 대안중심의 정책 질의와 제도 개선을 위한 질의에 힘써 실질적 변화를 이끌어내고자 노력했다. 작년 국정감사 기간을 통해 혈액관리 정책 변화, 건강보험 부과체계 개편, 임신 출산에 대한 국가 책임 강화 등 실질적으로 국민에게 도움이 될 제도와 정책을 집중 질의했다.

이런 노력에 힘입어서인지 법률소비자연맹, 여성유권자연맹 등 270여 개의 시민·사회단체로 구성된 NGO 모니터 단에 의해 '국정감사 우수 국회의원'으로 2년 연속 선정되었으며, 지난 2년 반 간의 의정활동으로 '국회 선정 입법 및 정책개발 우수 국회의원상', '공동선의정활동상' 등

■ 법률소비자연맹 주최 국회의원 헌정대상을 2년 연속 수상(2014년 6월)

16회의 수상 기록을 남길 수 있었다.

나의 의정활동은 실효성 없는 인기 영합적 이슈 제기를 멀리하고 국민의 건강과 생명을 진정으로 생각하는 의원이 되고자 한, '스스로와의 약속'의 결과이기도 했다. 약속을 지키기 위해, 언론의 주목을 받기 위한 폭로성 지적은 과감히 외면했고, 다양한 이해관계가 부딪히는 민감한 사안도 피하지 않고 전문성을 바탕으로 적극적으로 임했다.

스스로와의 약속을 굳게 지키기 위해, 나는 의료환경 개선을 위한 의료법 개정안, 장애인의 건강증진과 복지향상을 위한 장애보건법안, 사무장병원 근절을 위한 국민건강보험법 개정안 및 생명존중을 위한 동물보호법 전면 개정안 등 국민의 건강, 생명존중 의식을 제도화할 수 있는 여러 법안을 발의했다.

앞으로도 나와의 약속을 지키고자, 불편부당하게 국민에게 집행되는 정책과 제도를 찾아내고 바로잡아 국민의 권익을 보호하고 국가발전에 기여하겠다.

이슈에 대한 이성적 연구와 국민의 애환에 대한 공감을 바탕으로 오로지 국민과 국가에 이익이 되는 일만 바라보며 나아갈 것이다. 이런 내 노력과 진정성을 통해 국민의 신뢰를 얻는다면, 의정활동에 더욱 강한 추진력이 생겨, 아직 더 해야 할, 많은 정책과 제도를 정착시킬 수 있으리라 믿고 있다.

정치인의 약속은 누군가의 희망이다

각 분야에서의 전문성은 다음의 삶에서도 계속 이어져 왔다. 대학교수에서, 대한의사협회 대변인으로, 그리고 정당 대변인에서, 국회의원으로 변신할 때마다 시각과 시야가 조금씩 더 넓어졌다. 하지만, 각 단계에서 늘 소중히 생각했던 것은 생명과 인권을 추구하고자 한 나에 대한 약속이다.

정치인의 약속은 누군가의 희망이다. 의원실에는 많은 사람들이 찾아온다. 시민단체, 이웃, 때로는 풋풋한 학생들이 각자의 숙원 사안과 고충을 갖고 의원실의 문을 두드리고 있다. 각자의 입장과 처지에서 생각해보면, 어느 것 하나 소홀히 할 수 없는 중요한 일들이다. 각각의 사안에서 국민의 한 사람인 그들의 선의와 진정성이 엿보이고, 절박함과 간절함이 묻어난다.

- 지와 사랑, 용기로 국민 앞에 서다.

누군가의 희망이고 바람이기에 정치인의 약속은 진지해야 한다. 인기에 영합하는, 듣기 좋은 말로 헛된 희망을 주는 정치꾼이 아닌, 묵묵히 국민의 고단한 삶을 보살펴 주는 참된 정치인이어야 한다. 그것을 깨달았기에, 나는 사안에 담긴 진정성과 효용성을 검토한 후, 일에 대한 약속을 한다. 약속을 쉽게 하지 않지만, 한번 한 약속은 반드시 지키는 정치인을 국민은 신뢰하리라 믿기 때문이다.

박
윤
옥

'아이를 낳고 기르는 일' 이
행복한 세상 만들기

박윤옥

· 1949년 대전 신탄진 출생
· 신탄진초등학교, 대전여자중학교, 대전여자고등학교
· 이화여자대학교 교육학과 졸업
· 연세대학교 생활환경대학원 고위여성지도자 과정 수료
· 국민권익위원회 정책자문위원
· ㈔한 자녀 더 갖기 운동연합 대표
· ㈔한국혈액암협회 이사
· 제19대 국회의원

'아이를 낳고 기르는 일'이
행복한 세상 만들기

우리나라는 OECD 국가 중 최하위의 출산율을 나타내고 있다. 나는 이러한 저출산·고령화 현상이 국가적 재앙이 된다는 위기의식을 가지고 2007년부터 저출산 문제를 극복하기 위한 시민운동을 펼쳐왔다. 앞으로도 임신·출산·양육을 위한 다양한 정책을 운영해 부강하고 행복한 대한민국을 만드는 일에 헌신할 것이다.

아이들이 사라진 세상에는 무엇만이 남을까?

"어린아이들은 모래로 집을 짓고, 조개껍데기를 가지고 즐겁게 놉니다. 마른 잎으로 작은 배를 만들어 깊은 바다에 띄웁니다. 어린아이들은 이 세계의 해변에서 놀고 있습니다."

인도의 시성이자 노벨문학상 수상자인 타고르의 시 '기탄잘리 —신께 바치는 노래'에 나오는 한 구절이다. 해변에서 순진무구하게 놀고 있는 아이들의 모습에서 우리는 무한한 기쁨과 원초적 행복을 느낀다. 그러나 이 아이들이 차츰 줄어들어 해변에 노인들만 쓸쓸히 배회하는 시대가 온다고 상상해보자. 정말 안타깝지 않은가?

영국 옥스퍼드대학의 인구문제연구소장인 데이비드 콜먼 박사는 2006년 "한국은 저출산 고령화로 인해 지구 상에서 사라지는 민족 1호가 될 것이다"라는 충격적인 말을 했다. 이른바 '코리안 신드롬'을 탄생시켜 우리의 가슴을 놀라게 한 것이다. 콜먼 박사의 예측 외에도 유엔은 한국이 1.10명의 출산율이 지속될 경우 2305년에는 "한국인이 사라진다"는 인구 예측 통계를 냈다.

반만년이 넘는 유구한 역사와 찬란한 문화를 창조 · 계승시켜온 한민족, 수많은 외세 침략을 막아내고 자랑스러운 역사를 이어온 대한민국이 단지 아기를 낳지 않아 지구 상에서 사라진다는 예측은 비극을 넘어 공포라 하지 않을 수 없다. 만일 출생아 수가 현재처럼 1.10을 계속 기록한다면 어떻게 될까? 자녀 수 감소 → 유아용품 시장 축소 → 경제발전 저하 → 학교 수 감소 → 대대적인 대학 축소 → 교원 수 감소 → 교육 관련 산업 저하 → 고령인구 증가 → 세대갈등 증가 → 사회 활력 감소 → 문화 창출 저하 → 국방력 저하 → 국가경쟁력 약화 등등으로 이어진다. 콜먼의 예측이 괜한 우려가 절대 아닌 것이다.

이러한 사회 전반에 일어날 수 있는 부정적 측면을 고려하지 않더라도 '아이 없는 가정'을 상상해보자. 햇살 같은 미소를 지닌 아이들은 온데간

— 경제적 자립에 큰 힘이 되는 희망리본 참여기구 시찰(2014년 10월)

데없고 삶에 허덕이는 어른들뿐인 우울한 세상, 골목에서 힘차게 뛰어노
는 아이들이 한 명도 없는 노인들로 가득한 회색빛 도시, 그 누구에게나
끔찍할 것이다. 이는 분명 우리가 바라는 미래가 아니다.

그렇다면 우리는 무엇을 해야 할까? 여기에 대한 답은 비교적 명확하
다. 한 가정에서 한 자녀를 더 낳아 기르는 것이 최선이다. 나는 2007년
출범한 (사)한 자녀 더 갖기 운동연합의 회장으로 취임하면서 인사말을 통
해 출산율 저하가 가져오는 심각하고도 우려 깊은 상황에 대해 처음으로
화두를 던졌다.

현재 우리나라는 OECD 국가 중 최하위의 출산율을 나타내고 있으
며 고령화가 가장 빠르게 진행되고 있어 사회·경제적으로 큰 위기
에 봉착해 있습니다. 한 자녀 더 갖기 운동연합은 이러한 저출산 문

제가 앞으로 사회구조의 전반적인 불균형을 가져오는 국가적 재앙이 될 수 있다는 위기의식에서 출범했습니다. 출산 장려를 위해 국민참여를 유도하고, 임신·출산·양육 환경 개선을 위해 다양한 프로그램을 개발·운영하여 행복한 세상 만들기에 적극 참여할 것입니다. 또한 정부와 기업의 환경·제도 보완을 촉구하여 범국민 운동을 전개할 것입니다.

"경제 형편이 어렵고, 아이 기르기가 힘들어 자녀를 하나만 낳은 것이 국가적 재앙이라는 표현은 좀 과도하지 않나요?"라고 묻는 사람들이 적지 않다. 그러나 이는 잘못된 생각이다. 앞에서 지적한 문제 외에도 가정의 붕괴와 함께 생명경시 풍조, 이기주의 등 인간의 기본적 도덕마저 무너뜨릴 수 있기 때문이다.

처음에 불을 밝힌 촛불의 빛은 약해지지 않는다

'항상 겸손하자.'

내가 어렸을 때부터 부모님께서 해주셨던 말씀이다. 내가 살아온 발자취를 되돌아보면 이 한마디의 말씀이 무엇보다 큰 도움이 되었다. "겸손한 사람은 사람들로부터 호감을 산다. 우리들은 누구나 모든 사람들로부터 호감을 사는 사람이 되고 싶어 하지만 겸손한 사람이 되려고 하지는 않는다."

톨스토이의 말처럼 내가 겸손하지 않고 나 자신만 살피며 살아왔다면 지금 내 주변에 있는 많은 사람들과 함께하지 못했으리라. 겸손은 나에게 힘이 되어준 원동력이다. 나는 이 겸손의 마음으로 어린아이들을 돌보아왔고 정치 역시 국민을 섬기는 겸손의 자세로 임하고 있다.

나는 아이들을 무척 좋아한다. 아이들이 가지고 있는 풍부한 상상력과 밝은 에너지는 내 마음까지도 설레게 한다. 나는 이렇게 무궁무진한 잠재력을 가진 아이들이 마음껏 꿈을 펼치며 자랄 수 있도록 도와주고 싶었고 이를 실현하고자 전공인 교육학을 살려 유치원을 설립하고 운영했다. 하지만 유치원 설립만으로는 아이들을 위해 할 수 있는 일이 한계가 있었다. 집안 형편이 어려워 유치원을 다니지 못하는 아이, 부모를 일찍 여의게 된 아이, 고아원에 버려진 아이 등 소외된 아이들이 눈에 들어왔고 이 아이들을 위해 무엇을 할 수 있을지 고민하다 보니 지역사회 일에 참여하며 봉사를 많이 하게 되었다.

이러한 활동은 자연스럽게 여성단체 참여로 이어졌고, 더 많은 아이들이 행복할 수 있는 세상을 만들고 싶다는 생각에 국가 문제에 관심을 가지며 정치 활동에 적극적으로 임했다.

유치원을 운영할 때만 해도 정치는 나와 전혀 먼 곳에서 존재하는 일이라 생각했다. 하지만 지역활동 참여와 정당의 여성위원회에 참여하면서 정치는 멀리 있는 것이 아닌 일상생활이라는 생각을 하게 되었다. 우리 아이가 학교에 가는 데 건널목이 필요해서 그것을 만드는 일이 바로 정치인 것이다.

내가 그랬던 것처럼 많은 국민들은 정치를 자신과는 무관한 일이라 생

- 밝은 에너지를 가진 우리의 아이들과 함께 국회 운동장에서(2014년 9월)

각할 것이다. 그렇기에 나는 정치인으로서의 초심을 마음 깊이 새기고 있다. 국민들에게 먼저 다가가고 국민의 입장으로 국민을 대변하여 과거의 내 모습처럼 정치에 무관심한 사람들의 마음을 열 수 있는 정치를 하고 싶다. 항상 국민들과 소통하며 그들의 입장에서 가장 필요로 하는 것에 힘이 되어주고 싶은 마음이다. 그래서 나는 현재뿐만 아니라 미래 세대도 행복할 수 있는 국민행복시대를 위한 사명감을 가지고 의정활동을 하고 있다.

　정치인이 되면 꼭 이루어야겠다고 생각한 정책은 많다. 우선, 지속가능한 대한민국의 발전을 위해 가장 필요로 하는 것이 저출산 극복이다. 국가경쟁력은 인구가 뒷받침되어야 한다. 세계적으로 강대국인 미국, 중국, 러시아, 일본 등은 모두 인구가 1억을 넘는다. 물론 2, 3천만에 불과한 선진국도 있지만 우리나라가 더 부유하고 행복한 나라가 되기 위해서는 인구증가에 힘을 기울여야 한다. 이를 위해 정부의 적극적인 정책과 참여를 유도하여 다음 세대를 위한 밑거름을 다지리라.

　내가 사회활동에 눈을 돌린 계기는 1995년 UN 주최로 중국 베이징에서 열린 세계여성대회에 한국 NGO 대표로 참석한 이후부터다. 그곳에서 전 세계 NGO 참여 여성들과 함께 빈곤, 교육, 건강, 여성, 폭력, 인권, 환경, 여아 등에 대해 폭넓은 의견과 경험을 나누었는데, 그 자리에서 나는 정부단체나 공무원이 아니어도 사회와 국가를 위해 많은 일을 할 수 있다는 사실을 깨달았다.

　특히 여성이 사회활동에 적극 참여하면 아름다운 나라를 스스로 만들어갈 수 있다는 진리를 터득했다. 또한 세상에는 훌륭한 사람들도 많지만 자기 자신의 문제뿐만 아니라 국가와 세계 인류의 문제에 대해 먼저 고민하고 자발적으로 해결하고자 노력하는 사람들이 이렇게나 많다는 생각에 매우 놀랐다. 자신의 생계만을 위해 일하는 것보다 더 의미 있는 일들이 눈앞에 펼쳐져 있었던 것이다.

　한 개의 촛불을 가지고 많은 초에 불을 붙여도 그 처음 촛불의 빛은 약해지지 않는다. 이와 같이 나는 다시금 교육, 여성, 건강, 여아 등 인류의 문제에 대해 고민하게 되었고 국가 발전을 위해 무엇을 할 수 있을까 하는 더 큰 비전을 품게 되었다.

　또한 한국혈액암협회 이사로서도 많은 활동을 해왔다. 백혈병 등 혈액질환 환우들이 고통과 절망 속에서 희망을 잃지 않도록 보다 나은 환경을 제공하는 것이 한국혈액암협회의 주된 활동이다. 나 역시 봉사와 홍보, 경영 참여를 통해 행복나눔 실천에 이바지해왔다. 이외에도 국민권익위원회 위원으로도 활동했다. 국민권익위원회의 역할에 대한 의견과, 억울한 일을 당한 사람들의 하소연을 듣고 돕는 일에 열과 성을 다했다. 국민의 작은 소리에도 귀를 기울임으로써 국민의 권익을 보호하여 모두가 행복한 사회에서 살아갈 수 있도록 노력해왔다.

핵폭탄보다 더 무서운 저출산문제

우리나라는 2005년에 출산율 1.08로 '출산율 쇼크'를 경험했다. 역사상 가장 낮은 출산율을 기록해 국가·사회적으로 큰 충격을 받은 이후 다양한 정책과 홍보로 출산율이 조금 상승하기는 했지만 여전히 최악의 상태다. 콜먼 박사와 유엔 미래보고서가 국민들에게 충격을 주었으나 다들 '정부가 알아서 하겠지', '제도가 좋아지면 아이를 더 낳겠지' 하는 수수방관의 자세로 바라볼 뿐 국민 각자가 실제적인 노력을 하지는 않았다. 그 결과 우리나라는 13년째 OECD국가에서 초저출산 국가를 기록하고 있다.

국회의원이 된 이후 처음으로 참석한 새누리당 의원총회에서 저출산 현상에 대한 심각성을 알렸다. "핵폭탄보다 더 무서운 것은 저출산입니다. 대한민국은 지금 심각한 저출산의 늪에 빠져 있습니다"라고 서두를 꺼낸 뒤 "국민이 합심하여 건강한 대한민국을 만드는 것이 간절한 소망"이라 밝혔다. 물론 국회에 갓 들어온 초선의원이 국가 정책을 하루아침에 바꿀 수는 없으며 획기적인 제도를 즉시 만들어낼 수는 없다. 그러나 내가 던진 문제점을 단순한 하나의 이슈나 토픽으로 보아서는 안 된다. 저출산은 경제, 복지, 일자리, 교육, 수출, 문화 등 모든 것과 연계되어 있으며 궁극적으로는 국가 존립에 결정적 영향을 끼치기 때문이다.

그동안 나는 저출산 문제를 극복하기 위한 노력으로 많은 프로그램을 개발하고 캠페인도 쉬지 않고 펼쳤다. 특히 '국민 참여 캠페인'을 통해 국민들과 함께 저출산 문제를 공유하고 해결방안을 찾고자 했다. 처음에는 직접 거리로 나가 국민들에게 저출산 문제의 심각성을 알리는 것이 쉽지 않았지만 우리 모두가 직면해야 할 국가적 과제임을 생각하며 적극적으로 캠페인을 펼쳤다. 감사하게도 많은 국민들이 저출산 문제에 공감해주시고, 함께 나아가야 할 방향에 대해 의견을 주셨다.

한 자녀 더 갖기 운동연합은 전국 17개 시도 본부, 180개 지부에서 7,000명 이상의 회원들이 활동한다. 저출산 문제의 심각성을 알리기 위

➡ 청소년 시설의 안전을 점검하기 위해 국립중앙청소년수련원 방문(2014년 9월)

해 각종 토론회, 캠페인, 교육, 강연, 퍼포먼스, 거리공연을 열고 있으며, 저출산·고령화 등 인구문제 해결을 위해 앞장서서 일하고 있다. 회원을 대상으로 인구교육도 실시한다. 또한 '달인아빠를 찾아라(아빠 육아 능력 인증시험)'와 같은 프로그램을 통해 실질적으로 가정 곳곳에서 자녀를 키우는 데 어려움이 없도록 방향을 제시해주고 이러한 프로그램들이 저출산 극복에 도움이 될 수 있도록 활동한다.

저출산 문제는 향후 소리 없는 국가의 재앙이 될 수 있다. 인구문제가 해결되지 않으면 국가가 추진하는 모든 정책 또한 의미가 없어진다. 그렇다면 해결책은 없는 것일까? 분명 방법은 있다. 정부의 적극적인 대책, 기업의 능동적인 참여, 국민 각자의 인식 개혁이 필요하다. 이 3개의 수레바퀴가 잘 맞물려 돌아가야 한다.

먼저 정부는 저출산의 심각성에 대한 홍보 강화를 시작으로 출산과 양육에 대한 강력한 정책을 세워야 한다. 일·가정 양립이 바로 그 첫 번째 방법이다. 여성의 사회활동을 보장하면서 양육이 가능한 정책을 지속적으로 추진해야 한다. 전 세계적으로 저출산을 극복한 대표적인 나라 프랑스는 저출산을 극복하기 위해 GDP의 4%를 쏟아부었다. 하지만 우리나라는 아직 1%에 불과하다. 어떤 정책을 이루기 위해서는 재정적 투자가 필요하다. 교육, 복지, 국방, 사회 인프라 건설 등 모든 과제가 중요하지만 출산율 제고가 현재 가장 시급한 과제다. 출산율이 떨어지면 이러한 모든 정책들도 빛이 바래기 때문이다.

기업이 해야 할 몫도 있다. 최근 가족친화적인 기업이 늘어나고 있다. 직원의 출산율이 높아지면 생산성이 향상되고, 주가가 상승하며, 직원

만족도는 높아지는 반면 이직률은 줄어든다. 결국 기업 자체가 발전한다. 이는 IBM의 사례가 잘 보여준다. 우리나라 기업이 IBM을 그대로 따라 할 수는 없으리라. 하지만 각 기업 특성에 맞게 출산친화 정책을 추진하면 국가경쟁력 향상과 기업 발전이라는 두 마리 토끼를 분명 잡을 수 있다.

세 번째는 국민 개개인의 인식 변화다. 내가 태어나서 자라고 현재 살아가는 조국이 단지 아기가 줄어드는 상황으로 인해 사라진다는 상상을 해보자. 정말 어처구니없는 이유로 국가가 사라지는 것이다. 이렇게 극단적 상황은 오지 않겠지만 아기가 줄어들면 상대적으로 노인 계층이 늘어나고, 그 노인 계층은 우리의 자녀들이 돌봐야 한다. 엄청난 부담을 떠안게 되는 것이다. 당장 현재가 조금 힘들다 해서 10년 후, 20년 후, 100년 후를 내다보지 않으면 불행의 지진해일이 우리를 덮칠 수 있다.

그러므로 정부, 기업, 국민이 3박자가 되어 한마음으로 아기를 더 낳아 기르는 건강한 대한민국을 만들어야 한다. 찬란한 문화유산도, 민주화도, 산업화도, 한류도 인구가 줄어들면 머지않아 모두 사라져버릴 것이다. 그 안타까운 현실이 불현듯 다가오는 사태를 지금 막아야 한다.

저출산은 우리 국민의 인식과도 관계가 깊다.

첫째, 출산은 생명존중 사상이다. 1980년대에 우리나라의 1년 출생아 수는 대략 100만 명이었다. 30년이 흐른 지금, 그 숫자는 50%가 하락해 47만 명 내외다. 출생아 숫자가 1/2로 줄어든 것도 놀라운 사실이지만 더 놀라운 것은 낙태로 태어나지 못하는 아기들의 숫자가 그와 비슷하다는 점이다. 즉 1년에 40만 명이 훨씬 넘는 아기들이 허무하게 사라진다.

생명에 대한 경시 풍조를 하루빨리 추방해 낙태 비율을 줄여야 한다. 생명존중 사상은 자살 예방으로 이어지고 다양한 가족의 형태도 발전시킬 수 있다.

둘째, 출산은 미래와 직접 관계가 있다. 청년층 감소와 노년층 증가는 엄청난 문제를 일으키고 세대 간 갈등을 촉발시킨다. 정치·경제·사회·문화적 문제와 갈등이 빈번하게 일어나며, 그 골도 깊다. 그러므로 미래 충돌을 예방하기 위해 출산율을 높여야 한다.

셋째, 통일시대를 대비해야 한다. 통일은 반드시 이루어질 것이며, 그에 대비한 출산율 제고로 강하고 행복한 대한민국을 만들어야 한다. 그런 차원에서 북한의 어린이를 돌보는 인도적 차원의 지원은 꾸준히 계속되어야 한다.

━ 저출산 문제 극복을 함께해온 활동가들과 함께

우리의 뜻이 하늘에 닿아서

나는 한 사람의 생각이 변화의 바람을 불러와 사회를 서서히 변혁시키는 과정을 직접 체험했다. 그 과정은 힘들고 어려웠지만 나의 뜻에 공감하는 사람들을 만나고 그들이 차츰 모여 우리 사회를 긍정적으로 변화시킬 수 있었다. 저출산의 문제도 이러한 과정을 거치면 해결해나갈 수 있으리라 믿는다.

그동안 나는 많은 어려움을 극복하고 사회를 변화시켜 여성의 인식을 높이기 위한 활동을 해왔다. 그 길에 어찌 고난과 장벽이 없었으랴? 그러나 올바른 뜻에 공감하는 사람들이 많이 참여할 것이라는 믿음이 있었기에 서서히 결실을 맺어왔다. 이는 열심히 노력한 결과 '우리의 뜻이 하늘에 닿아서 이루어졌다'고 믿고 있다. 하지만 나는 여기서 만족하지 않고 목표를 향해 끊임없이 나아가리라 다짐한다.

국가가 부강해지고 선진국으로 발돋움하기 위해서는 인구 증가가 필수적이다. 현재 우리나라 인구는 5천만, 북한이 2,500만, 해외동포가 대략 750만으로 모두 합하면 8천만이 약간 넘는다. 이 인구의 수가 1억 명 정도에 달해야 선진국으로 진입해 부강하고 행복한 나라를 만들 수 있는데, 결국 이 역사적 과제의 첫 발걸음은 출산율을 높이는 것이다. 그렇다면 출산율을 높일 수 있는 해법은 무엇이 있을까? 재정적 투자로 토대를 만든 후 장기적으로는 국민인식의 변화를 일으킬 수 있는 '가치관 교육'으로 가야 한다.

이러한 출산율 제고를 위한 인식의 변화, 가치관 교육, 홍보는 어린 연령부터 시작해야 한다. 내 욕심 같아서는 중학생부터 시작하고 싶지만 현실적 여건이 어려우므로 고등학생부터라도 인구교육을 당장 시작해야 한다. 그렇지 않으면 최소 10년 후부터 심각한 사회갈등이 전 사회로 파급될 수 있다.

우리나라는 짧은 시기에 민주화와 산업화를 동시에 이룬, 세계에서 보기 드문 업적을 달성한 위대한 민족이다. 지금 이 시간에도 Made in Korea 제품이 전 세계로 수출되고 있으며, 한류는 동남아를 넘어 유럽과 미주 등 세계 각지로 들불처럼 퍼져 나가고 있다. 최근에는 한국인의 위상이 그만큼 높아져서인지 해외에 나가면 누구라도 좋은 대우를 받는다. 이토록 뛰어난 민족이 단지 아기가 없어 소멸된다고 생각해보자! 그 어찌 안타깝지 않을 수 있으랴. "이 좋은 나라에서 아이를 낳지 않아 문제가 되다니." 정말 서글픈 한탄이 절로 나온다.

일부 젊은이들은 경제적 여건이나 사회제도를 들먹이며 아이를 낳아 기르기 힘들다고 하소연한다. 그러나 아이를 많이 낳으면 반드시 국가에서 그만큼 혜택을 주고, 양육과 교육에 국가가 최대의 힘을 기울일 것이다. 자기 나라의 국민을 어떤 국가가 외면하겠는가? 지금 당장 이루어지기는 어렵겠지만 수많은 사람들이 공감하고 참여하면 출산·양육·교육은 반드시 최선의 길로 향한다. 나는 국회의원으로서 '저출산문제 해결의 기폭제가 되었다'는 평가를 받을 수 있도록 나의 온 힘을 다할 것이다.

어려움과 불가능을 혼동하지 마세요

나는 성공을 '기쁨'이라 생각하며, 꿈은 '무지개'라 생각한다. 성공은 보통 생각하는 것처럼 거창하거나 위대한 것이 아니다. 자신의 작은 꿈을 이루어가는 노력, 일상에서 체득하고 느끼는 소소한 행복과 기쁨이 바로 성공이다. 한 권의 책을 읽어 감명을 받거나 불우한 환경에 있는 사람을 도와주거나 사랑하는 사람과 결혼하여 아기를 낳고 기르면서 느끼는 행복이 바로 성공이다. 그 성공을 이루기 위해서는 무지개와 같은 꿈을 지녀야 한다. 무지개처럼 찬란하고 아름다운 꿈은 반드시 이룰 수 있기 때문이다.

오늘을 사는 청춘들은 현재가 어렵고 극히 불안하다 하여도 자신만의 꿈을 간직하고 성실하게 한 걸음씩 앞으로 나아가면 반드시 성공의 길로 들어설 수 있다. 그때 자신을 낳아주고 길러준 부모님, 은사님, 사회의 많은 어른들에게 보답하는 길 중 하나는 역시 아이를 많이 낳아 기르는 것이다.

사람들은 종종 어려움과 불가능을 혼동한다. 나 또한 사업 실패라는 어려운 상황에 놓였을 때 다시 일어날 수 없을 것이라는 사실에 좌절했다. 그렇지만 기도와 인내심으로 이겨냈다. 세상에는 어려운 일은 있을지라도 불가능은 없다. 우리가 흔히 이야기하는 위인들은 예외 없이 고난에 부딪혔고 강인한 인내심으로 그 고난을 극복했다. 아무리 큰 어려움이라 해도 신은 반드시 극복할 수 있는 힘도 함께 주신다. 모든 것은 자기 자신이 어떻게 마음가짐을 가지고 있느냐에 따라 달라진다.

그렇기에 3가지를 당부한다. '무엇보다 자기 자신을 사랑할 것self-respect, 꿈과 용기를 절대 잃지 않을 것, 그리고 그 꿈을 자기 노력과 혁신을 통해 이루어나갈 것' 이다. 세상을 향해 나아가는 청년 여러분 모두를 응원한다.

박창식

누구에게나
드라마 같은 삶이 있다

박창식

· 1959년 충북 단양 출생
· 서울예술대학교 총학생회장
· MBC 드라마제작국 프로듀서
· ㈜SBS프로덕션 프로듀서
· 前 ㈜김종학프로덕션 대표이사
· 現 ㈔한국드라마제작사협회 회장
· 제19대 국회의원
· 새누리당 홍보기획부본부장
· 前 새누리당 박근혜 대통령후보 중앙선거대책위원회 미디어본부장
· 現 구리시 새누리당 당협위원장(현)
· 새누리당 원내부대표
· 국회 교육문화체육관광위원회 위원
· 국회 운영위원회 위원
· 드라마 〈모래시계〉, 〈아름다운 날들〉, 〈유리구두〉, 〈제중원〉, 〈해신〉, 〈태왕사신기〉, 〈풀하우스〉, 〈하얀 거탑〉, 〈베토벤 바이러스〉, 〈이산〉, 〈추적자〉 등 40여 편을 제작했으며 방송미디어 관련 전문성을 인정받아 비례대표 국회의원이 되었다.
· 19대 총선 때 새누리당 유세지원 본부장으로 활동하고 18대 대선에서는 박근혜 대통령후보 중앙선대위 미디어 본부장으로 활약하면서 총선과 대선 승리에 기여했다. 현재는 새누리당 홍보기획부본부장과 새누리당 구리시 당협위원장을 맡고 있다.

누구에게나
드라마 같은 삶이 있다

바람이 분다

바람이 분다

대한민국 들녘에 즐거운 바람이 분다

눈이 시리도록 아프고 기뻤던 우리 젊은 날의 초상들…

가슴으로 말하고 눈으로 대답하는 청춘들…

가슴 뭉클한 눈물, 기쁨으로 벅찬 감동들…

드라마보다 더 드라마 같은 현실 속에 누가 드라마를 만들 수 있을까?

채찍 느낌보다 강한 떨림으로 시네마천국 같은 이야기를 하고 싶다

우리에게는 행복한 떨림이 있어야 한다

"나, 지금 떨고 있니?"

"그래, 나 떨고 있다."

지금 나는 떨리는 마음으로 먼 우주여행을 하고 있는 듯하다. 그곳엔 뭔가 다른 것이 있지나 않을까 하는 호기심 같은 것… 〈모래시계〉 주인공 태수의 떨림과 나의 떨림은 시작부터 다르다. 나는 상상 속에 또 다른 세상을 꿈꾸며 미지의 세계를 찾아 머나먼 여행 중이다. 그런데 우리는 지금 혹시 무엇 때문에 떨고나 있지는 않은지? 불안하기도 하다. 그 떨림이 '희망의 떨림'이라면 대한민국은 행복한 나라가 될 것이다.

나는 과연 어떤 정치인일까. 혹시 나는 용감하지 못해 덜덜 떨고 있는 풋내기 정치인이 아닐까? 어쩌면 내가 꾸는 정치의 꿈은 문화를 접목시켜 부드러움 속에 또 다른 문화정치의 불쏘시개 역할을 꿈이 아닌 현실로 만들고 싶은 것인데……?

우리 인생에는 누구나 드라마 같은 삶이 있다. 드라마에는 주인공이 있고, 조연이 있고, 엑스트라가 존재하지만 모두 꼭 필요한 구성원들이지 않는가? 지금 우리 사회가 바로 그렇다. 계층, 지역, 부자와 빈자를 떠나 모두가 대한민국에 필요한 주인공이다.

지금 국회에서는 리얼리즘이 살아 있는 정치 드라마가 방송 중이다. 시청률이 어떻게 나올지 걱정도 된다. 정통 정치 드라마가 될지, 막장드라마가 될지 우리 300명의 출연자들은 존재이유를 이야기하고 시청률을 국민에게 맡겨야 한다.

#1 국회 본회의장

오늘 오후 2시 본회의가 있으니 의원들께서는 본회의장으로 입장
해주시기 바랍니다.

방송이 흘러나오고 삼삼오오 화기애애하게 인사를 나누며 등장하
는 의원들.

의장 : 의석을 정돈해 주시기 바랍니다. 성원이 되었으므로 제10차
　　　본회의를 개의하겠습니다. 의장으로서 답답한 마음으로 한
　　　말씀 드리겠습니다. (한숨을 쉬며) 지금 의결 정족수가 간당
　　　간당합니다.

앉아 있는 의원들은 부지런히 휴대폰을 두드리며 동료 의원들의 본
회의장 입장을 독촉하고 있다.

의장: 의결정족수 151명이 되지 않아서 회의를 개의하지 못하고 있습니다. 일단 회의장에 들어오신 의원님들께서는 회의장 밖으로 나가기 때문에 정족수가 되지를 않습니다.

볼일을 보러 나가던 의원들이 뜨끔해하며 눈치를 보기 시작한다.

의장 : 앞으로 꼭 좀 유념해주시기 바랍니다. 오늘 보고사항은 회의록에 게재하도록 하겠습니다.

#2 국회 본회의장

의장 : 먼저 국회법 일부개정법률안(대안)을 의결하도록 하겠습니다. 투표해주시기 바랍니다. (전자투표 중) 투표 다 하셨습니까? 투표를 마치겠습니다. 투표 결과를 말씀드리겠습니다. 재석 179인 중 찬성 178인, 기권 1인으로서 국회법 일부개정법률안(대안)은 가결되었음을 선포합니다. (땅땅땅. 의사봉 소리가 들리고)

찬반 의원 성명이 국회 전광판에 새겨지고, 파란 물결의 전광판을 통해 국회가 국민 곁으로 다가가고 있는 듯… 법안 통과가 계속되고 있다. 요란한 망치소리에 떨림 없는 법안 통과들. 하지만 그 많던 의원들은 어디로 가버렸을까?

나는 국회에 오기 전 드라마 프로듀서였다. 국회의원과 프로듀서의 일상들에는 책임감과 철학이 존재하는 동질감이 있는 듯하다. 전 국민을 상대해야 하고 항상 새로운 것을 찾아야 하고 모든 직업을 간접 체험하고 감동을 주어야 한다. 국회는 정책으로 승부를, 프로그램은 시청률로 승부를 걸어야 하는 점에서 같고, 국회의원은 본인이 직접 출연해서 각본을 써야 하지만 프로듀서는 보이지 않는 곳에서 지휘를 해야 한다는 것이 다르다. 그래서 더 완벽한 프로듀서 국회의원이 되지 않으면 시청자들은 채널을 돌릴 것이라 생각한다.

나는 충청도 시골뜨기 촌놈이다. 어린 시절 자연에서 배운 학습의 떨림은 지금 생각해보면 나에게 무한한 자산이었다. 밤마다 요란하게 울어대던 개구리는 내 발걸음에 맞춰 연주하는 오케스트라였고, 나의 움직임에 따라 울음을 그쳤다가 다시 잠잠하면 또 울어대는 개구락지 친구들. 마치 〈베토벤 바이러스〉의 주인공처럼 괴팍하게(?) 화음이 안 맞는 개구리들을 조련하듯이……. 그렇게 혼자 개구리들과 노는 일도 즐겼던 것 같다.

청보리가 넘실대고 뒷동산 뻐꾸기가 요란하게 울어대던 소리가 정겨웠고, 청포도가 익어가던 7월의 느티나무 아래서 붉은 여름 태양 볕에 보리이삭 익어가는 소리를 들으며 시간 가는 줄 모르던 유년의 기억들은 훗날 나에게 많은 영감과 꿈을 심어준 참으로 아름다운 시절이었다. 총천연색이 신기하고 가설극장이 들어오던 날엔 가설극장 주위를 맴도는 약장수들과 모여든 아이들은 온통 신이 났다. 파리하게 비추는 차가운 카바이트 불빛과 카바이트 내음새를 물씬 마시는 짜릿한 느낌은 어디에서도 느낄 수 없었다.

하교 길에 읍내 점방 툇마루 문틈으로 흑백TV를 통해 〈수사반장〉, 〈여로〉를 훔쳐봤던 기억도 생생하다. 그날 밤은 밤새 잠을 못 이루었다. 그

— 박창식 새누리당 구리시 당협위원장 지역사무소 개소식

때 배우들이 어떻게 연기하고, 드라마를 어떤 방식으로 촬영을 하는지 참으로 알고 싶었다. 그 궁금증이 훗날 박창식의 자산이 될 줄이야. 결국 내 깊은 곳에 잠재된 그 갈증의 원천이 됐던 것이 아닐까.

〈오페라의 유령〉과 남모르게 약속을 하다

지금도 〈오페라의 유령〉을 생각만 해도 유령처럼 나를 매료시킨다. 그 유령이 지금 나를 이곳까지 가면 아닌 가면을 쓰고 이곳 여의도에 머물게 한지도 모르겠다. 매혹적인 감동, 주옥같은 명곡, 화려한 무대 속의 유령은 소름 돋는 듯한 전율로 승화되고, 내 기억 속에서 사라지지 않는 그 무엇이 되었다. 그러나 그 알 수 없는 매력이 지금 나의 모티브였다는 것에 감사하다. 그 후 〈레 미제라블〉, 〈캣츠〉, 〈미스 사이공〉, 〈라이언 킹〉…… 그들은 나의 멘토였다.

나는 대한민국의 드라마·영화와 관련한 약속을 또 한 가지 품고 있다. 1990년대 초 한국에는 촬영지와 오픈세트가 미비해 중국으로 건너가 촬영을 했다. 중국에는 삼국성, 당성, 수호성 등 오픈세트가 수십 곳에 시대 배경에 맞게 잘 만들어져 있다. 우리는 역사적 배경을 들며 동북공정을 비판하면서도 고구려 시대의 드라마, 영화를 찍기 위해서는 중국으로 가야 한다. 앞뒤가 맞지 않는 모순이다. 반만년의 역사를 가진 나라인데도 살아 있는 역사를 이야기할 세트장이 아직 없는 것이 안타까웠다.

〈장보고 해신〉을 찍기 위해 중국에 가니 세트장이 할리우드와 버금갈 정도로 무섭게 미국을 따라잡고 있었다. 그런 시설이 왜 대한민국에는 없는 것일까. 중국에서 돌아올 때는 다시는 가지 않겠다고 다짐하건만 어쩔 수 없이 또 가야 한다. 그리하여 나는 삼국시대 오픈세트장을 한반도에 만들겠다는 각오를 다져 왔다. 그것도 남한이 아닌 임진각과 가까운 북한 땅(파주군 북쪽 장단면 개활지)에 오픈세트장을 조성하여 선조들의 생활상을 시대별로 알려주는 것이 나와의 굳은 약속이다.

드라마, 영화 세트장을 북한 땅에 짓는 것이 가능하겠느냐고 사람들은 의구심을 가진다. 오로지 정치적·군사적 시각에서만 보면 황당한 생각으로 치부할 것이다. 그러나 문화적으로 접근하면 불가능하지 않을 것이라고 생각한다. 문화는 곧 통일을 앞당기는 힘이다. 정치는 자극이 가능하지만 문화는 자극이 감동이다. 리트머스 시험지처럼 남북문화가 서서히 번진다면 우리 민족의 정체성에 대해 서로 다름을 인정하고 감동의 문화를 이해하는 장이 될 것이다. 역사의 흔적이 살아 있는 것을 통해 우리의 한민족의 열매를 만들 날을 우리 함께 기다려 보았으면 하는 간절한 마음이다.

〈모래시계〉는 다시 보고 싶지 않은 드라마

내가 만든 드라마는 솔직히 다시 보고 싶지 않다. 무엇보다 그렇게 만들 열정과 자신이 없기 때문이다. 나는 그 드라마들을 통해 프로듀서의 눈물을 경험했고, 가슴으로 말하고 듣는 법을 배웠다. 그리고 젊은 날의 초상이 자꾸 오버랩 되는 탓이다. 휴대전화가 없던 시절인데도 배우들은 정확한 시간에 약속 장소에 나와 촬영을 했다. 집 전화에만 의지하던 시절에 실수 없이 모인 것이 신기할 정도였다. 그것 역시 아주 중요한 약속이었다.

한여름에 겨울 장면을 찍을 때는 풀 한 포기도 보이지 않게 없애고, 겨울옷을 입고 눈 내리는 장면도 감쪽같이 만들어야 했다. 간혹 지각한 배우를 기다리다 못해 그 배우 옷을 입고 뒷모습으로 대역하기도 했다. 시청자들은 완벽하게 속아 넘어가 내용에 공감하면서 감동했다. 그런 느낌은 이루 말할 수 없는 프로듀서의 희열이었다.

나 지금 떨고 있니… 드라마 〈모래시계〉 마지막 촬영장… 그날 따라 구름 한 점 없는 서대문 교도소. 눈이 시리도록 파란 겨울 하늘에는 비둘기들이 약속이나 한 듯 한없이 주위를 맴돌고 있었다. 사형장 입구에는 미루나무 한 그루가 있었다. 지금도 그 노목은 그곳을 지키고 있다. 그 나무는 형장의 이슬로 사라진 사람들의 역사를 기억하고 있을까?

#59 사형장 내부

들어서는 태수의 눈에 남쪽 벽을 가리고 있는 흰색 천이 보인다. 흰색 계통의 내벽. 천장에는 낮임에도 불구하고 백열등이 빛나고 있다. 태수, 반대쪽을 본다. 20여 명이 서 있는데 침묵 그 자체―. 그 사이에서 태수, 우석을 발견한다. ―강단 바로 밑 구치소장의 눈 아래 마룻바닥에 돗자리가 깔려 있다. 사형수는 그 돗자리 위에 편하게 앉혀진다.

구치소장   1925번 박태수는 1986년 3월 2일 1심에서 사형선고를 받았습니다. 맞죠?

태수   예.

우석, 결국 고개를 돌려버린다.

구치소장   항소를 포기했지요?

태수   예.

구치소장   그래서 사형이 확정되었습니다. 법무부장검사관의 명령에 따라 지금 이 자리에서 사형을 집행하겠습니다. 유언이 있으면 하시죠.

태수, 우석을 본다. 우석은 고개를 돌리고 있다.

태수   우석아.

우석, 괴로움으로 태수를 본다. 태수, 고갯짓으로 가까이 오라고. 우석, 자리에서 일어난다. 보안과 직원 한 명, 놀라서 다가오려는 것, 구치소장이 손을 들어 막는다. 우석, 태수에게 다가가 한 무릎을 꿇어 가까이.

태수　　　(우석의 귀에 대고 낮게) 미안하다. 여기까지 오게 해서….

태수의 목소리는 어쩔 수 없이 메말라 갈라져 있다.

우석　　　(목이 메며) 금방… 끝날 거야.

태수　　　나 떨고 있냐?

우석　　　…아니.

태수　　　그게 겁나… 내가 겁낼까 봐….

우석　　　(눈물을 삼키며) 너 괜찮아.

태수　　　그래.

태수, 더 말이 없다. 우석, 일어선다.

　이렇게 드라마 〈모래시계〉는 귀가시계를 만들며 역사 속으로 사라졌다.

　나는 〈모래시계〉의 세 주인공의 입을 통해, 〈인간시장〉의 정의파 주인공을 통해, 또한 〈여명의 눈동자〉의 해방 전후 역사의 뒤안길로 사라진 작은 영웅들을 통해 세상에 다양한 메시지를 던졌다. 이 작품들의 여정에서 나는 진정한 프로듀서가 무엇인지 깨달았고, 나에게 그 시간들은 더 의미 있는 드라마를 만들기 위한 값진 단련의 시간이 되었다.

　드라마 촬영에 얽힌 뒷이야기는 본 드라마보다 재밌는 일들도 많다.

1980년대 후반 731부대 마루타 실험 장면을 찍기 위해 중국 하얼빈에 갔다. 그때는 중국과 미수교 상태여서 홍콩을 통해 중국 프로덕션인 것처럼 위장해 들어갔다. 만약에 들통 나면 필름까지 다 빼앗기고 추방되는 상황이었기에 간이 조마조마할 만큼 스릴이 있었다. 당시 중국은 후진성을 면치 못했다. 장비와 이동수단도 형편없었다. 하지만 20년 후 오늘의 중국은 완전히 바뀌어 우리 수준과 비슷하거나 뛰어넘고 있다. 이제는 그들과 함께 21세기 아시아 문화를 선도해야 할 때라고 본다. 우리의 눈높이는 할리우드 이상 수준에 와 있다. 그러나 제작 현장은 아직도 80~90년대의 후진성을 벗어나지 못하고 있는 것에 대해 많은 책임을 느낀다.

드라마 한 편이 아프리카까지 가서 문화외교를 펼친다. 드라마 〈풀하우스〉를 제작했을 즈음, 한류 드라마의 저변 확대를 위해 아프리카 지역을 방문했을 때 느꼈던 그날의 감동을 나는 아직도 잊지 못한다. 아프리카 초등학교 학생들이 드라마 속에 나왔던 장면인 '곰 세 마리가 한 집에 있어, 엄마곰, 아빠곰, 애기곰……' 춤을 추며 노래를 하며 까만 피부에 초롱초롱한 눈망울들이 우리를 반겨주었다. 동행했던 방문단들의 눈에도 눈물이 핑 돌았다. 그날 우리가 흘렸던 눈물의 의미는 무엇이었을까?

낯선 땅의 사람들이 김, 이, 박, 정 씨가 주인공인 드라마를 보고 듣고 노래하는 것을 상상해보라. 그 어찌 코끝이 찡해오지 않겠는가. 한 나라의 국격을 높이는 일들은 수십 년에 걸쳐 수천억 원을 투자해도 될까 말까 하다. 그러나 50억 원을 투자한 한 편의 드라마가 한국의 이미지를 단숨에 바꾸어놓고, 문화 외교는 산업으로 연결, 우리말을 배우고 우리 제품과 자원·건설·관광·서비스 외교를 가능하게 만들지 않는가. 문화의 흡수력은 어떤 수치로도 가늠하기 힘들 만큼 대단하다.

문화융성은 21세기 우리의 자산이다

내가 정치를 하게 된 계기는 현장에서 체득한 문화예술을 정치 한복판인 국회에서 발현시키기 위함일지도 모른다. 현장 문화를 정치와 접목시키자는 생각에서 정치에 입문한 것이 맞을 것 같다. 그런데 아니나 다를까 문화와 정치는 딴 세계였다. 정치현실을 막상 접해보니 문화예술에 대한 규제가 어딘가에 숨어 잠자는지를 알게 되었고 한류문화의 그릇이 갈수록 커지는 반면 문화 규제는 아직도 제자리걸음이었음에 슬퍼지기도 했다. 사람들은 UHD 컬러TV를 가지고 있는데 정작 방송 관련법은 흑백TV시절 브라운관에서 춤을 추고 있는 현실이 매우 안타까워 보였다. 이런 지경인데 한류 관련된 산업을 함부로 말할 수 있는 자격들이 있는지 우리 모두 고민을 해야 한다.

문화발전을 위해 국회에서 할 수 있는 일, 해야 할 일들이 무엇일까. 2013년 〈대중문화예술산업 발전 지원에 관한 법률안〉이 통과되었다. 우리나라 대중문화 예술 산업은 성장세에 있으나 전속계약 문제, 청소년 대중문화예술인 인권 문제, 불공정거래 문제 등은 여전히 심각하다. 문화산업에 대한 국가 지원의 법적 근거가 필요하다고 생각한 것이 법률을 제정하는 계기가 되었다. 또한 현재 예술인의 특수성을 반영한 실질적 정책 지원이 미흡한 상황인데, 〈예술인 복지법 일부개정법률안〉을 통해 예술인의 산업재해보상보험료 지원과 재단에 대한 국고 지원 및 기부금 접수의 법적 근거를 마련하였다.

내가 일했던 곳에서 문화산업 발전을 위해 개선되어야 한다고 느꼈던 것들이 법안을 제정, 개정하는 생각의 시작점이 되었다. 〈저작권법 일부개정법률안〉에는 저작자 및 실연자의 초상이나 성명 등의 무단 사용으로부터 인격권과 재산권을 보호하고자 하는 내용을 담았다. 교육에도 많은 관심을 가지고 있다. 고급 기술 인력의 수요가 높은 전문대학교 전공의 경우 수업연한을 4년으로 다양화하고, 실무중심의 대학원을 설치할 수 있는 근거를 마련한 〈고등교육법 일부개정법률안〉도 국회에서 통과되기를 기다리고 있다.

과연 국민을 행복하게 해줄 수 있는 일은 무엇일까. 정쟁의 소용돌이

- 7.30 재보궐선거 부산 유세 현장

속에서 딱딱한 대중문화로 부드럽게 만드는 방법은 무엇일까. 이제는 정치·경제·사회·문화에서 문화·정치·경제·사회로 바꾸어야 한다. 문화가 기본이고 답이라는 것을 동료 국회의원들과 공유하고 싶었다. 그래서 문화를 사랑하는 새누리당 국회의원 모임 〈컬쳐비타민Culture Vitamin〉을 만들어 문화공연을 즐기고 문화산업 현장을 방문해 살아 있는 목소리를 듣고 있다. 입법기관에서 법을 만들려면 백 번 듣는 것보다 한 번 보고 체험하고 이해하는 것이 진정성 있는 법을 만들 수 있는 길이라고 본다. 체험을 하지 않고 탁상에서 만들면 그야말로 탁상공론이 된다.

한류 확장을 위해 필요한 또 하나의 요소는 '스토리텔링이 살아 있는 도시'를 만드는 것이다. 모나코는 F1자동차 대회, 카지노, 그레이스 켈리 왕비라는 콘텐츠를 버무려 관광도시로 거듭나게 되었다. 현재 나의 지역

구인 경기도 구리의 동구릉은 유네스코 세계문화유산에 등재되어 있으며, 관광자원으로 적극 활용해야 할 가치가 충분하다. 강남의 가로수길이나 홍대거리처럼 젊은이들의 메카의 거리가 되도록 하는 계획들도 스토리텔링에서 시작할 수 있다. 구리는 조선왕조의 숨결이 살아 있는 도시가 되어야 한다. 그렇게 된다면 구리는 문화예술도시, 스토리텔링이 살아 숨 쉬는 도시가 되어 구리 들녘에 즐거운 바람이 불어오리라.

방황하는 별들에게

방황하는 별들은 아직 제자리를 찾지 못한 별들이다. 꿈과 끼를 발휘할 기회를 주지 못하는 지금의 현실이 안타깝다. 우리 문화융성의 지도자들이 방황하는 별이 되어서는 안 된다. 모두가 별이 될 수 있는 가능성은 있다. 재능보다 외모 지상주의에 빠져 있지나 않은지. 꿈과 이상이 다르다는 것을 분명히 가르쳐줘야 한다. 별들 속에 존재하는 빛과 그림자를 꿈과 끼를 가지고 녹여낼 재능이 기본이다.

청소년 장래 희망 선호도 1위는 연예인이라고들 한다. 한국에 연예인을 지망하는 사람이 100만 명이라는 설도 있다. 이는 즐거운 비명이 아니다. 정말 연예인이 100만 명이라면 대한민국은 어찌 될까? 선점할 수 있는 기회를 갖고 싶어 하는 청소년들이 많이 있기에 선호도 1위가 연예인이 되지 않았겠는가. 그러나 단지 동경에 사로잡혀 수많은 젊은이들이 배우가 되겠다고 우왕좌왕하면 그것은 국가적으로도 큰 손실이다. 방황하는 별들의 성공은 그리 흔하지 않다. 허황된 꿈에 사로잡혀 청춘을 허비하는 것보다 각자의 꿈과 끼를 찾아갈 수 있는 교육의 장이 마련되어야 한다.

할리우드 문화 기업들이 아시아로 점점 접근하고 우리 젊은이들의 K-pop, 드라마, 영화, 예술의 끼가 앞서 가는 이즈음, 아시아를 넘어 글로벌 시장에 또 다른 대한민국을 만들어야 한다. 이를 위해 대한민국 젊은이들의 꿈과 끼를 통해 글로벌 문화시장에 문화융성의 큰 떨림으로 튼튼한 나무를 심자. 그리고 그 그늘 아래 시네마천국의 아이들이 잘 여문 열매를 따 먹을 수 있도록 말이다.

손 인 춘

더디 가더라도
바른 길로 가야 하네

<u>손 인 춘</u>

· 1959년 5월 13일, 충청남도 태안군 출생
· 2014년 6월 건국대학교 대학원 벤처전문기술학(박사)
· 1979~1983년 육군 중사, 여군학교 행정학 교관
· 1985~2012년 ㈜인성내츄럴 사장
· 1995년~現 사회복지법인 신망원 재단이사
· 2005년~現 평통여성장학재단 재단이사
· 2007년~現 세계한민족여성재단(KOWINNER) 이사
· 2008~2014년 한국퇴역여군회 회장
· 2009~2012년 숙명여자대학교 언론정보학부 겸임교수
· 2011년~現 대한민국예비역 부사관 총연합회 수석부회장
· 2012년~現 제19대 국회의원(새누리당 비례대표)
· 2012년~現 국회국방위원회
· 2012~2013년 새누리당 원내부대표
· 2012~2013년 국회운영위원회
· 2012년~現 새누리당 광명(을) 당협위원장
· 2012~2014년 새누리당 국제위원회 위원
· 2013년~現 새누리당 북핵안보전략특별위원회 위원
· 2013년~現 새누리당 정책 조정위원회 위원
· 2013년~現 ㈔행복의 나무 고문
· 2013년~現 ㈔한국혈액암협회 이사
· 2014년~現 새누리당 세월호 특별법 제정 및 국민안전 혁신 TF위원
· 2014년 8월~現 새누리당 제3사무부총장

더디 가더라도
바른 길로 가야 하네

대한민국 지배층이 영국 왕족들에게 배워야 할 것이 있다. 바로 솔선수범해서 입대를 하거나 불가항력적으로 전쟁이 발발할 경우 전쟁터에 나가야 한다는 점이다. 엘리자베스 2세의 남편인 필립공, 아들인 앤드류 왕자가 각각 2차 세계 대전과 포클랜드 전쟁에 참여한 것처럼 말이다.

"우리가 힘도 있고 돈도 있는데 내 자식을 왜 고생시켜?"

이런 사고방식을 가지고 자식을 군대에 보내지 않는 사람들이 꽤 있는데, 이는 대한민국 국민임을 포기하는 것은 물론 자기만 살고 보겠다는 극단적인 이기심의 발로이다. 공동체 정신을 훼손하는 범죄행위이기도 한 병역 기피는 이제 우리나라에서 근절되어야 할 것이다.

많은 사람들이 군복무 기간을 '썩는다'는 말로 표현하곤 하는데, 5년여 동안 여군 생활을 한 나는 이런 말에 단호하게 반대한다. 모든 것은 자기

195

가 하기 나름 아닌가? 남북 대치라는 상황 속에서 불가피하게 가야 할 군대라면 그곳 생활도 자기 인생이라고 생각하고 모든 것을 긍정적으로 생각하면서 해나가면 소중한 경험이 될 것이다.

나는 한의사 아버지를 둔 덕분에 물질적으로나 정신적으로 큰 어려움 없이 자랐다. 그러던 내가 여군이 된 것은 장교로 근무한 오빠의 영향 때문이었다. 오빠는 대학에 떨어져 재수하는 나에게 간호장교가 되어볼 것을 권했고, 군인에 대해 호감을 가지고 있었던 터라 큰 고민 없이 공부를 시작했다.

하지만 학창 시절 그다지 공부를 열심히 하지 않은 학생이라 간호장교 시험에 낙방하고 말았다. 그러자 오빠는 여군 부사관 시험에 응모하라고 했고, 나는 두 번의 낙방 끝에 60대1의 경쟁률을 뚫고 당당히 합격했다. 이후 보통 여자들은 받아보지 못한 강도 높은 훈련을 받았고, 제2군사령부 작전처 행정부사관 등 군의 주요 보직을 경험했으며, 서울에서는 여군학교 행정학 교관으로 근무하였다.

군 생활을 하는 동안 나는 야간대학 경영학부에 입학했다. 여군이 되기 위해 뒤늦게 시작한 공부에 재미를 느꼈기 때문이었다. 누가 강압적으로 시켜서 하는 공부가 아니라 스스로 궁금증을 가지고 찾아가는 공부였기 때문에 공부에 욕심이 생겼다. 그러나 여건상 한 학교에서 전 과정을 다 마칠 수는 없었다. 그래서 군 생활을 마치고 사회에 나와서 일을 시작하자마자 석·박사 과정을 병행했고, 나중에는 벤처기술경영 박사 학위까지 받았다.

사실 군 생활은 내 인생의 기초, 국가관, 끈기, 리더십, 책임감을 다시

— 육군부사관학교 임관식(2013년 2월 28일)

다지는 계기가 되었다. 아마 일반대학에 들어가 다른 진로를 선택했다면 오늘날의 나는 존재하지 않았을지도 모른다. 조직 생활을 통해 '모두'의 소중함을 알게 해준 곳, 그리고 그 '모두'는 사람임을 일깨워 준 곳, 그런 군의 인연으로 현재 나는 국방위원회에서 우리 군의 발전을 위해 최선의 노력을 다하고 있다.

여군 경험을 바탕으로 국방 발전에 만전을 기하며

국방위원의 가장 큰 임무는 정전협정 60주년이 지났지만 여전히 핵과 미사일 개발에 몰두하며 한반도의 안보를 위협하는 북한으로부터 국민들을 지키는 것이다. 보다 철저한 안보태세를 갖추어 국민들이 마음 놓고 생업에 종사할 수 있도록 하는 일, 그것이 또한 국방위원의 역할이다.

이를 위해 국방위원회에서는 국방 경쟁력을 높이고, 국가 안보를 수호하기 위한 관련 입법과 정책들을 지속적으로 펼쳐나가고 있다. 특히 국방력의 시작은 사람에서 비롯된다는 생각을 평상시 신념으로 지니고 있던 나는 무엇보다 군의 복지 확충에 주력하고 있는 중이다. 또한 국방 획득체계, 방위산업의 활성화와 방산수출의 동력화, 선진 국방의 그늘에 가려진 여군의 열악한 복무 및 복지 환경 개선에도 매진하고 있다.

지난해 우리의 시선을 군으로 쏠리게 한 사건이 두 개나 있었다. 임신 중인 상태에서 근무하다 과로로 사망한 이신애 중위와 직속상관의 가혹행위와 성추행으로 자살한 오 대위를 기억할 것이다. 나는 이러한 아픔이 군에서 다시는 발생하지 않도록 대안 마련에 심혈을 기울였다. 이신애 중위와 관련해서는 '여군 등 취약지역 거주 여성의 모성보호 강화방안'을 마련했고, 오 대위 사건과 관련해서는 작전사급 이상의 여성 인력에 대한 '고충상담 전담인력(중령급)'을 강화하는 대안을 마련하였다. 유야무야 자살로 마무리될 뻔한 오 대위가 순직처리 되어 군으로서 명예를 지킬 수 있는 데 최선을 다하였다.

특히 지속적인 언어폭력과 성추행으로 결국 '죽음뿐'이라는 선택을 하게 만든 가해자가 2014년에 집행유예 4년을 선고받는 등 계속되는 군의 솜방망이 처벌에 대해 '살인죄에 준하는 강력한 처벌이 필요하다'는 본 의원의 건의를 받아들여 국방부 장관은 여군 성범죄를 척결할 수 있는 보다 강력한 처벌규정을 마련하기로 약속하였다.

이 외에도 여군들의 출산, 육아 휴직 보장을 위해 평시 예비역 재임용을 추진하였고, 장교부사관 추가 획득(장교 26명, 부사관 34명)과 육아휴직 업무대행 수당도 1인 5만 원에서 20만 원으로, 2~5인 3만 원에서 10만 원으로 인상되는 데 큰 역할을 했다.

또한 현재 하사, 중사, 상사, 원사 등 부사관 4계급 체계도 내 건의에 따라 '원사 위 계급'을 신설하여 부사관 5계급 체계로 전환 중이고, 전세 자금의 전액을 지원하는 '실 전세자금 현실화 사업'도 완료되었고, 병무 부조리 신고포상 예산도 인상되었다. 아울러 해병대 전투사격 발수도 해병대 임무의 특성에 맞게 조정되었고, 해병대 '여군 ROTC 운영'도 새 로운 사업으로 추진하기로 결정되었다.

위의 것들이 사람과 관련된 것이라면 군의 또 다른 핵심인 무기 체계와 관련해서도 많은 일을 해내고 있다. 먼저 육군 소형무장헬기 사업, 해군 KDX-III 2차사업, 공군 중거리 공대지 유도폭탄, GPS 유도폭탄 사업은 국방부 장관의 동의로 적기 전력화가 추진 중이다.

이밖에도 EMP 방호시설, 육군포병 특수목격탄, 관사 및 노후 시설, 함정근무 기피, 6·25전사자 유해발굴, 사이버사령부 업무통합 및 인력 획득, ADD연구소 처우개선, 공익근무요원 관리, 현역병 민간병원 이용, 군 의료장비 노후화, 동원병력 보상비(교통비 및 중식비), 서북도서 의료전 용헬기 도입, 여군 부인과 이용예산, 군 자살 및 군기 사고 예방 등의 주 요 사업들도 구체적인 추진계획을 수립해 계획대로 이행 중에 있다.

— 어깨동무봉사단 연탄배달(2013년 12월)

사회적 약자와 함께하기 위해 나선 정치의 길

"사장님 댁이라 널찍한 잔디밭에 연못도 있고, 정원도 있는 줄 알았는데 아파트 평수도 그렇게 넓지 않고 가구도 화려하지 않고, 우리랑 다를게 없네요."

200여 명의 직원을 두고 중소기업을 경영하던 시절 한 직원이 우리 집에 왔다가 내게 해준 말이다. 사실 그랬다. 기업을 통해 번 돈은 기업을 위해 다시 투자하고, 선한 곳, 나눔과 봉사를 위해 경제활동을 하는 것, 이것이 나의 경영철학이었다.

당시 우리 회사는 기능식품을 만들고 있었는데, 그렇게 기업 경영목표를 돈과 결부시키지 않고 오로지 자긍심과 자부심으로 고객이 만족할 수 있는 기능식품을 개발했다. 그 결과 2000년 미국 FDA의 승인까지 받았고, 29년째 국민이 원하고 인정하는 우수 기업으로 성장할 수 있었다.

내가 기업을 운영하게 된 계기는 군 생활을 끝내고 난 뒤 결혼과 동시에 뭔가를 하고 싶었는데, 마침 남편과 의견이 맞아 사업을 하게 되었다. 군에서 배운 리더십과 전공인 경영학을 살려 멋진 회사를 만들고 싶었으나 의지대로 되지는 않았다. 두 번이나 바닥에 떨어지는 처참한 실패를 맛보았다.

"눈물 젖은 빵을 먹어 보지 않은 사람과는 인생을 논하지 말라"는 말이 있다. 고통을 겪고, 고난을 당해본 사람만이 인생을 제대로 알 수 있다는 뜻이다. 두 번의 사업 실패는 정말로 내게 눈물 젖은 빵을 먹는 시기였다. 그것을 나는 고통으로 받아들이지 않고 긍정적으로 사고를 했기 때문에 다시 일어설 수 있었다.

비교적 여유로운 아버지에게 도움을 요청하면 위기는 넘길 수 있었지만, 나는 고통을 내 스스로 이겨내기로 마음을 다잡았다. 한국에는 없는 기능성 식품을 개발했지만 판로개척의 어려움에 따른 스트레스로 인해 신부전증, 심장질환 등으로 몸이 퉁퉁 부었을 때도 한 푼이라도 아끼기 위해 버스를 타고 출퇴근을 했다.

각고의 노력 끝에 회사는 정상을 되찾았고 나날이 커가고 있던 어느 날 한 번의 큰 시련을 더 감당해야 했다. 행려병자와 굶주린 사람들을 집안에 들여 정성껏 씻기고 먹이고 재워주던 아버지, 오랜 병환으로 누워 계셨던 할머니를 살리려고 당신의 손가락을 잘라 할머니 입에 넣어주던 아버지, 교과서에서나 볼 수 있는 이야기를 몸으로 가르쳐주시고 세상의 그 어떤 존재보다 내게 큰 힘이 되어주셨던 아버지가 갑작스레 세상을 떠나셨다. 몸을 가누기조차 힘든 아픔으로 아버지를 하늘나라로 보내 드린 뒤 나는 이혼이라는 또 다른 고통을 감내해야 했다.

그 뒤로 나는 내게 닥친 슬픔과 고통을 이겨내기 위해 사업에 전념 했고, 그 결과 여성부가 선정한 신지식인 1호 수상, CEO 대상 수상 등 대표적인 대한민국 여성 경제인으로 성공신화를 만들어 나갔다. 아울러 아버지의 뜻을 이어받고자 회사 근처에 있는 학교의 학생들에게 학자금 지급을 비롯해 불치병과 난치병으로 고통을 겪으면서도 경제적으로 어 려운 사람들, 가정폭력 피해자와 미혼모와 같은 사회적 약자들을 돕는 일도 꾸준히 했다. 이렇게 습관화가 된 봉사활동과 나눔 실천이 알려져 2012년 새누리당 감동인물로 선정되며 국회의원 출마를 권유받았다.

여성 경영인으로 중소기업을 경영하다 보니 21세기 대한민국 산업의 미래와 대한민국 경제의 한 축인 중소기업의 성장 잠재력 확충, 건강한 중소기업 육성을 위해 정치가 책임지고 해결해야 할 주요 현안들을 목격 할 수 있었다. 또한 사회적 소외계층과 약자와 함께 소통하며 봉사하는 동안, 사회적 약자를 위한 정책과 제도개선이 절실히 필요한 곳이 많이 있었다. 이들을 위해 내가 할 수 있는 일이 무엇인지 거듭 고민하고 기도 하다가 마침내 제19대 국회의원이 되기로 결심했다.

중소기업과 지역 발전, 두 마리 토끼를 모두 잡다

국회의원이 된 뒤 우리 군의 발전과 아울러 내가 역점을 두고 있는 분야는 중소기업 관련 사항들이다. 28년 동안 중소기업을 운영하면서 겪은 고초들이 한두 가지가 아니기 때문에 누구보다 중소기업을 살리는 데 큰 일조를 할 수 있다고 판단했다.

그래서 나는 19대 국회가 개원되자마자 중소기업진흥공단, 정부출연 연구소, 중소기업청, 고용노동부, 미래창조과학부 등 관계기관은 물론 중소기업들과 수시로 만나며 중소기업의 발전적인 방향에 대한 모색을 끊임없이 했다. 더 많은 소통, 더 많은 기회, 더 나은 미래를 열기 위해서 노력한 결과 다음과 같은 성과를 얻을 수 있었다.

정부출연 연구기관의 중소기업 맞춤형 지원 문제의 간소화를 위해 25개의 기관을 통합해 '중소기업 지원 통합센터'를 개설했다. 여기에서는 중소기업들이 겪고 있는 다양한 기술 관련 애로사항에 대한 상담은 물론 자문 및 지원을 받을 수 있다. 또한 DB공개, 인력교류, 정보제공, 기술 이전 등의 지원도 받을 수 있어 앞으로 중소기업과 정부출연 연구기관의 교류가 더욱 활발해질 것으로 전망된다.

중소기업 인력수급 불일치 해소 대책의 경우 그 원인이 숙련과 보상, 정보의 불일치에 있다고 보고 그 해결책을 제안하였다. 그것은 현재 맞춤형 인력을 공급하되 중소기업의 근로조건과 환경을 점진적으로 대폭 개선하는 것이다. 또한 중앙 · 지방 · 민간의 구인 · 구직정보망을 통합하여 청년 등 대상별로 맞춤형 DB를 구축해야 한다. 이러한 체계를 갖추어야만 지자체와 연계를 강화하여 가시적인 성과를 도출할 수 있을 것이다.

다음으로 2012년 9월 새누리당 광명(을) 당협위원장을 맡으면서 지역

활동을 본격적으로 해나가기 시작했다. 광명(을) 지역에는 광명시흥 보금자리주택지구와 가리대 · 설월리 · 40동마을 등 그린벨트 해제지역 개발이라는 두 가지의 중요 현안이 있다.

먼저 광명시흥지구는 이전 정부가 일방적으로 추진한 보금자리주택 중 가장 큰 규모로, 2010년 지구지정 후 4년 넘게 보상이 이루어지지 못해 지역주민들의 경제적 고통을 심화시키다가 지난 9월 사업시행자인 LH의 재무여건 악화 등으로 사업이 전면 취소됐다. 이런 가운데 지역주민들은 5천억 원이 넘는 담보대출과 이에 따른 이자로 하루하루 힘겨운 나날을 보내고 있다. 대출이자를 갚지 못해 발생하고 있는 경매도 '11년 12건에서 '12년 20건, '13년 14건, '14년 전반기 기준 27건으로 총 73건의 경매가 발생했다.

이 때문에 올해 초 〈공익사업을 위한 토지 등의 취득 및 보상에 관한 법률 일부개정법률안〉을 대표발의했다. 동 개정안은 사업시행자가 사업인정고시일로부터 3년이 경과하는 날까지 재결을 신청하지 않을 경우, 토지소유자 또는 관계인에게 발생한 채무액에 해당하는 금액을 사업시행자가 무이자로 대출해 주어야 하는 내용을 담고 있다.

또한 지난 3월에는 새누리당 황우여 전 대표와 경기도지사 후보였던 원유철 · 정병국 의원, 김학용 전 경기도당위원장, 함진규 전 당 대변인 등을 지역으로 초청하여 정책간담회 및 현장방문을 갖고 당 차원의 대책 마련을 강구한 바 있다. 또 정부 측에 대해서는 지난 4월과 11월 정홍원 국무총리를 대상으로 한 대정부질문을 통해 하루 속히 대책을 마련하여 추진하라고 촉구한 바 있다.

특히 지난 9월 남경필 경기도지사와 함께한 정책간담회 자리에서는 지구지정이 해제된 광명시흥지구에 복합주거단지 등을 포함한 융·복합 R&D 클러스터를 조성하는 것에 의견을 함께하고, 조속히 사업을 추진하기로 합의했다.

가리대·설월리·40동마을 등 광명시 소하동 일대의 그린벨트 해제지역도 개발제한구역 해제 후 행위제한 등으로 십수 년째 주민 고통이 가중되고 있다. 이 때문에 현재 약 28만㎡의 개발제한구역 추가해제와 함께 본인이 대표발의한 〈국토의 계획 및 이용에 관한 법률 일부개정법률안〉의 통과를 추진 중이다.

〈국토의 계획 및 이용에 관한 법률 일부개정법률안〉은 주택의 수가 300호 이상 또는 인구 1,000명 이상 등의 대규모 집단취락과 이와 결합하여 단일구역으로 개발, 정비하고자 할 때 대통령령으로 정하는 경우

- 2013년 국정감사

- 2013년 장애인의 날 맞이 걷기대회 및 문화축제

에 해당하면, 국가가 도시·군계획시설사업에 드는 비용의 100분의 50 이하의 범위에서 대통령령으로 정하는 바에 따라 의무 지원하도록 규정하고 있다. 가리대와 설월리는 인구 1,000명 이상의 지역에, 40동마을은 대규모 집단취락과 결합하여 단일구역으로 개발, 정비하는 지역에 해당한다. 개발제한구역 추가해제 시 현재 약 56%의 평균감보율(대지의 경우 30%대)이 약 47%(대지의 경우 20%대)로 떨어지고, 법안까지 통과될 경우 30%대(대지의 경우 10%대)까지 하락하여 주민들이 겪고 있는 경제적 고통에 대한 다소의 위로가 될 것으로 판단하고 있다.

이밖에 광명시 발전에서 내가 가장 역점을 두는 것은 구로차량기지 이전에 따른 지하철역 신설과 광명시 전지역을 U-City화하여 365일 무인 민원 서비스 제공 등 10가지 서비스를 모든 광명시민들이 누릴 수 있게 하는 것이다. 또한 최상의 교육체계와 함께 아이들이 편하고 안전하게 열심히 공부할 수 있는 최적의 교육환경을 조성하기 위해 교육용 전기료 인하(평균 2.0% 인하)를 추진 중이고, 학교폭력 없는 광명시를 만들기 위해 광명시 초등학교를 대상으로 한 '광명시 학교폭력예방을 위한 찾아가는 인형극 공연'을 진행하고 있다. 이 사업은 광명시를 시작으로 전국으로 확산할 계획이다.

국회는 법을 만드는 입법기관이다

대한민국 정치에는 "국민이 없고, 생명이 없고, 감동이 없다"는 말들을 한다. 그 이유는 학자도 정치인도 '정치'를 여전히 '통치'와 '지배'의 개념으로 이해하고 가르치고 행동하기 때문이다. 여야투쟁, 폭력국회, 식물국회라는 오명은 통치의 정치, 지배의 정치가 남긴 퇴행적 유산이다. 그러나 21세기 세계의 정치는 더 이상 통치와 지배의 개념이 아니다.

소통을 우선시하는 정치는 이제 '성장의 양'과 함께 '성장의 질'을 중시하며, 사람과 생명을 최고의 가치로 존중하는 정치, 우리 모두가 소중하게 가꿔온 인권과 평화, 생태의 가치를 존중하는 정치가 되어야 하고, 그것이 내가 약속하는 정치다.

유통산업발전법 일부개정법률안 / 대중소기업 상행협력 촉진에 관한 법률 일부개정법률안 / 하도급거래 공정화에 관한 법률 일부개정법률안 / 국가인권위원회법 일부개정법률안 / 국유재산특혜제한

법 일부개정법률안 / 대중소기업 상행협력 촉진에 관한 법률 일부개정법률안 / 독점규제 및 공정거래에 관한 법률 일부개정법률안 / 인터넷게임중독 예방에 관한 법률안 / 인터넷게임중독 치유지원에 관한 법률안 / 군인사법 일부개정법률안 / 군인복지기본법 일부개정법률안 / 군사기지 및 군사시설 보호법 일부개정법률안 / 군인공제회법 일부개정법률안 / 국토의 계획 및 이용에 관한 법률 일부개정법률안 / 정보통신망 이용촉진 및 정보보호 등에 관한 법률 일부개정법률안 / 형법 일부개정법률안 / 병역법 일부개정법률안 / 군인사법 일부개정법률안 / 경범죄 처벌법 일부개정법률안 / 건축법 일부개정법률안 / 제대군인지원에 관한 법률 일부개정법률안 / 형사소송법 일부개정법률안 / 조세특례제한법 일부개정법률안 / 해외긴급구호에 관한 법률 일부개정법률안 / 정부조직법 일부개정법률안 / 공공기관 운영에 관한 법률 일부개정법률안 / 병역법 일부개정법률안 / 공익사업을 위한 토지 등의 취득 및 보상에 관한 법률 일부개정법률안 / 아동복지법 일부개정법률안 / 도로교통법 일부개정법률안 / 수난구호법 일부개정법률안 / 국립묘지의 설치 및 운영에 관한 법률 일부개정법률안 / 선박안전법 일부개정법률안 / 국방과학연구소법 일부개정법률안 / 군인사법 일부개정법률안 / 한부모가족지원법 일부개정법률안 / 군수품관리법 일부개정법률안 / 정부조직법 일부개정법률안 / 군인복지기본법 일부개정법률안 / 군인복지기금법 일부개정법률안위의 법률들은 내가 대표발의한 법안들이다. 이것을 여기에 죽 나열해 놓은 이유는 국회의원들이 보다 나은 정책과 제도를 위해 얼마나 많은 노력들을 하는지를 알아봐달라는 뜻에서다. 전문적인 분야는 더 깊게 파고들고, 잘 모르는 분야는 정책 토론 및 공청회 그리고 개인적인 공부를 통해 해결해 나간다. 이것을 위해 새벽부터 밤까지 움직여야 한다. 정말 몸이 열 개라도 모자랄 정도이다.

"모로 가도 서울만 가면 된다"는 옛말이 있다. 그러나 살아생전 나의 아버지께서는 "서울로 가는 길이 비록 더디고 늦더라도 바른 길로 가야 한다"고 말씀하셨다. 옳은 말, 바른 행동도 중요하다. 그러나 사람을 살리는 말, 사람을 살리는 행동을 몸소 실천하신 아버지, 이런 아버지를 기억하며 하루하루를 죽을 각오로 최선을 다해 성실히 살고 있다. 높은 실업률로 힘든 상황에 있는 우리의 청년들을 비롯한 모든 대한민국 국민들, 순간순간 최선을 다해 살면 언젠가 그것이 모여 아름다운 인생이 되지 않을까?

송영근

가장 중요한 것은
국가 안전과 국민의 행복

송영근

- · 1947년 경기도 용인 출생
- · 성동고등학교 졸업, 육군사관학교 졸업
- · 경희대 경영대학원 인사관리 과정 석사, 동국대학교 불교대학원 불교학 석사
- · 現 19대 국회의원(새누리당)
- · 現 국회 국방위원회 위원
- · 現 새누리당 국제위원회 위원
- · 現 새누리당 직능위원회 위원
- · 現 새누리당 군의료체계개선 특별위원회 간사
- · 現 군 인권개선 및 병영문화혁신 특별위원회
- · 前 대한민국재향군인회 정책자문위원
- · 前 국군 기무사령관
- · 前 한미연합사 부참모장 겸 지상구성군사령부 참모장
- · 前 육군 3사관학교 교장
- · 前 육군 1사단 사단장
- · 前 국방부장관 군사보좌관
- · 대통령 표창
- · 보국훈장 삼일장 · 천수장 · 국선장
- · 미 정부 최고공로훈장(LOM)
- · 무궁화대상(정치 분야)

가장 중요한 것은
국가 안전과 국민의 행복

38년의 군생활을 바탕으로 의정활동의 영역을 튼튼한 안보 구현에 초점을 맞추되 그 경계를 넘어 대한민국 국민 모두가 행복하게 살 수 있도록 힘을 기울이려 한다. 농작물을 가꾸는 애틋한 정성으로 국민의 생명과 재산, 행복을 위해 온 힘을 다하고 있다. 결국 정치인의 사명은 국가 안전과 국민 행복이 가장 중요하지 않겠는가.

포기하려 했던 군인의 길

고마운 손길은 뜻하지 않는 곳에서 다가와 한 사람의 운명을 바꾸어 놓는다. 육사에 입교하여 1년이 채 지나지 않았을 때 마음속에 갈등이 일었다. 과연 이곳에서 내 인생의 꿈을 펼칠 수 있을 것인가 하는 회의감이

들었다. 오랫동안 번민하다가 퇴교를 해야겠다고 마음먹고 시험에 백지를 냈다. 지금 생각해보면 참으로 당돌하고 어처구니없는 행동이었다. 내가 육사에 입학했던 1967년만 해도 우리나라에는 대학생이 극히 적었으며 특히 사관학교에 입학하기란 굉장히 어려운 일이었다.

그럼에도 나는 육사가 적성에 맞지 않는다는 호사스런 이유로 덜컥 백지를 냈다. 그때 규정에는 재시험을 치러 통과하지 못하면 성적 불량으로 퇴교를 하게 되어 있었다. 이 규정을 이용하여 나는 퇴교하려고 작정을 했는데 결국 내 계획은 순조롭게 진행되지 못했다. 어쩌면 운명이 "송영근, 너는 국가와 군을 위해 할 일이 있어!"라고 호통치면서 나를 이끌었는지도 모른다.

내가 백지를 냈다는 소식이 전해지자 졸업을 앞둔 4학년 생도가 찾아왔다. 그는 졸업휴가를 맞이했음에도 집에 가지 않고 나를 설득하기 시작했다. 그러고는 내 옆에 붙어 앉아 강제로 공부를 시켰다. 휴가조차 가지 않고 나를 설득하는 따뜻한 마음이 감동으로 다가와 퇴교하려는 마음을 거두게 되었고 어느 순간 '군인의 길'이 '보람찬 삶'이라는 것을 깨닫고 열심히 생도 생활을 하였다.

지나온 내 삶이 충만할 수 있었던 데에는 백지 답안지가 큰 역할을 한 셈이다. 그때 내가 아무런 회의감을 느끼지 않고 평범하게 생도 생활을 했다면 군에서 그리 큰 역할을 하지 못했을지도 모른다. 회의(懷疑)를 통한 자기 부정의 과정을 거쳐 긍정을 이끌어내는 계기를 거쳤기에 흔들리지 않는 목표를 설정할 수 있었다. 또 그 고마운 선배가 없었다면 그날 이후 나의 삶은 완전히 달라졌을 것이다.

- 군 복무 시절 준장 계급 수여식(1996년)

군생활의 보람들

1967년 육사 27기로 입교한 이래 2005년 국군기무사령관(육군 중장)을 마지막으로 전역하기까지 인생 38년을 군복을 입고 국가 안보를 위해 일해 왔다. 야전과 전략, 정책부서에서 두루 근무하며 폭넓은 경험을 했던 것이 지금의 의정활동에 큰 밑거름이 되고 있다. 돌이켜보면 군생활에 역경도 수없이 많았지만 보람과 성취도 많았다.

특히 보람으로 남은 것은 국방부 정책기획관실에서 과장으로 일할 때 유엔평화유지군PKO 업무의 기초를 다진 것이다. 그 경험을 바탕으로 저술한 〈유엔평화유지군의 실체〉는 우리나라가 PKO 활동의 선진국으로 도약하는 데 큰 기여를 했다고 자부한다. 우리 군의 적극적인 PKO 활동은 반기문 UN 사무총장을 배출하는 데도 큰 몫을 했다.

국방 분야 전반에 대한 정보를 수집·평가·건의하는 기무사령관의 중책을 맡았을 때는 한미동맹, 국가보안법, 군사법 개혁, 군인사 등의 주요 현안에 대해 바르고 건전한 건의를 하려 애썼다. 그런데 이 중요한 건의들이 정치적 편견으로 인해 수용되지 못하는 어려움을 여러 차례 겪으면서 안보가 정치적으로 이용되고 있는 것에 회의를 느꼈고 그래서 임기 8개월을 남기고 자진 전역을 신청했다. 명예를 지키고 후배에게 길을 열어주기 위해 미련없이 전역했던 결단은 지금 돌이켜봐도 큰 자긍심 중의 하나다.

1사단장 재임 시엔 사단법인 사랑의 책나누기 운동본부가 농어촌, 산간, 오지, 낙도 등을 대상으로 펼쳐오던 작은 도서관 운동을 군부대로 확대토록 이끌었다. 병영도서관을 개관하고 지원하도록 권유해 병영도서관 운동에 앞장서도록 했다. 장병들의 학력과 의식이 높아진 만큼 군도 그에 맞게 뒷받침하여 장병들이 군생활을 하면서 지식과 지혜를 쌓아 군 복무 기간이 결코 낭비되는 시간Time Killing이 되지 않도록 하기 위해서였다. 휴대폰을 쓸 수 없는 군복무 기간이야말로 책을 읽게 만들면 검색형 인간에서 사색형 인간으로 변모할 수 있는 가장 좋은 시기이기 때문이다.

지휘관은 기본적으로 덕장이 되어야 하지만 용장(勇將)도 되어야 하고 지장(智將)도 되어야 한다. 전투나 훈련을 할 때는 거침없이 용감하여야 하고 전략이나 작전계획을 짤 때는 제갈공명 이상의 지혜를 발휘해야 한다. 이는 모든 장병들에게도 통용된다. 훈련을 받을 때는 투지가 넘쳐야 하고 평소에는 정신과 마음을 건전하게 갈고닦아야 한다. 그런 차원에서 병영도서관 운동은 닫혀 있는 병영을 열린 공간으로 만들고, 독서를 통해 병사들이 자연스럽게 국가관과 사생관을 내면화할 수 있는 디딤돌이 될 수 있으며, 아울러 자기 계발에 힘쓰게 함으로써 의미 있고 보람 있는 군생활을 하도록 도와줄 수 있는 것이다.

　군생활을 하는 동안 대통령 표창, 보국훈장 삼일장, 천수장, 국선장, 미 정부 최고공로훈장LOM 등을 받았다. 이러한 상들이 자랑은 결코 아니다. 누구라도 자신의 분야에서 열심히 일하고 내가 일하고 있는 곳을 더 좋은 삶의 터전으로 만들기 위해 지혜를 발휘하고 실천하면 자연스럽게 따라온다. 오늘을 사는 젊은이들도 나보다 더 많은 지혜를 가지고 있다고 믿기에 열심히 살아가면 훨씬 더 좋은 상을 받으리라 믿는다.

꿈에도 생각지도 않았던 정치인이 되다

　38년의 군생활을 명예롭게 마친 후 나는 평범한 시민이 되어 고향으로 돌아왔다. 오유지족(吾唯知足)하면서 '세상 공부'를 새롭게 해나갔다. 그러면서 시민의 입장에서 군을 바라보니 아쉽고 안타까운 점이 많이 눈에 띄었다. 국민들이 군을 바라보는 시각은 생각보다 부정적이었으며 군에 대한 신뢰도도 그리 높지 않아 보였다. 또 군 복무를 하고 있는 현역들 또한 군생활에 크게 만족하지 못하고 있었다. 군 고위직을 지낸 나로서, 또 자식을 기르는 아버지로서 매우 가슴이 아팠다.

- 1사단장 시절 실시한 병영도서관 건립운동은 군민운동의 시작점이 되었다. (일월성 도서관 개관식, 2000년 6월)

그러던 차에 생각지도 않았던 기회에 비례대표로 국회에 진출하게 되었다. 결코 내가 정치인이 되리라고 생각해본 적은 없었다. 나는 기본적으로 정치는 국민의 갈등을 해소시켜 국민들이 편하고 행복하게 살게 하는 것이라 생각한다. 그러나 사회생활을 하면서 언론에 보도되는 정치인들의 행태는 그리 바람직하지 않았다. 우리나라 사람 대부분이 정치인을 부정적으로 보는 마당에 예비역 장군의 시각에서는 오죽하겠는가. 그러기에 나 자신도 때로는 'OOO들'이라고 육두문자를 써가면서 비판을 하기도 했다.

참으로 고맙고 감사한 기회를 맞아 나는 혼신의 힘을 다해 국민들에게 사랑받는 군, 자주국방의 역할을 충실히 완수하는 군, 이 땅의 청년들이 보람 가득한 군생활을 할 수 있도록 최일선에서 일하기로 마음먹었고 그 각오를 지켜나가려 노력하고 있다. 그리하여 모든 군인들이 군생활의 가치와 보람을 느끼며, 시민들의 따뜻한 눈길 속에서 군복을 입고 명동거리를 당당하게 활보하는 모습록 보는 것이 꿈이자 희망이다.

좋은 이름값 남기고 가고 싶다

전역 후 평범한 시민으로 돌아와 틈틈이 후배들 안보교육을 다니며 고향 텃밭에서 작물을 가꾸는 지극히 일상적인 생활을 했다. 그 과정에서 농작물은 정성을 들인 만큼 결실을 안겨준다는 교훈을 얻었다. 너무 당연한 교훈이지만 왜 군이 지금까지 국민의 신뢰를 받지 못하고, 현역 장병들은 군생활에 만족 못하는지에 대한 답이 될 것 같다. 이 현실을 개선하기 위해서는 정치권에서 군에 더 많은 정성을 들여야 한다고 생각한다. 한 송이 꽃을 피우기 위해서는 봄부터 많은 물과 거름, 햇빛을 주어야 하듯이.

또 나는 내 정치활동의 영역을 군과 국가안보에 초점을 맞추되 그 경계를 넘어 대한민국 국민 모두가 행복하게 살 수 있도록 하는 데 두고 있다. 농작물을 가꾸는 애틋한 정성으로 국민의 생명과 재산, 행복을 위해 나의 온 힘을 다하려 한다. 결국 정치인의 사명은 국가 발전과 국민의 행복이기 때문이다.

이를 위해 첫째 적정한 국방예산 확보, 둘째 튼튼한 안보태세를 갖춘 정체성이 분명한 군 육성, 셋째 군생활이 손해 보는 시간이 아니라 보람 있는 시간으로 느낄 수 있도록 병영문화 개선, 넷째 장병들의 실질적 복지 확충, 다섯째 전역 후 처우 개선에 주안을 두고 활동하고 있다.

그 결과 그동안 삭감의 대상으로만 여겨졌던 국방예산이 2014예산 안에서는 정부재정 증가율(4.0%)과 같은 수준으로 편성되었다. 북핵이 가시화된 위중한 상황에서 연합사 해체는 시기상조라는 점을 강조하여 전시작전권 전환 연기를 추진토록 주도적 노력을 기울였다. 또한 국회의 원이 된 이후 가장 먼저 공식석상을 통해 주장한 사병 봉급도 상당한 수 준으로 인상되었다. 그 외에 예비전력 정예화, 군의료체계 개선, 전직교 육 활성화 등에 정성을 쏟았다. 이 과정에서 많은 군 선·후배의 아낌없 는 조언이 큰 힘이 되었다. 또한 토론회, 세미나, 간담회 등을 수시로 열 어 다양한 의견을 수렴하고 있으며, 바쁜 시간을 쪼개 직접 현장을 방문 하여 탁상공론이 아닌 현장의 목소리를 생생히 듣고 있다.

그러나 의욕을 갖고 시작한 활동 중에는 여러모로 아쉬움이 남는 것도

― 군 의료체계의 현주소와 나아갈 방향을 찾고자 실시한 정책토론회에서(2013년 4월)

있다. 특히 2013년 국가정보원 개혁특위 위원으로 활동하면서 많은 아쉬움을 남겼다. 소리 없는 정보전쟁 중인 세계적 추세에 비추어 국가정보원이 제대로 된 기능과 역할을 다할 수 있는 방안을 모색하려 애썼으나 이 문제를 정쟁으로 이용하는 야당의 행태로 국정원의 기능 강화가 법제화되지 못한 점이 진한 아쉬움으로 남는다.

　나는 처음부터 "이름을 알리는 국회의원이 되기보다는 열심히 봉사한 후 박수받고 떠나는 국회의원 송영근이 되겠다"고 결심했고, 이 초심을 절대 잃지 않을 것이다. 국회의원으로서 한 일은 역사에 남을 것이기에 역사와 후배들에게 부끄럽지 않은 의정활동 기록을 남기고 떠나려 한다. 앞으로 해야 할 일들이 많다. 부지런히 달려왔으나 앞으로 해결해야 할 과제는 많으며 그만큼 걸림돌도 많이 있을 것이다. 그동안 국정감사 등을 통해 문제점을 지적하며 일부 성과를 달성했지만 보다 가시적인 성과를 위해서는 지적으로만 끝날 것이 아니라 더 많은 열정과 노력이 필요하다. 앞으로도 국가와 군을 건전하고 건강하게 발전시킬 수 있는 좋은 정책을 발굴, 개선하기 위해 눈과 귀를 열고 현장의 목소리를 더 많이 보고 들을 것이다.

목표 지향보다 가치 지향이 더 중요하다

　나는 항상 군생활을 하면서 이 직책이 '인생의 마지막 직책' 이라는 자세로 '맡은 자리에서 최선을 다하자' 는 신조로 살아왔다. 전 세계 석학

수천 명이 선정한 '20세기 최고의 인물', 아인슈타인은 뛰어난 과학자이면서도 종교를 인정한 위인이다. 그의 말 "Try not to become a man of success, but rather try to become a man of value."(성공한 사람이 아니라 가치 있는 사람이 되려고 힘써라)는 내 삶과 행동지표 중 하나다. 목표 지향적인 사람보다는 가치 있는 일을 하는 사람이 되어야 한다.

국회의원으로서의 가치를 다하기 위해 부단히 연구하고 고민하면서 성실히 일하려 하고 있다. 새누리당이 나를 비례대표로 공천한 이유도 국방과 안보정책을 제대로 추진하는 데 밀알이 되라는 것이었다. 그동안 군 출신 국회의원으로서 잘못된 정책에 대해서는 소신 있게 정부를 비판하고 개선 방향에 대해서는 열린 자세로 허심탄회한 토론을 통해 생산적인 대안을 제시하고자 노력해왔다. 목표보다 가치(과정)를 더 중하게 여기기 때문이다.

정치인의 약속

정치인은 공약으로 표를 얻는다. 내가 비록 지역구 의원은 아니지만 국회의원이 되었을 때 했던 약속은 나에 대한 약속이기도 하지만 국민과의 약속이기도 하다. 그러기에 나는 주어진 임기 내에 이 약속을 반드시 지키려 노력하고 있다. 흔히 말하는 공약(公約)이 공약(空約)이 되지 않기 위해서다.

사람들은 약속을 가장 안 지키는 부류가 정치인이라 말한다. 사실 나 역시 예전에는 그렇게 생각했다. 그러나 정치의 본령인 국회에 들어와서 보니 의원의 대부분은 눈코 뜰 새 없는 나날들을 보낸다. 간담회, 세미나, 토론회, 자료 수집 및 발굴, 현장방문을 비롯해 하루에도 많게는 수십 명을 만나야 하는 강행군의 연속이다. 그래야만 올바른 정책을 만들고 법안을 발의할 수 있기 때문이다. 이 강행군이 정치인으로서의 약속이며, 국민을 위한 소명이다. 이 두 가지를 잃으면 국회의원으로서의 자격을 잃는 것과 같다.

되돌아보면 나의 인생은 언제나 청춘이었다. 육사를 졸업하고 소위로 임관돼 일선 부대에 소대장으로 나갔을 때 내가 만난 사람들은 20대 초반의 청춘들이었다. 대대장, 연대장, 사단장을 지냈을 때도 언제나 나는 20대 청년들과 함께 지냈다. 지휘본부에서 일한 몇 년을 제외하고는 늘 청년들과 함께한 것이다. 그만큼 청년들의 마음, 생각, 고민, 갈등을 가장 가까운 곳에서 지켜봤다. 문화적 여유가 없던 시절에 부대 내에 병영도서관을 만든 이유도 청춘들의 미래를 위해서였다. 나를 거쳐 간 청년들이 군 전역 후 사회에서 자신의 꿈을 펼치는 데 미약하나마 도움이 된다면 작은 약속이 실현되는 것이다.

약속을 지키는 즐거움들

그동안 내가 주도적으로 이끌어온 제도들은 병사들의 고충을 덜어주기 위한 병영생활 전문 상담관 확대, 조기 전역하는 군인을 지원하는 군 경력의 국가자격증화, 병역 명문가 지원, 병사들에 대한 정기적인 정신건강 실태조사 실시, 불법 병역면탈자 신상 공개 등으로 관련 법안들이 이미 시행 중이거나 시행을 앞두고 있다. 중점을 두는 분야 중 하나는 제대군인에 대한 지원이다. 제대군인을 채용한 중소기업에 대해서는 세제혜택을 주는 제도(조세특례제한법 개정안), 군복무 자녀에 대해 소득공제를 함으로써 가계부담을 경감시키는 제도(소득세법 개정안) 등도 발의했다.

이외에도 우리나라 해외 파견활동 업무를 가장 먼저 시작한 장본인으로서 〈국군의 해외파견활동 참여를 위한 법률안〉을 대표발의하여 해외 파견 활동이 보다 국가와 군의 발전에 기여할 수 있도록 하고자 추진하고 있다. 이와 동시에 각종 테러에 신속하고 효율적인 대응을 할 수 있는 〈국가대테러 활동과 피해보전에 관한 기본 법안〉, 〈지뢰 제거법안〉 등 여러 분야의 법적 정비를 추진하고 있다.

앞에서도 언급했듯이 그동안 국방위원회 위원으로서 무엇보다 중점을 두고 있는 분야가 바로 적정 국방예산 확보이다. 국방예산증가율이 노무현 정부 8.8%, 이명박 정부 5.3%, 박근혜 정부 4.0%으로 지속적으로 낮아지면서 국방태세 도처에 구멍이 나고 있고 안으로 병들고 있는 상황이다. 우선 국방개혁만 보더라도 예산이 모자라 전력화는 지연되고 병력만 감축되는 왜곡된 결과로 차질을 빚고 있다. 뿐만 아니라 정부의 무관심 속에서 예비전력 정예화는 갈 길이 멀기만 하다. 아직도 6.25 때 쓰던 칼빈 소총을 36%나 사용하고 있으며, 예비군 훈련에 참가하는 실비도 턱없이 모자라 국민들의 재산권을 심각하게 침해하고 있어 지속적으로 개선을 촉구해오고 있다.

특히 오랜 군생활을 거치면서 가장 개혁이 시급하다고 생각한 분야 중 하나가 군의료체계이다. 낮은 의료기술과 장비, 부족한 인력 등의 문제는 더 이상 군만의 힘으로는 해결하기 어렵다. 그동안 기회가 될 때마다 군의료체계를 국가 의료체계로 통합해야 한다고 제안해왔고, 이러한 노력 끝에 새누리당에서 군의료체계개선특별위원회를 발족해 간사를 맡고 있으며 국민들의 눈높이에 맞는 군의료 개혁의 발판이 되고자 힘쓰고 있다.

한편 우리 군의 전력 건설 방향에 대해서는 관점의 변화를 주문하고 있다. 우리 군은 그동안 방위력개선을 위해 노력해 왔지만 북한의 핵미사일, 생화학무기, 방사정포, 특수부대, 잠수함 등 6대 비대칭 위협에 대비하기 위해 쏟아붓는 예산만 해도 수십조에 달한다. 그럼에도 비대칭 위협의 불균형이 해소될 가능성이 보이지 않으니 그야말로 밑 빠진 독에 물붓기 식이다. 앞으로 우리 군의 전력 건설 방향도 비대칭 우위를 점할 수 있는 쪽으로 관점이 바뀌어야 한다고 지적하고 있다.

이외에도 심각한 무기 및 장비 노후화, 생화학무기 대응 능력 태부족 등 전투력 강화를 위해 국회 차원의 관심과 지원이 필요가 분야가 너무도 많다. 나는 이러한 일들을 국가안보 측면에서 추진해 나가면서 약속 하나하나가 실현될 때 한없는 기쁨과 즐거움을 느끼고 있다.

나를 가장 낮추는 오체투지(五體投地)는 긍정의 원천

인생에서 무엇이 성공인지는 다분히 주관적일 수밖에 없다. 그런 의미에서 나는 성공이라는 목표 지향보다는 어떻게 했느냐는 가치 지향을 더 중요하게 여긴다. 또 꿈을 잘못 꾸면 인생을 망칠 수 있다고 강조한다. 성공과 꿈이 '집착'이 되어서는 안 된다. 목표는 분명하게 정하되 그 목표를 이루기 위해 수단과 방법을 가리지 않거나, 진정한 행복을 왜곡해 돈이나 헛된 명예에 사로잡혀서는 안 된다.

나는 이순신 장군을 존경한다. 내가 딱히 군 출신이어서가 아니라 몸바쳐 국가와 국민을 위해 희생, 헌신, 봉사했기 때문이다. 최악의 상황에 처했을 때도 자신의 안위를 돌보지 않고 오직 나라와 백성을 위한 마음가짐은 우리가 길이 간직하고 따라야 한다. 그런 의미에서 박정희 대통령도 무한 존경한다. 정치적 공과를 따지기 이전에 오천 년 한민족 역사에서 처음으로 국민을 배고픔에서 해방시키신 분이다.

두 사람의 공통점은 역경을 스스로 받아들여 그것을 극복했다는 점이다. 역경은 누구에게나 불시에 찾아온다. 나 역시 마찬가지다. 군생활하면서 나는 진급심사에서 참 많이도 떨어졌다. 그때마다 마음을 비우며 '더 열심히 해야겠구나' 라고 자신을 다독였다. 집안 대대로 불교를 신앙으로 가지면서 가장 낮은 곳에서 나 자신을 오체투지해야 삶의 진정한 가치를 이룰 수 있음을 항상 깨닫는다. 그 긍정적 자세가 내 삶을 이끌어 주었다.

오늘날의 청년들은 우리 때와 달리 도전적이고 적극적인 마인드가 부족하다. 우리나라가 부유해지면서 청년들의 정신이 약해진 것은 어쩔 수 없는 마이너스 옵션이라 해도 시대와 관계없이 스스로가 자신을 개척해야 한다. 내가 들려주는 메시지는 간단하다. '인생의 앞날을 밝게 Optimistic 생각하고 매 순간 적극적으로positive 살아라' 이다. 이 메시지는 간단하면서도 분명하다. 어려움에 처했을 때 나보다 더 어려운 사람이 더 많다고 생각하자. 그리고 이 사소한 어려움은 얼마든지 극복할 수 있다고 생각하고, 두 손을 불끈 쥐고 일어서라. 반드시 일어서서 나아가면 목표를 달성할 수 있다.

한 가지 더 덧붙이자면, 제행무상(諸行無常)과 수처작주(隨處作主)이다. 제행무상은 불교철학의 많은 의미를 담고 있는 말로, 우주 만물은 변하여 잠시도 한 모양으로 머무르지 않는다는 뜻이다. 인생은 누구든 좋은 일과 나쁜 일이 반복된다. 그때 내가 어느 곳에 있든 주인이 되어야 한다는 의미가 수처작주이다. 순간순간을 헛되이 보내지 말고 열심히 살면 '보람과 성취' 를 이룰 수 있다.

신
경
림

혼신의 힘을 다한
후회 없는 삶을 위하여

신경림

- · 1992년 Teachers College, Columbia University USA, Ed.D.
- · 1989년 Teachers College, Columbia University USA, M.Ed.
- · 1989년 Teachers College, Columbia University USA, M.A.
- · 1976년 이화여자대학교 간호과학대학, 간호학사
- · 現 제19대 비례대표 새누리당 국회의원(보건복지위원)
- · 現 새누리당 중앙여성위원회 위원장
- · 現 2015 서울 세계간호사대회 조직위원장
- · 前 한국여성단체협의회 수석부회장
- · 前 제19대 비례대표 새누리당 국회의원(여성가족위원)
- · 前 이화여자대학교 건강과학대학 학장
- · 前 (사)대한간호협회 회장
- · 前 보건복지부 건강보험정책심의위원회 위원
- · 前 한국보건의료인국가시험원 이사장
- · 前 세계여성건강연맹 회장(International Council of Women's Health Issues)

혼신의 힘을 다한
후회 없는 삶을 위하여

"새는 알을 깨고 나온다.

알은 곧 세계이다.

태어나려는 자는 하나의 세계를 파괴해야만 한다."

― 헤르만 헤세,《데미안》중에서

늘 새로운 세계를 갈망하며 열정을 쏟다

어린 시절 변산반도에서 불어오는 겨울바람은 몹시도 매서웠지만 눈 덮인 들판의 바람을 거스르면서 거침없이 뛰어다니던 나는 행복한 유년 시절을 보냈다. 당시 우리 집은 扶安에서 유명했던 辛약방집(후에 옥성당 한의원)이었다. 그런 나를 보고 늘 어머니는 막내딸이 선머슴아 같다는 걱정의 끈을 놓지 못하셨다. 국민학교 졸업을 앞둔 12월의 어느 날, 서울에 있는 중학교 진학을 위한 입학시험을 치르고 집에 내려왔을 때 너무나 갑작스러운 아버지의 죽음은 믿을 수 없는 현실로 다가왔고 우리 집에는 먹구름이 드리워지기 시작하였다.

4대째 한의원을 하고 있던 우리 집은 궁핍한 시골생활로 인해 제때에 치료받지 못해 병고에 시달리는 많은 이들이 1년 내내 발 디딜 틈 없이 찾아들었다. 아픈 이들을 위해 밤낮없이 일하시던 아버지와, 끼니때마다 배가 고파 찾아오는 이들에게 늘 따뜻한 음식을 아낌없이 내어 주시던 어머니의 모습이 지금도 눈앞에 선하다. 그러나 아버지의 갑작스러운 타계로 집안의 가세는 점차 기울었고 난 중학교 진학을 앞두고 깊은 고민에 빠져야만 했다. 언니와 오빠가 서울에서 대학과 고등학교에 다니고 있었기에 나는 진학을 그만둘까 하는 생각을 하게 되었다. 그러나 자녀

━ 2013년 보건복지부 국정감사, 국민건강보험 일산병원 시찰에서 일선 간호사들과.

교육에 있어 누구보다 강인하셨던 어머니의 결단으로 나는 서울에 있는 중앙여중에 진학하였다.

서울에서의 학교생활은 그야말로 시골소녀에게는 충격 그 자체였다. 부안에서는 누구나 알아주는 기(氣)가 펄펄했던 나의 존재감은 사라지고, 세련되지 못한 "촌뜨기" 같은 모습으로 공부하는 것 자체가 힘들었다. 도시생활에 적응하지 못하고 있던 나는 중학교 1학년을 마치고 고향에 있는 중학교로 전학을 하게 되었다.

조용하고 얌전하셨지만 자녀교육에 있어서는 누구보다 적극적이셨던 어머니는 여자도 공부를 해야 한다며 시골에 있는 전답을 팔아가며 막내딸을 대도시에서 교육시키고자 하셨고 나는 다시 서울로 진학하여 어머니의 정성과 열성으로 고등학교에 다니게 되었다. 어려운 살림에도 교육을 시켜주셨던 어머니의 한없는 은혜를 갚을 길이 없다.

대학진학을 앞두고 나는 여의치 않았던 집안 걱정에 취업도 빠르고 외국에서 공부를 할 수 있는 전문직업인이 되어야겠다는 생각에 간호학과로 진로를 결정하였다. 1970년대 중반 무렵 여성이 해외에 나간다는 것은 매우 어려운 일이었다. 그러나 졸업 후 간호사가 되면 그 꿈을 실현할 수 있다는 믿음이 있었기에 난 주저 없이 간호사의 길을 선택하였다. 어려운 유년시절과 청소년기 동안 갇혀 있었던 하나의 틀을 깨고 또 다른 세상으로 가는 줄탁동시(啐啄同時)의 첫 과정이 나에게 다가오고 있었던 것이다.

이화여대 간호학과를 졸업하기도 전에 나는 국내에서는 의료시스템이 잘 갖춰진 대학병원에서 근무하게 되었다. 그러나 얼마 지나지 않아 선진간호를 배워야겠다는 꿈은 곧 용기가 됐고 새로운 세상에 대한 갈망이 되었다. 그 계기를 가져다준 것이 바로 4년제 대학과 지방 전문대학을 졸업한 간호사 간에 겪고 있는 부당한 현실이었다. 전문대학을 졸업했다는 이유만으로 어려움에 처해야 했던 당시 동료 편에 서서 나서주지 못한 것이 지금도 가슴 한구석에 아쉬움으로 남아 있다. 하지만 난 이 모든 것들이 넓게는 의료계에 몸담고 있는 모든 사람들에게 적용되고 있는 불합리한 보건의료정책에 있다고 보았다. 또 한편으로는 간호정책에 많은 문제가 있다는 생각을 하였으며 혼자만의 성공의 길을 걷기보다 부당한 현실에 맞서서 함께 앞으로 가는 길을 가겠다는 생각은 내게 사명감으로 다가왔고, 간호의 선진국인 미국행을 결심하였다. 그 이유는 우리나라 간호교육의 모태가 미국이었기 때문이었다. 그 당시 어머니의 반대가 크셨지만 나의 단호한 결심을 꺾지는 못하셨다.

하지만 20대 초반 여성의 몸으로 이역만리 미국에서 간호사 생활을 하며 공부를 한다는 것은 그리 녹록하지 않았다. 특히 직장생활을 병행하면서 공부를 한다는 것은 극한의 인내가 필요했다. 미래가 불확실했지만 내가 할 수 있는 유일한 돌파구는 나약해지는 나를 끝없이 이겨내며 주어진 일에 최선을 다하는 것이었다. 지금 와서 생각해보면 그 어려운 과정에서 돈을 주고도 배울 수 없는 소중한 경험들을 많이 축적할 수 있었다. 미국에 와서 살고 있는 韓人 여성의 어려운 삶을 직접 보고 체험할 수 있었기에 지금의 내가 있지 않았나 하는 생각이 든다. 나는 당시 출신학제와 상관없이 간호 현장 경험을 기반으로 하여 역량을 키울 수 있는 길이 마련되어 있어, 본인이 원하면 얼마든지 공부를 할 수 있고, 또한 능력에 따라 차별과 편견이 없이 일할 수 있는 미국의 열려 있는 간호교육 체계가 부러웠다. 더 나아가 풍부한 현장 경험을 바탕으로 실무적인 간호정책을 만들어내는 다양한 간호계 리더들을 만날 수 있었다. 후일 내가 우리나라 간호계를 대표하는 대한간호협회 회장에 당선되고 나서 학제 간의 갈등을 해소하기 위한 간호교육 학제일원화에 나섰던 것도, 국회의원이 되어 여성문제 해결에 나선 것도 모두 당시에 보고 느꼈던 문제들이 단초를 제공했다고 본다.

그렇게 미국 생활을 보내며 청소년기에 읽었던 소설《데미안》의 문구는 어느새 나의 삶에 있어 의지가 되었고 16년간 타지에서 그 어떤 어려운 상황에서도 내게 꿈과 용기를 가져다주었다. 또 나를 그대로 안주하게 내버려두지 않았고 또 다른 틀을 깨고 새로운 세계를 만나려는 나의 용기는 세계 최초로 대학원 간호 교육을 시작한 뉴욕 컬럼비아 대학교의 Teacher's College에서 석사와 박사과정을 무사히 마치게 했을 뿐만 아니라 여러 노인시설들과 병원에서 간호사로 일하던 나에게 선진간호체계가 무엇인지를 끊임없이 익히게 하는 힘의 원천이 되어주었다.

오랜 미국 생활을 마치고 모교인 이화여대 간호과학과 교수에 재직하게 되면서 나는 혼신을 다한 현장 연구 활동을 통해 이론과 실제의 괴리를 극복하고자 하였다. 또한 사회적 책임을 다하고자 평소 관심이 많았던 여성건강프로그램도 다학제적 접근을 통해 진행하였다. 1993년 여름부터 어촌인 경기도 옹진군 선재도에서 '여성 건강 다지기 프로그램'을 설치하는 것을 시작으로 농촌인 대성리 마을 그리고 대도시인 서울에서 여성 건강 교육 사업을 전개하였고, 방문 보건사업 모델을 제시하는 등 여성 건강 증진을 도모했다. 지금은 대도시와 농어촌 지역 보건소를 중심으로 여성건강대학, 여성 건강 다지기 프로그램, 여성 요실금예방 교육 사업, 여성 골다공증 예방 사업, 도시지역 저소득 여성 노인을 위한 건강 관리모형 개발 사업 등이 활발하게 전개되고 있다.

뿐만 아니라 미국으로 떠날 때 관심을 가지고 있던 보건의료정책 전반에 관한 연구와 정책 개발에 전력을 기울였다. 또 이를 우리나라에 접목하기 위해 나는 대한간호협회 이사를 시작으로 감사, 부회장, 한국간호교육평가원장직을 거쳐 드디어 협회 회장직에 도전했다. 회장이 되기 위해 전국 방방곡곡 보건의료현장에서 근무하고 있는 300여 명의 대의원과 임원들을 빠짐없이 찾아다니며 대화를 나눴다. 이론으로 공부했던 나의 지식이 현장에서 만나는 간호사들과의 면담으로 도전을 위한 탄탄한 디딤돌로 변화하는 순간들이었다. 이러한 경험들은 국민들을 위한 바른 보건의료정책이 필요하다는 절실한 깨우침을 주었다.

한국 간호계에 변화의 물꼬를 트다

국회의원이 되기 전 대한간호협회 회장으로서 내가 앞장서서 해결해 나간 숙원 사업은 간호교육 체계와 의료인 면허 신고 제도에 관한 것이었다. 1955년 간호 교육이 4년제와 전문대학 3년제로 학제가 이원화된 이래 간호계의 갈등은 50여 년간 계속되어 왔다. 학제의 이원화뿐만 아니라 1973년 의료인 면허 일제 신고가 시행된 이후 단 한 번도 의료인

면허 신고가 제대로 이루어지지 않아 의료자원 수급정책의 기반이 크게 미흡했다. 이로 인해 지역 간, 병원 규모 간의 간호사 처우 문제 역시 차이가 매우 심각했다. 그러나 이러한 우리나라의 사정과는 달리 선진국, 심지어는 개발도상국에서도 이미 간호교육 학제는 4년으로 정립되어 갔고, 대다수 국가에서는 국민의 생명과 안전을 지키기 위해 지속적인 교육을 전제로 의료인 면허를 주기적으로 갱신하도록 하고 있었다. 이러한 상황에도 불구하고 우리나라만은 여전히 후진적인 정책을 유지하고 있었다.

우선 간호 교육 4년 일원화를 이루고 그간 계속되어 온 간호 조직의 갈등과 분열 요소를 없애기 위해 나는 對국회·對정부 활동 등 문제를 해결해야 할 곳이라면 어디에라도 가겠다는 절실한 심정을 가지고 밤낮을 가리지 않고 노력하였다. 이를 통해 간호학과 개설 기준과 이와 관련된 인프라를 법으로 규정하는 데 최선을 다했다. 이는 한국 간호가 국제 표준에 걸맞은 수준을 갖추도록 하는 일이기도 했다. 또 다른 문제였던 의료인 면허 신고제는 당시 다양한 이해관계가 얽혀 있어서 해결의 실마리가 보이지 않았다. 그러나 대국민 의료 서비스의 질적 수준을 높이고 정부가 국민의 의료 이용의 형평성을 제고하기 위해서라도 의료인 면허 신고제는 반드시 관철시켜야 했다. 그리하여 지속적인 설득과 조정의 과정을 거쳐서 의료인 면허 신고제 문제에서도 협의를 이루어낼 수 있었다. 1973년 이후 한 번도 이루어지지 않았던 의료인 면허 재등록제를 실시하도록 한 것이다. 이로써 지역별, 연령별뿐만 아니라 해외 이주자 및 사망자 등 의료인 면허자에 대해 파악을 할 수 있는 길이 열렸다.

　간호 교육 4년제의 일원화나 의료인 면허 신고제 문제는 모두 수십 년간 풀리지 않던 문제였다. 그 문제를 해결하는 것이 쉽지는 않았지만 나는 반드시 이루어내겠다는 나 자신과의 약속, 간호인들과의 약속을 지키기 위해 노력했다. 이로 인해 주변인들을 변화시키고 나아가 우리 사회와 국가 제도 또한 바꿀 수 있었다. 한국 간호계의 대변화의 물결이 시작된 것이다. 난 대한간호협회 회장으로서 의료계와 간호계 발전을 위해 나름의 많은 성과를 이뤘다고 생각한다. 국회의원이 된 것 역시 또 다른 틀을 깨고 나오려고 했던 나의 새로운 도전이었다. 보건의료와 여성을 대표하는 대한간호협회 회장직을 수행하면서 다양한 간호 현장을 직접 다니다 보니, 중요한 것은 현장의 소리를 법과 제도로 담아내는 것이었다. 그리고 그것을 실행할 수 있는 방법은 그 현장을 비교적 잘 알고 있는 내가 정치의 한복판으로 들어가는 것이었다.

특히 간호사는 물론이고, 간호조무사, 요양보호사, 간병사 등 간호 현장에 종사하는 대다수 여성 노동자들의 환경 개선은 내게 정말 소중하게 다가왔다. 그들에게 행복한 환경을 만들어주지 않고서는 국민의 건강이 나아질 수 없다는 판단 때문이었다. 타인에게 무엇인가를 제공하는 사람들이 편안하지 않다면 그들로부터 돌봄을 받는 사람들 또한 편안하지 않을 것이다. 그런 편안하지 않은 마음들이 전해지면 환자들의 건강 상태 또한 호전되기가 쉽지 않기 때문이다.

국민의 애환을 담아내는 일을 시작하다

정치에 입문하면서 나는 내 인생의 나침반인 원불교 송영봉 종사님을

— 예비 보건의료인 대상으로 한 강연에서(2012년 9월)

떠올리곤 했다. 송 종사님은 항상 "정신으로도 남에게 베푸는 것이 많아야 된다. 남을 진정으로 생각하고 장래를 생각하는 것이 큰 은혜"라는 말씀을 자주 내게 하시곤 했다. 힘들 때나 어려울 때 항상 인생의 나침반 역할을 해주신 그분을 떠올리는 것은 그분의 인생처럼 정치를 해야겠다는 다짐을 하기 위해서였다. 일신의 안일함을 구하지 않고 자신을 필요로 하는 곳을 찾아가 모든 것을 아낌없이 나누어 주었던 그분의 그런 삶 자체가 정치라는 생각에서 난 그분을 언제부터인가 가슴에 품고 산다.

또 다른 한 분은 바로 지금까지의 나의 길을 올곧게 걸어올 수 있도록 언제나 꺼지지 않는 등불이 되어주시는 愼타원 법명의 작고하신 어머니다. "남의 눈에 눈물 흘리게 하면 자기 눈엔 피눈물이 난다"라는 말을 어릴 때부터 자주 하시곤 했다. 어머니의 말씀을 지금에 와서 돌이켜보면 남에게 베풂이 있어 매사에 배려하라는 깊은 뜻이 담겨 있다는 생각이 든다. 남의 마음을 헤아려 그를 편안하게 해주려는 역지사지(易地思之)를 늘 강조했던 어머니…….

이 두 분이 내게 심어준 이 정신은 나의 정치생활 가운데 깊은 곳에 각인되어 있다. 사람들은 가끔 내게 성공의 비결에 대해 묻는다. 그러면 나는 이렇게 대답한다. 공심(公心)을 가지라고, 사심(私心)을 갖고 다른 사람에게 안긴 불행과 해악은 이루 헤아릴 수 없게 되고 반드시 화(火)가 되어 자신에게 돌아온다고 말이다. 이 말은 특히 정치인이라면 반드시 가져야 하고 마음속에 늘 간직해야 하는 말이기에 난 오늘도 되뇌곤 한다. 어찌 보면 公心은 송 종사님과 어머니가 내게 남긴 가르침과 일치하는 것인지도 모른다. 나를 던져 모두를 기쁘게 하는 삶을 살라고 하는 것이기 때문이다. 이러한 마음으로 나는 국민의 애환을 보듬을 수 있는 입법 활동과 공익을 항상 최우선으로 하고 있다. 특히 다음 세 가지 분야가 그렇다.

먼저 보건의료관계법과 의료인 양성 교육제도 중 민생과 밀접한 연관이 있는 법률 정비에 최선을 다하고 있다. 대한간호협회 회장이자 의료인을 양성해온 교육자로서 우리 현실을 바라봤을 때 나는 법과 현실의 괴리가 크다는 것을 실감하고 있다. 40년째 개정되지 못하고 있는 '의료법', 청소년의 건강을 책임질 '학교보건법' 등 국민들이 일상생활에서 불가피하게 부닥치게 되는 법률을 생활하는 데 불편과 불이익이 없도록 고치는 데 노력하고 있다.

다음으로는 단계별 맞춤형 복지를 위한 법과 제도 개선을 위한 노력이다. 보건의료뿐 아니라 장애인의 인권과 사회적 약자에 대한 복지서비스에 대해서는 다양한 욕구가 존재하기 마련이다. 이것이 바로 맞춤형 복지시스템이 필요한 이유다. 따라서 복지를 위한 재원 마련과 복지에 있어서 우선순위를 정립하는 것을 시작으로, 우리 사회의 복지 문제가 불필요한 정치적 논쟁을 넘어 사회 구성원 간의 사회 화합과 경제성장의 기전으로서 역할을 할 수 있도록 법과 제도를 마련을 위해 뛰고 있다. 이러한 큰 틀에서 법과 제도를 하나씩 고치다 크게 깨달은 것이 있다. 외부에서 보는 것과 달리 막상 국회에 들어와서 입법 활동을 하다 보니 내 의지의 관철이 마음만큼 쉽지 않다는 것을 알게 되었다. 그래도 국회가 어떤 곳인가? 나 혼자 못하면 함께하면 되는 곳 아닌가? 서로 맞대고 의견을 주고받고 조율하면서 국민을 위한 법과 제도를 만드는 곳 아닌가? 그렇게 내 생각을 반영시켜 나가고 있다.

마지막으로 소득 중심으로 건강보험료 부과체계를 개편하는 작업이다. 우리나라의 국민건강보험은 1977년 처음 도입됐고 12년 만인 1989년 전 국민을 대상으로 의료보험을 적용했다. 현재는 전 세계가 부러워하는 의료혜택을 국민들에게 제공하고 있다. 하지만 2013년 건강보험 관련 민원 건수를 보면 전체 7,160만 건 중 5,730만 건, 다시 말해 민원의 80%가 보험료 부과와 관련된 내용이 주를 이루고 있다. 한마디로 보험료 부과 체계에 허점이 많고 형평성이 어긋난다는 측면을 보여주는 대목이다. 난 국회에 등원하고 첫 국정감사 때부터 이 같은 문제를 지적하고 건강보험료 부과체계 개편 TF팀을 만들도록 지적한 바 있다. 또 이를 대선공약으로 만들어 국민들이 신뢰할 수 있는 건강보험제도를 만들어 가는 기틀을 제공했다. 이것이 이루어지면 우리나라에는 국민 모두가 환영하는 건강보험료 부과체계가 만들어지고 건강보험제도의 지속 가능성도 확보될 수 있으리라 생각한다.

양성평등 사회를 위한 바탕을 마련하다

양성평등 사회를 이루기 위해 우선 여성의 위치가 올바로 자리매김되어야만 우리 사회의 모든 구성원이 참된 행복을 누릴 수 있을 것이다. 여성이 남성과 다른 신체적 특징을 가지고 있음에도 불구하고 정부의 성별에 따른 건강권에 대한 정책적 배려는 너무나 소홀했던 것이 사실이다. 단적인 예로 정부의 질병에 관한 연구만 보더라도 성별에 따른 질병의

원인이나 영향, 예방 및 건강증진프로그램, 정책 등은 연구되지 않았고 질병에 치중된 연구만 진행되어 왔다.

또 여성건강을 위한 전담 부서나 별도의 예산 역시 책정되지 않고 있는 게 우리나라의 현실이다. 미국, 캐나다, 호주 등 해외 선진국이 성별에 따른 건강 연구를 활발히 진행하고 있고 이와 관련한 전담 부서 혹은 연구 부서를 별도로 설치하고 있는 것과 비교해보면 우리나라의 이러한 어두운 단면은 매우 부끄러운 수준이다. '보건의료'나 '여성건강' 분야에 있어서 당장의 변화를 기대할 수는 없겠지만, 점차적인 변화를 위해 정부와 국민, 또한 사회 저변의 인식과 철학이 동시에 성숙되고 변화되어야 한다.

여성계의 가장 큰 숙원사업인 양성평등사회를 만드는 데 많은 힘을 보태고 있다. 이 같은 시도로 2012년에는 여성정책 총괄부서 설치, 성격차

➡ 대학생 특강에서 학생들과 함께(2013년 4월)

지수 개선을 위한 지표 개발, 공무원 성인지 교육 강화 등을 위한 노력을 전개해 왔다. 2013년에는 여성건강권 확립을 위해 '국민건강증진법 일부개정법률안' 등 11개 개정안을 대표발의했고, 1995년에 제정된 여성발전기본법 전면개정을 통해 '양성평등기본법'을 마련했다.

여성발전기본법이 여성의 사회적, 정치적 영역에서 긍정적인 역할을 수행해 온 측면도 있었지만, 헌법 제11조가 추구하는 양성의 실질적 평등의 실현이라는 관점에서 기본법으로서의 실효성을 제고할 필요가 있었기 때문이었다. 이에 2013년 12월 4일에는 법명을 '양성평등기본법'으로 변경하는 '여성발전기본법 전부개정법률안'을 제출했고, 개정안 통과를 위해 노력한 결과, 2014년 5월 2일에 국회 본회의를 통과하여 5월 28일에 '양성평등기본법'이 공포되기에 이르렀다.

양성평등사회를 만드는 데 일조하겠다는 내 약속을 지킨 것 같아 한편으로는 나 스스로 뿌듯하다. 또 이 법이 잘 지켜질 수 있도록 앞으로도 노력을 게을리하지 않을 것이다. 나는 아직도 내가 깨고 나가야 할 틀(알)이 많다고 생각한다. 그것이 벽처럼 단단하건, 깊은 강처럼 수심이 깊건, 바다처럼 드넓건, 나는 그것을 두려워하지 않고 틀을 깨기 위한 도전을 멈추지 않을 작정이다. 그것이 나의 삶 전체이기 때문이다.

신의 진

자괴감을 정책으로 해결하는
소명 앞에 서다

신 의 진

· 1964년 부산 출생
· 부산 혜화여고, 연세대 의과대학 졸업(의학사)
· 연세대 대학원 정신과 석·박사 학위 취득
· 연세대 세브란스병원 정신과 의사, 연세대 의과대학 의학과 정신과학교실 부교수
· 미국 콜로라도대학 소아정신과 방문교수
· 대한의학협회, 대한소아청소년정신의학회, 영유아아동정신건강학회 회원
· 해바라기아동센터(아동성폭력피해자 치료전담센터) 운영위원장
· 간행물윤리위원회, 경찰청 여성아동대책 자문위원
· 국가인권위원회 아동인권전문위원회 위원, 가정폭력성폭력방지 전문가협의회 위원
· 서울고등법원 조정위, 법무부 감찰위원회 위원
· 서울강서교육청 청소년상담센터 특별상담원
· 現 제19대 국회의원(새누리당, 비례대표)
· 새누리당 원내대변인(원내공보부대표), 국회 운영위원회 위원
· 새누리당 〈아이가행복한학교만들기특별위원회〉 간사
· 現 국회의원연구단체 〈국회 미래여성가족포럼〉 대표의원
· 국회 보건복지위원회 위원, 국회 여성가족위원회 위원
· 국회 학교폭력대책 특위 위원, 국회 아동·여성대상 성폭력 대책 특위 위원
· 새누리당 〈아동·여성 성범죄 근절 특별위원회〉 간사
· 새누리당 〈가족행복 특별위원회〉 부위원장, 새누리당 〈아동학대근절TFT〉 위원장
· 새누리당 〈일본 역사왜곡 대책 특별위원회〉 위원
· 국회 세월호 침몰사고의 진상 규명을 위한 국정조사 특별위원회 위원
· 現 국회 교육문화체육관광위원회 위원
· 現 국회 군 인권개선 및 병영문화혁신 특별위원회 위원
· 現 새누리당 정책조정위원회 미방·교문 간사

자괴감을 정책으로 해결하는
소명 앞에 서다

사회를 변혁시키는 정치가로서의 원대한 꿈이나 열망을 품기보다는 어린이와 청소년을 사회해악과 성폭력에서 보호하고, 정책적으로 해결해야 한다는 소명으로 정치를 시작했고 나의 노력은 아직 활발히 진행 중이다.

억압의 시절을 견디어낼 수 있었던 바탕력은 무엇이었을까

2013년 봄, 온라인과 현실세계를 막론하고 갑자기 '신의진'이라는 이름이 대한민국을 뜨겁게 달구었다. 이른바 〈게임중독법〉에 대한 찬반양론이 전 국민을 두 편으로 나눠 거세게 대립하게 했으며 수없이 많은 의견과 댓글들이 언론과 인터넷에 떠올랐다. 그전까지만 해도 신의진이라

249

는 이름은 평범한 의대 교수, 어린이와 청소년에게 정성을 쏟는 사람, 육아·부모교육 지침서의 베스트셀러 저자… 그러다가 정치세계로 활동 반경을 옮긴 사람이었으나 〈게임중독법〉의 발의로 온 국민의 이목을 한 몸에 받게 되었다.

나는 왜 논란의 중심에 서게 되었을까? 모든 사람의 뒤안길에는 살아오면서 겪는 아픔과 굴곡이 반드시 있다. 사람들은 나에 대해 "의사 신의진은 평범한 집안에서 태어나 비교적 굴곡 없는 삶을 살았을 것"이라 평가한다. 그러나 나는 어린 시절부터 도전적이고 때로는 톡톡 튀는 행동으로 인해 적지 않은 눈총을 받았다. 그때만 해도 여성에 대한 제약이 심했고 억압이 많았던 시절이었다. 그 보이지 않는 울타리를 뛰어넘기 위해 나는 많은 노력을 기울였다. 의사·교수·어머니·저자·사회활동가로 활약하는 나에게 사람들은 부러움의 눈으로 슈퍼우먼이라 부르지만 실은 엄청난 노력의 산물이다. 남녀차별이 심했던 그 시기에 나는 하루에 4시간도 자지 못하면서 열심히 일했고 꿈을 이루어왔다.

되돌아보면 그 출발점에는 특이한 요인이 하나 있었다. 나는 어렸을 때 편식을 하는 나쁜 버릇이 있었다. 그래서 몸이 허약해져 학교에 가지 못하는 날이 많았다. 그때 내가 할 수 있는 유일한 일은 책을 읽는 것이었다. 공허한 시간을 채우기 위해 집안에 있는 책을 거의 닥치는 대로 읽었는데 특히 어머니가 사주신 문학전집을 통해 독서 대장정을 시작했다. 수없이 많은 책들을 읽으면서 어린 나이에 세상을 보는 시각을 확장시키며 조숙하게 성장했다. 즉 마음이 실제 경험하는 세상에만 머무는 것이 아니라 책 속에 담긴 다양한 세상을 체험하면서 현실 너머의 새로운 세

계를 탐구했다. 초등학교 6학년 때 벌써《까라마조프가의 형제들》을 여러 번 읽었으니 내 독서의 수준은 상당히 높은 편이었다.

지금도 어린 시절을 돌아보면 그때 이러이러한 책을 읽었구나, 음악은 이러저러한 노래를 들었구나 하는 기억이 떠오른다. 만일 내가 독서의 세계로 빠져들지 않았다면 오늘날 다른 삶을 살고 있었을 것이다. 그 시초는 편식을 하게 된 것이었으니 지금 의사가 된 내가 생각해도 참으로 아이러니하다.

교수로서, 엄마로서 너무 가슴 아픈 사건들

비례대표 국회의원으로 발탁되기 전까지는 의과대학에 근무하면서 진료와 연구에 몰두했으므로 정치에 대해서는 관심이 없었다. 또 이런저런 위원회와 협회 등에서 활동하느라 분주했기에 정치에 관심을 기울일 여유도 없었다. 단지 1998년 연세의대 교수로 임명되고 얼마 후부터 성폭력 피해를 입은 아동들을 진료하면서 생각이 조금씩 바뀌기 시작했다. 우리 사회의 모순과 문제점을 직접 체험하면서 기회가 되면 이러한 사회 문제를 해결해야겠다고 마음먹었다.

특히 조두순 사건의 피해 어린이인 나영이를 진료하면서, 대한민국의 법과 제도가 진정 피해 어린이를 위해 존재하는가에 대한 깊은 회의와 분노를 느꼈다. 만일 나영이가 사건 직후에 제대로 된 치료와 수사가 이루어졌다면 지금과 같은 심각한 신체적 고통을 겪지 않았을 것이다. 나는 여성으로서, 엄마로서, 주치의로서 그리고 우리나라에서 처음으로 성폭력 피해아동을 위한 치료기관인 해바라기아동센터를 구축했던 전문가로서 너무 가슴이 아팠다.

이 엄청난 모순과 아픔을 사회에 드러내고 제도를 개선하고자 했을 때 정부나 관련 기관들의 비협조 내지는 은밀한 방해로 인해 국민의 한 사람으로서 자괴감을 느끼지 않을 수 없었다. 어린이 성폭력 사건은 당연히 가해자 처벌도 엄중해야 하지만 피해 어린이와 가족을 고통에서 구하는 것도 중요한 과제다. 이를 위해서는 전문가와 정부가 협조해 좋은 시스템을 구축해야 하는데 정부는 예산을 배정하기만 할 뿐 차후 운영에는 역량도, 관심도 너무 부족했다.

또한 성폭력에 대한 사회적 이미지는 물론이고 부모, 학교, 지역사회에서의 대응 역시 서투르기만 했다. 피해 아동이 제대로 치료받고 재활하고 회복하기에는 모든 것이 부족했다. 과거에는 진료조차 거부당하고 여러 번 법적 진술을 하는 단계보다는 발전했지만 피해 어린이를 치료하고 수사하는 부분은 여전히 취약하다.

이러한 상황에서 19대 비례대표 국회의원 제의가 왔을 때 나는 주저 없이 응했다. 19대 임기 4년 동안 성폭력 피해 어린이를 돕는 법과 제도를 개선하고, 우리 사회에 만연하는 성폭력을 예방하는 일에 헌신하기로 했다. 어떻게 보면 처음부터 사회를 변혁시키는 정치가로서의 원대한 꿈이나 열망을 품기보다는 어린이 성폭력이라는 이슈를 가지고 정책적으로 해결해나가는 실제적인 과제를 목표로 삼았다.

소외받는 사람들의 눈높이로 나를 낮추다

정치란 무엇일까? 대부분의 우리 국민들은 정치에 대해 실망한 나머지 무관심하기까지 하다. 나도 그중 한 사람이었다. 어려서부터 '정치' 하면 떠올린 이미지는 싸우고 헐뜯고 부패하고 권력을 탐하는 사리사욕 집단이었다. 이러한 부정적 이미지 때문에 정치의 중요성을 차치하고 신문에서 정치면은 대통령선거 외에는 평생 거들떠보지도 않았다. 따라서 정치는 내 일상과는 철저히 유리된 것이었으나 성폭력 관련 제도를 만들면서 국회를 드나들고 법사위에서 공청회 증인으로 나가 발제를 하며 실제로 정치인들을 만나면서 그 중요성을 깨닫기 시작했다.

그때 우리 정치권에도 각 분야의 전문지식을 갖춘 인재가 더 많이 필요

■ 2012 전국 보육인 대회 참석

하고, 남북통일이나 세계무역, 국가안보 등의 거시적 이슈 외에도 평범한 국민의 삶을 편하게 해주는 사회적 관심이 필요하다고 생각했다. 즉 민생의 디테일을 잘 챙기는 자상하면서도 정직한 정치가 필요한 시대가 되었다. 정치 입문할 때 초심은 세 가지였다. '우리 사회의 어린 싹(어린이, 청소년)을 보호하는 정치인이 되자', '합리적이고 정직한 정치인이 되자', '절대 험한 말을 해서 국민들에게 불쾌감을 주지 말자'였다. 너무 소소한 마인드일까? 나는 절대 그렇지 않다고 생각한다. 앞에서 말한 것처럼 거대담론 뒤에 가려진 일상의 소소함을 지키고 더 아름답게 하는 것도 정치의 한 역할이기 때문이다.

그럼에도 이 초심을 지켜나가기란 쉽지 않았다. 2012년 대통령선거 기간에 원내 대변인을 맡았을 때 아무리 상대가 감정적으로 나오더라도 험한 말로 대응하지 않으려 노력했다. 그러자 사람들은 "교수 출신이라 그런지 너무 점잖게만 대변인 역할을 한다"고 지적했다. 더 날카롭게 상대를 반박하는 발언이 필요할 때도 담담하게 표현하니 답답한 면도 있었을 것이다. 하지만 나는 국민들 앞에서 그 누구라도 감정적으로 비난하거나 험한 말을 쓰지 않기로 작심했기에 비록 존재감이 덜 하더라도 큰 물의를 일으키지 않고 대변인 역할을 수행했다.

어린이, 청소년은 우리 사회에서 자신의 정치적 발언권이 없는 집단이다. 즉 선거권이 없기에 정책에서 소외되는 'speechless group'이다. 때문에 이들의 눈높이에서 필요한 정책은 아무래도 소홀히 다루어지며, 예산 배정에서도 후순위다. 그 결과 우리나라는 세계 최고의 저출산국으로 치닫고 있다. 물론 출산을 기피하는 원인은 여러 가지가 있으나 각 가정마다 양육과 교육이 너무 힘들다고 아우성치는 데에는 정치권에 많은 책임이 있다. 어린이를 위한 실제적인 사회제도가 제대로 없으니, 부모가 직접 나서서 자기 아이를 보호하고 교육하는 부담을 모두 져야 한다.

여유가 없는 맞벌이 부부는 아예 아이를 가질 엄두도 못 내는 사회가 되어버렸다. 참으로 서글픈 현실이다. 예를 들어, 보건복지부의 R&D 예산 3,000억 원 중에서 18세 이하 연령층을 대상으로 한 예산은 18억 원에 불과했다. 이는 2013년 국정감사에서 내가 추궁한 부분이다. 성인에 비해 어린이는 질 높은 의료서비스를 위한 연구에서 거의 제외되어 있다는 의미다. 물론 내가 보건복지상임위에서 활동하는 동안은 계속 어린이, 청소년을 위한 의료서비스 개선을 위해 노력하겠지만 향후 정치권과 국민들의 따뜻한 협조와 관심이 필요하다.

'합리적이고 정직한 정치인이 되자'라는 부분도 지키기 위해 많은 노력을 하고 있다. 상임위원회 활동 중 야당의 주장도 합리적이고 국민의 생활에 도움이 되는 부분은 적극 지지하고 이루어가도록 한다. 정치 쟁점이 되는 사안에 대해서는 당의 의견을 따를 때도 있지만 예산 심의, 법률 심의를 할 때는 국민 편익을 우선 고려한다. 이는 너무 당연한 것임에도 실제 국회에서 행동에 옮기기는 쉽지 않을 때가 있다. 그 상황에서도 나는 내 원칙을 고수한다. 그래서 야당 의원들의 입장에서 이해하고자 평소에도 주의를 기울이고, 의견이 다를 때는 합리적 대안을 모색한다.

어린이 · 청소년은 누가 보호해야 하는가

'어린이는 나라의 미래'라고 말한 사람은 어른이다. 그럼에도 어른들은 어린이에 대해 말로만 떠들 뿐 실제 행동으로는 잘 옮기지 않는다. 우리의 미래인 어린이가 행복하게 자라기 위해서는 제대로 보호하고 꿈을 펼치게 해야 한다. 즉 아동 학대, 어린이 성폭력, 각종 어린이 사고 및 실종, 유해식품, 유해 미디어 콘텐츠, 인터넷 및 게임 중독, 학교폭력 등 현재 우리 사회에는 어린이 · 청소년이 제대로 성장하기 위한 방해물이 너무나 많다. 유해 환경으로부터 아이들을 체계적 · 전문적으로 보호하는 시스템은 몹시 취약하다.

특히 선진국에 비하면 사회제도뿐 아니라 이 분야를 전공한 학자, 전문가도 부족해 국가가 예산을 투입해도 시스템이 제대로 굴러가지 않는다.

아동 성폭력이 심각한 사회문제로 떠올라 국가가 어린이 성폭력 피해자를 위한 지원센터를 만들어도 그곳에서 일할 수 있는 전문가(의사, 간호사, 상담사, 임상심리사 등)가 부족해 질 높은 서비스를 제공하기 어렵다. 따라서 점차적으로 전문가를 양성하면서 성폭력 지원시스템을 확충해 나가야 함에도 정부는 여론을 등에 업고 급하게 센터만 확충한다. 그 결과 예산은 계속 집행되는데 실제 제대로 된 돌봄은 되지 않는 상황이다.

2012년 나주 어린이 사건이 발생했을 때 국회의원으로서 직접 현장에 가서 피해 어린이와 가족이 어떻게 보호되고 있는지를 살펴보았다. 초기 상담 및 보호과정, 진술과정 등에서 미비한 점이 여전히 많았다. 이 모든 것이 전문성 결여와 부처 협업이 부족하고 연계시스템이 활성화되지 않았기 때문이다. 2013년 국회 여성가족부 국정감사에서 성폭력 피해자 지원시스템 문제를 지적해 향후 이를 개선하기 위한 발판은 우선 마련해 놓았다.

어린이 보호와 관련된 입법 활동은 참으로 많다. 1) 중독 예방, 관리 및 치료에 관한 법, 2) 청소년 환각물질 중독자 치료(청소년 보호법 개정), 3) 중·고등학교에 전문 상담교사 의무 배치(초중등교육법 개정), 4) 학교에 보건교사 배치 의무화(학교보건법 개정), 5) 어린이집 급식기준 강화(영유아보육법), 6) 식품안전보호구역 내 위반업소의 납품제한 및 처벌 강화(어린이 식생활안전관리 특별법 개정), 7) 어린이 통학버스 운행 신고 의무화 등이다.

이외에도 나는 어린이·청소년 보호를 위한 여러 특별위원회에서 활동한다. 첫째는 아이가 행복한 학교 만들기 새누리당 특별위원회 간사로 임명돼 학교 전담경찰관 제도를 비롯해 학교폭력을 예방·처리하는 법안과 예산을 마련했다. 둘째로는 국회 학교폭력 특별위원회 위원과 새누리당 가족행복특별위원회 부위원장을 맡았다. 성폭력, 가정폭력, 학교폭력, 자살 예방 및 관리를 위한 특별위원회를 구성하여 전문가 간담회, 정부와의 대화 등을 통해 법안과 예산을 마련했다. 박근혜 정부의 대선 공약인 4대악 척결의 중요한 단추이다.

이른바 게임중독법은 2013년 4월에 발의한 법안이다. 발의 전부터 반대 의견이 빗발쳤으나 나는 소신을 갖고 이 법안을 만들었다. 게임중독법은 〈중독 예방 관리 및 치료를 위한 법률〉을 일컬으며 게임중독은 술, 마약, 도박중독과 함께 국가가 관리와 치료를 해야 한다는 취지의 법안이다.

반대 여론이 나라 전체에 들끓었으며 내 홈페이지는 접속자 폭주로 마비됐고, 블로그에도 항의 의견이 넘쳐났다. 게임업계와 문화·예술계는 문화 말살 정책으로 규정해 나치 독일의 유대인 말살 정책으로까지 거슬러 올라가면서 게임의 정체성을 파괴하는 법안이라 비판했다. 게임을 마약과 동일선상에 놓음으로써 게임산업의 정체성이 심각하게 훼손된다는 이유였다. 반면 학부모 단체와 기독교 일부 단체, 정신의학계는 찬성을 표했다. 안타까운 점은 대부분의 사람들이 이 법의 취지를 오해하고 있다는 점이다.

게임을 하거나 술을 마시는 행위 자체를 제한하는 규제법이 아니라 각종 중독에 의해 힘들어하는 사람들을 국가가 치료하고 예방하기 위한 법적·제도적 근거를 마련하는 기본법이다. 치료와 관리의 대상도 전문가

- 성범죄피해자 지원시스템 개선 토론회 개최 인사말(국회의원회관, 2014년 2월 25일)

의 의학적 진단을 받은 중독자에 한정한다. 단순히 게임을 즐기는 것과 중독되는 것은 엄연히 다르다. 일부 언론이 마치 이 법안이 게임을 즐기는 사람을 모두 중독자로 몰아가는 법이라고 하는 것은 사실을 왜곡한 것이다. 현재 이 법안은 여전히 논란의 대상이지만 의학적 부작용이 나타난 중독자들과 그 가족들이 건강하고 정상적인 생활을 할 수 있도록 도울 것이다.

이 법이 아직 확정되지 못한 것 외에도 아직 이루지 못한 부분은 많다. 올바른 어린이 성장을 사회가 보장하기 위한 〈어린이 건강증진법〉, 〈학교 인성증진법〉과 같은 기본법 제정도 고려 중이나 현실 여건과 법체계 등을 자세히 살피는 중이다. 아직 우리 사회에는 미래를 위한 투자, 즉 효과가 즉시 나타나지 않는 사업에는 예산 배정을 꺼린다. 그러나 출산율 저하가 발등에 떨어진 불인 만큼 국민과 언론, 정부를 설득하면 어린이·청소년이 잘 성장할 수 있는 제도를 만드는 일은 가속도가 붙을 것이다.

성공은 사회를 위해 가치를 실현하는 것

인생의 성공을 위해 어떠한 노력을 해왔을까? 나는 성공을 '자신이 중요하다고 생각하는 가치를 사회에 도움이 되도록 실현하는 것'이라 생각한다. 또 꿈은 '나의 내면의 크기'라 생각한다. 20대까지 나는 성공이 과연 무엇을 의미하는지를 찾고자 많은 번민을 했다. 세속적인 성공이 꼭 내가 원하는 성공이 아닐 수 있다고 생각했다.

그 이유는 우리 인간은 각자가 너무나 다른 신체적·정신적·사회적 배경을 가지고 있어 다양성이 중요하다고 보았기 때문이다. 따라서 개인에 따라 성공의 의미가 다르며, 과연 내게 성공이란 무엇인지 계속 질문을 던졌다.

나는 사람의 마음을 변화시키는 것이 너무 중요한 일이며, 마음의 변화과정을 제대로 알기 위해 정신과를 전공과목으로 선택했다. 다행히 정신과 전공의 때부터는 내가 중요하다고 생각한 가치를 학문적으로 추구할 수 있었고, 직접 환자를 진료하고 나 자신도 정신분석을 받으면서 사람 마음이 어떻게 발달하는가를 연구했다. 마음에 문제가 생기면 긍정적 방향으로 변화시킬 수 있는지를 직접 체험하면서 삶을 바라보는 시각도 변했다. 그리고 내가 깨달은 이 중요한 가치를 우리 사회와 공유한다면 모두가 더 행복해질 수 있으니, 이를 홀씨처럼 퍼뜨리고자 하는 꿈도 생겼다.

특히 어린 시절의 부정적 경험(가족 갈등, 심각한 가난, 학대 등)이 인생 전체를 뒤틀어버리고 불행하게 만들 수 있다는 사실을 오랜 소아정신과 수련을 통해 파악했다. 그 이후부터는 사회운동에도 뛰어들어 분주한 나날을 보냈다. 대표적 활동이 어린이 성폭력 예방과 치료를 위해 헌신했던 일이며, 우리나라 최초로 어린이 성폭력 치료 전담기관인 해바라기아동센터를 설립하는 데 핵심 역할을 했다.

또한 소아정신과 의사로서의 전문성과 두 아들을 기른 경험을 살려 육아 관련 서적을 집필해 베스트셀러 저자가 되었다. 그동안《현명한 부모는 자녀를 느리게 기른다》(2000),《느림보 학습법》(2001),《현명한 부모는 자신의 행복을 먼저 선택한다》(2006),《신의진의 아이심리백과》(2007), 《디지털 세상이 아이를 아프게 한다》(2013) 등 9권의 책을 펴냈다. 첫 번째 책《현명한 부모는 아이를 느리게 기른다》는 2000년에 출판된 이후 30만 부가 넘게 팔리면서 조기교육 열풍에 대한 비판서로 역할을 해왔다. 내가 분초를 쪼개서 이처럼 많은 책을 집필한 이유는 나 자신이 엄마이기 때문이었다. 그 세월이 아프고 쓰려서 이 땅의 모든 위대한 엄마들을 위해 책을 집필했다.

많은 부모들이 이 책들을 통해 정신과 교수 신의진이란 이름을 친근하게 여기지만 정치인 신의진은 잘 모른다. 그만큼 나의 사회활동은 육아 서적의 저자, 어린이 성폭력 치료 권위자로 자리매김하고 있다. 이제는 우리나라의 법과 제도를 더 근본적으로 발전시키고 국민에게 비전을 제시하는 정치인으로서의 소명이 앞길에 주어졌다. 우리 국민들은 정치인에 대한 부정적 이미지가 워낙 강하고 실제 정치가 제기능을 제대로 하지 못했기에 정치인으로 성공한다는 것은 어려운 도전이다. 하지만 정치는 우리 사회를 긍정적으로 변화시키고 발전시키는 데 핵심 역할을 한다. 부정적 이미지가 강하다 해서 기피하고 포기해서는 안 된다.

그래서 개인의 마음을 변화시키는 핵심을 알고자 정신과 의사를 선택한 것처럼, 우리 사회를 긍정적으로 변화시키기 위한 정치 활동을 하게 된 것이다. 진정성과 용기를 가지고 꾸준히 내가 맡은 역할을 하며 정치인 신의진으로도 사람들에게 다가갈 수 있으리라 기대한다. 그것이 지금 내가 꾸고 있는 가장 현실적인 꿈이다.

청년들이여 영혼을 승화시켜줄 수 있는 모델을 찾아라

청년들이 성공에 대해 어떠한 정의를 가지고 있으며, 어떤 방식으로 이루어가고 있는지는 각자 다르다. 나는 성공을 단언적으로 정의 내리지 않는다. 자신이 옳다고 생각하는 것, 우리 사회를 발전시키고, 사람들의 삶에 이로움을 주는 것, 국가와 사회에 이바지할 수 있는 것이라 생각하면 그것을 실현하는 것이 곧 성공이다.

급변하는 디지털 시대는 편리함과 빠른 속도를 우리에게 안겨주었지만 그만큼 부작용도 가져다주었다. 디지털에 매몰되는 청년들이 얕은 지식으로 커뮤니케이션하면서 의식의 하향 평준화가 된 것은 안타까운

현실이 아닐 수 없다. 디지털적인 삶을 누리면서도 자신의 의식을 향상시키고 드넓은 세계로 나아갈 수 있는 방법은 아주 많다. 그것 중의 하나는 독서이다. 독서는 간접경험을 통해 내 영혼을 승화시켜줄 수 있는 가장 좋은 방법이다. 조금이라도 짬이 날 때 스마트폰을 들여다보기보다는 책 한 페이지를 더 읽으면 그만큼 세상을 개척해나갈 수 있는 힘을 얻는다.

  단편적인 예로 소설 속 주인공으로부터도 지혜를 얻을 수 있다. 나는 청소년기 힘들었던 시절에 헤르만 헤세의 《수레바퀴 밑에서》를 읽고 많이 울었다. 한스와 하일러라는 두 소년은 나에게 고단한 삶을 헤쳐나갈 수 있는 용기와 인생의 목적을 가르쳐준 멘토가 되었다. 어찌 이 소설뿐일까, 모든 소설 속에는 주인공이 있고, 그 주인공은 반드시 우리에게 교훈을 주는 스승이 된다. 또 그 스승들이 주는 메시지는 모두 다르다. 자신의 현재가 어렵고 힘들 때 고난과 역경을 헤쳐나간 주인공들을 마음속에 새기면서 앞날을 개척해 나갈 수 있는 힘을 체득할 수 있다.

　오늘날의 청년들이 과거에 비해 풍요로운 환경에서 살면서도 멋진 꿈을 펼치지 못하는 것은 어른의 한 사람으로서 가슴이 아프다. 그러나 한때의 고난과 난관에 좌절해서는 안 된다. 더 넓은 세계가 자신을 기다리고 있음을 주지하고 세상의 곳곳에서 가치 있는 꿈을 펼치자.

양창영

아시아 태평양 시대의 주역은 한국,
위대한 한민족 시대를 열자

양창영

· 1943년 경상북도 예천 출생
· 연세대학교 정치외교학과 졸업
· 現 제19대 국회의원(환경노동위원회, 남북관계 및 교류협력 발전 특별위원회)
· 現 새누리당 영등포乙 당협위원장
· 現 새누리당 재외국민위원회 수석부위원장
· 現 새누리당 정책자문위원회 재외국민부위원장
· 現 세계도덕재무장운동(MRA)한국본부 부총재
· 現 (새)세계한인상공인총연합회 사무총장
· 국제이주개발공사 대표이사
· 호서대학교 해외개발학과 교수
· (새)한국국외이주법인협회 회장
· 외교통상부 규제심사위원회 위원장
· 제17대 대선 한나라당 중앙선대위 재외국민참정권위원회 위원장
· 서울벤처대학원대학교 총장

아시아 태평양 시대의 주역은 한국, 위대한 한민족 시대를 열자

국가는 영토를 벗어나지 못하지만 민족은 영토를 벗어날 수 있다. 한민족 이민자들이 지난 세기에 이룩한 놀라운 성공 사례들을 생각해보라.

한민족의 디아스포라(흩어진 사람들이란 뜻으로 팔레스타인 밖에 살면서 유대교적 종교규범과 생활관습을 유지하는 유대인을 가리키는 말)들이 전 세계를 경영하지 못할 이유가 없다. 그들은 세계 경제를 쥐락펴락한다는 유대민족 못지않은 강인한 도전 정신, 개척 정신을 겸한 영민함과 성실함을 바탕으로 전 세계 곳곳에서 빠르게 적응했다.

그들이 세계 주요 선진국들의 정치 · 경제 · 금융 · 과학 등 각계각층에 걸쳐 골고루 진출하여 영향력을 행사하게 될 때 비로소 우리는 국제정치 · 경제의 헤게모니 싸움에서 주도권을 잡을 수 있게 될 것이다.

해외 한인 750만 시대, '1천만 시대를 열자'

2014년 현재 해외에 나가 살고 있는 한국인은 750만 명에 이르고 있다. 이는 홍콩의 전체 인구와 맞먹는 수준이다. 서울시민 1천만 명에 미치지는 못하지만 부산시민의 2배, 대구시민의 3배에 달할 정도로 결코 적지 않은 수준인 것이다.

이들 재외동포 상당수는 이민 1세대, 2세대 그리고 3세대를 거치면서 전 세계 곳곳에서 대한민국의 민간 외교관으로서 국위를 선양하고 있다. 이들의 존재는 조국 대한민국과 대한민국 국민들에게 든든한 지원자이며 후원자이다. 이들의 위상이 곧 대한민국의 위상이고 이들의 경쟁력이 대한민국의 경쟁력인 것이다.

1965년 해외에서 귀국한 뒤, 민간인으로는 처음으로 해외인력진출기구를 만들었는데, 그것이 바로 재단법인 범흥이주공사였다. 이후 국제이주개발공사라는 또 다른 단체를 설립해 국내에서 일자리를 찾지 못한 구직 희망자들을 해외로 진출시키는 일에 앞장섰다.

1970년대 초에는 자원의 보고인 중남미 지역 이민 진출을 위해서 전 세계 산소 공급량의 3분의 1가량을 배출한다는 아마존 유역을 답사했는데, 직접 헬기를 빌려 타고 다니면서 험난한 지형과 헬기 조종사의 미숙으로 몇 번의 죽을 고비를 넘기기도 했다.

또한 아르헨티나의 팜파스Pampas(인디오 말로 평원(平原)을 뜻하며 브라질 최남단에서 아르헨티나의 중심부와 우루과이에 걸쳐 있는 넓은 지역)라는 대초원 지역까지 모두 돌아보면서 파라과이를 거점으로 브라질, 아르헨티나,

볼리비아 등 중남미 지역에 20여만 명의 이주 및 정착을 성공적으로 이끌어내기도 했으며 피지, 사모아, 통가, 마샬공화국 등 남태평양 섬나라 곳곳에도 이주 및 정착시키는 일을 주도했다.

나는 이러한 일련의 과정들을 거치면서 앞으로 세계화시대는 인적자원의 역량이 국가 경쟁력을 좌우하는 시대가 될 것임을 더욱 굳게 믿게 되었다. 민족 간의 경쟁시대로, 같은 민족이 세계에 얼마나 많이 흩어져 살고 있는가가 민족의 우열을 가리는 척도라고 생각하게 된 것이다.

그래서 틈날 때마다 관계자들을 찾아가 독일, 중동, 아프리카, 중남미 등 해외 취업 진출과 미국, 캐나다, 호주, 뉴질랜드, 브라질 등지로의 취업 이민, 투자 이민, 기업 이민, 초청 이민 등이 활발하게 이루어져야 한다고 설파했다.

특히 우리 청년들이 북미주, 중남미, 대양주, 남태평양의 섬나라 등을 비롯해 전 세계를 무대로 개척·개발하고 진출하여 10년, 20년 후에는 우리의 우수한 인재들이 전 세계를 주도할 수 있도록 국가 차원에서 적극 장려해야 한다고 주장하기도 했다.

중국의 해외 화상조직, 인도의 해외인도인조직, 유대인의 세계적인 조직 등에 비해 우리는 상대적으로 늦은 감이 없지는 않지만 1993년부터 재외동포 상공인들을 네트워킹하여 '세계한인상공인총연합회'를 결성했으며 750만 동포사회와 조국 간의 상호발전을 위한 코리아 네트워크를 구축했다.

이 연합회는 전 세계 67개국 145개 지역의 동포 경제인들을 조직화하였고, 그들의 권익신장을 도와 동포사회 동력을 극대화하는 데 노력을 기울였다. 매년 국내 주요도시를 중심으로 세계한상들을 초청하여 상호교류하는 한상대회를 개최하고 특히 환경이 열악한 해외동포 밀집지역을 돕기 위해서 중국 연변 조선족 자치주나 중앙아시아 우즈베키스탄, 카자흐스탄, 멕시코, 쿠바, 캄보디아 등지에서도 '세계한인상공인지도자대회'를 개최하여 그 지역 동포상권 확보에 많은 도움을 주었다.

앞으로 십여 년 남짓 기간이 지나면 해외동포 1천만 시대를 맞이하게 될 것이고, 더욱더 많은 한민족이 전 세계 곳곳으로 진출하게 될 것이다.

하지만 우리는 아직까지도 그들을 위한 전담 정부 부처 하나 만들지 못하고 있다. 지금부터라도 해외동포들의 권익 신장과 안정적인 사회·경제활동을 위해 전담기구 설립에 대한 논의를 심도 있게 다루어야 할 것이다. 또한, 말년을 고향에서 보내고 싶어 하는 이민 1세대들의 간절한 바람을 외면하지 말고 국가적 차원에서 지원해줄 수 있는 방향을 모색해야 한다.

헌법 제2조 제2항은 "국가는 법률이 정하는 바에 의하여 재외국민을 보호할 의무를 진다"고 규정하고 있다. 오랜 시간 각고의 노력 끝에 중요한 과제 중 하나인 재외국민들의 참정권 회복은 이루어졌지만, 더 나아가 투표권 행사를 편리하게 하는 등 재외국민 보호 법률 정비에 나서야 할 것이다.

앞으로 이러한 과제들을 가슴 깊이 새겨 재외국민들의 권익향상과 대한민국 국민이라면 누구나 가지는 당연한 권리들을 차별받지 않고 모두 누릴 수 있도록 하는 데 의정활동의 많은 부분을 할애할 생각이다.

전 세계 한민족 청년네트워크 구축을 위해

'정보화시대의 계몽주의자'로 불리는 미국 버클리 대학의 저명한 정보사회학자 마누엘 카스텔스Manuel Castells는 일찍이 "21세기는 네트워크가 지배하는 사회가 될 것"이라고 주장했다. 네트워크가 전 지구적 차원에서 빠르게 이루어져 정교한 네트워크를 가진 자가 경쟁력을 갖고 생존하게 될 것이며, 우리가 맞이하게 될 정보화시대는 네트워크를 통해 조직되는 것이 역사의 추세라고 예견한 것이다.

정보기술의 발전으로 사회는 다양한 영역에서 연계하고 협력 및 협조하며 진화하고 있다. 네트워킹은 이전에도 존재했지만 새로운 정보기술에 의해 시공을 초월하여 국제사회에 파급되는 기반이 조성되면서 이전

- 재외동포재단 창립식 때

에 비해 더 큰 영향력을 행사하게 되었다. 특히 민족동질성과 정체성이 서로 합쳐서 형성된 네트워크는 오랜 기간 반복적인 상호작용을 거치면서 신뢰를 바탕으로 형성되었기 때문에 더욱 견고한 연결망으로 발전하는 특징을 가진다.

정보통신망을 바탕으로 동일한 문화적 유산을 공유하는 동일 민족이나 문화집단들을 매개로 민족공동체를 구축하는 현상은 세계적인 추세로 연구되고 있는데, 대표적인 민족네트워크가 바로 화교, 유대인, 인도인의 그것이다.

전 세계 화상(華商)네트워크는 화교 특유의 학연(學緣), 지연(地緣), 업연(業緣) 등을 바탕으로 140여 개국에 5천여만 명이 흩어져 있고, 특히 동남아지역에 집중적으로 거주하며 이 지역 경제를 장악하고 있다. 현재는 대만의 제조 기술, 싱가포르의 마케팅과 서비스, 중국의 노동력, 북미의

274

전문 인력과 기술력이 세계화교자본과 결합하면서 시너지 효과를 내고 있다. 화상(華商)네트워크는 초국가적인 기업이 보편화되는 현실에 빠르게 성장하는 중국 경제와 연계하면서 국제사회에서 부각되고 있다. 이전까지 중국의 경제성장이 해외 화상의 투자에 힘입었다면, 이제는 반대로 중국의 발전에 따라 화상(華商)네트워크의 경제력과 단결력이 강화되고 있다.

이스라엘 민족은 오래전 영토를 잃고 2천 년 동안이나 세계 여러 곳에 흩어져 온갖 고난과 시련을 겪었지만 유대인 공동체인 WZOWorld Zionist Organization의 시오니즘Zionism(고대 유대인들이 고국 팔레스타인에 유대 민족국가를 건설하는 것을 목표로 한 유대민족주의 운동)으로 정신적 유대를 강화하여 이스라엘을 세계적인 국가로 건국하였다.

인도는 해외 곳곳에 퍼져있는 인도인들의 풍부한 자금력과 높은 과학기술 수준을 인도 경제성장에 접목하였다. 지난 20년 동안 인도는 해외 인도인들에게 투자의 최우선권 보장, 투자액과 이윤의 거주국 송금권리 부여, 각종 세금면제, 자유로운 부동산 거래, 외환계좌의 보유허용 등과 같은 특혜를 주었다. 더불어 해외에 거주하는 높은 수준의 인도 과학자들이 모국을 위해 봉사할 수 있는 길을 마련했는데, 여기에서 핵심적인 역할을 한 단체가 바로 '세계인도상인협회'라는 조직이었다.

이와 유사한 조직으로 대한민국에는 세계한인상공인총연합회가 있다. 세계한인상공인총연합회 역시 전 세계에 흩어져 있는 한민족들의 구심점 역할을 해내기 위해 수많은 노력을 기울여 왔다. 2005년 7월에는 한민족의 르네상스 대륙통로를 열기 위한 목적으로 한러문제연구소, MBC

등과 함께 한러의원협회, 현대자동차, 삼성 등의 협찬을 받아 수년 동안 준비한 '한러 유라시아 대장정'을 시작했다.

부산과 서울을 거쳐 블라디보스톡에 도착한 동시베리아팀과 국회의 사당 앞에서 출발한 서시베리아팀이 함께한 '한러 유라시아 대장정'은 유라시아 지역의 평화정착, 경제협력과 문화교류 증진, 자원개발과 주변 국가의 상생뿐 아니라 재외한인들의 네트워킹과 정체성 확립이라는 큰 가치를 목표로 내걸고, 장장 24일간 80여 명의 원정대가 지구촌 750만 재외동포와 한민족의 무궁한 발전을 기원하면서 시베리아 60여 개 도시를 거쳐 부산과 모스크바를 잇는 1만 2,000km에 달하는 열정의 행진이 었다.

'한러 유라시아 대장정'은 재소련 동포들이 겪었던 강제유배와 독립투쟁의 한 많은 역사, 혹한과 굶주림을 이겨내고 새로운 삶의 터전을 일구어낸 '고려인'들의 끈질긴 생명력 그리고 국회의원, 주의원 등으로 활약하고 있는 '고려인'의 후손들을 만나면서 재외한인들의 네트워킹에 대한 필요성을 다시 한 번 절실하게 느끼게 해주는 계기가 되었다.

세계시장은 국가 간의 물리적인 국경의 의미가 사라지고, 상호의존관계가 심화되어 하나의 지구촌을 형성하고 전 세계인을 대상으로 경쟁을 벌여야 하는 상황에 이르고 있다. 우리 해외동포도 전 세계 190여 개국 750만 명에 달하는 '한국 밖의 한국인'으로서 민족발전에 중요한 일익을 담당하며 국가 간 관계에서 큰 역할을 수행하고 있다. 이들은 한국의 민주화 발전, 경제의 지속적인 성장, 교육의 질적 향상 등 어느 하나 국가 사회에 기여하지 않은 구석이 없고, 한국 상품 수출과 한국 기업의 해외

진출에도 남다른 노고가 숨어 있는 것이 사실이다.

해외동포들의 헌신적인 노력과 협조, 조국에 대한 애정과 열정에 부응하고 한민족의 에너지를 국제사회로 발산시킬 수 있는 기반을 구축하기 위해서는 차세대 지도자들이 중심이 되어 국내외 한민족 모두가 참여하는 연결고리가 필요하다.

대한민국은 식민통치의 잔재와 전쟁의 폐허 속에서 불과 반세기만에 세계 10위권의 경제대국으로 우뚝 섰다. 또한 세계가 놀랄 민주화를 이루어 낸 한민족의 저력과 세계인을 감동시킨 역동성을 바탕으로 "세계 한민족 청년 네트워크"가 결성된다면 21세기는 위대한 한민족의 시대가 될 것이라고 확신한다.

- 유라시아 대장정 중 모스크바 바람의 언덕 위 모스크바 대학교 앞 출정식 때

재외동포 참정권 실현은 위대한 한민족 시대를 향한 초석이다

세계화가 심화되면 될수록, 국가 전략적 차원에서 재외동포 정책을 한 차원 높게 발전시키는 것은 시대적인 요구이자 흐름이다. 무엇보다 세계 열강으로 둘러싸인 지정학적 여건에 더하여 부존자원마저 지극히 빈약한 우리나라로서는 세계와의 경쟁에서 도태되지 않고 국가의 생존을 지켜가기 위해서는 오직 근면하고 우수한 두뇌를 가진 인적자원에 승부를 걸 수밖에 없다. 다시 말해 국가발전의 동력으로서 인적자원의 확보는 석유 등 천연자원의 안정적인 확보보다도 국가의 생존과 번영을 위해 더욱더 중요한 요소가 아닐 수 없다.

세계 지도에서 대한민국의 영토가 차지하는 비율은 0.07%에 불과하다. 이렇게 좁은 땅을 가졌음에도 불구하고 대한민국은 1년에 약 1조 달러의 교역국으로서 세계 10위권의 경제대국이 되었다. 이는 51개국의 아프리카대륙 전체 교역량의 2배에 해당하는 규모다.

물론 대한민국 영토 내에서의 국민들의 크나큰 노력과 열정들이 오늘날의 대한민국을 만든 것은 사실이나 전 세계 곳곳에 나가 있는 750만 해외동포들의 도움이 없었다면 이렇게 빠른 시일 안에 성과를 달성하지 못했을 것이다. 해외동포들은 현지 언어가 능숙할 뿐만 아니라 그 지역의 정서와 문화에도 익숙하다. 앞으로도 해외에 산재해 있는 동포들이 대한민국의 국가적 자산이 될 것임은 틀림없다. 앞서 언급했듯이, 해외동포들이 보유하고 있는 기술과 자본은 조국의 경제발전에 기여할 뿐만 아니라 그들의 인적 네트워크와 역량은 조국의 수출시장을 확대하고 대한민국의 외교역량을 강화하여 경제적·문화적 영토를 확장하는 데 크게 기여할 것이다.

　이렇게 우리는 한반도라는 물리적 공간을 초월해 세계 어느 곳이라도 해외동포를 국가 발전 차원에서 보듬고 전략적으로 관리해야 할 시대적 요구와 필요성에 직면하고 있다. 우리는 이제 해외동포들에게 한민족으로서의 정체성과 동질성 그리고 조국에 대한 사랑과 연대를 확인케 해 줄 수 있는 제도적 방안을 반드시 마련해야 한다. 그래야만 그들도 '나도 한민족이다', '나도 대한민국 국민이다'라는 귀속감과 일체감을 가질 수 있다.

　해외동포들이 차별 없는 선거권을 행사하게 된 것은 국민 모두의 기본권을 보장하여 헌법정신을 되살린다는 의의 외에도, 무한경쟁시대에 대한민국이 영속적으로 생존, 성장할 수 있는 국가발전의 기틀을 마련하게 된다는 의미도 있다. 그렇게 될 때만이 한반도의 7천3백만 동포와 750만 해외동포들이 하나 되어 21세기를 위대한 한민족 시대로 열어가는 추진 동력을 확보할 수 있다. 우리는 이 점을 결코 잊어서는 안 될 것이며, 재외 동포들이 이역만리 해외의 척박한 여건 속에서도 불철주야 피와 땀으로 일군 경제력을 조국에 투자할 수 있는 여건을 마련하는 데 인색해서는 안 될 것이다.

아시아 태평양 시대의 주역은 한국, 위대한 한민족 시대를 열자

우리 민족이 한반도에서 살아온 5천 년은 반도의 운명 속에서 중국과 일본 등 주변 국가들의 침탈에 전전긍긍해온 질곡의 역사였다. 최근 중화문명이 다시 굴기(屈起)하면서 우리는 또다시 반도의 줄타기 생존 전략으로 고뇌하고 있다. 한반도 영토에 갇혀 있는 한 역사는 되풀이될 가능성이 크다. 더구나 오늘의 대한민국은 못살아도 평등하면 좋다고 하는, 이른바 경제적 수월성을 폄하하는 포퓰리즘 정치에 빠져 세계가 주목하던 경제 역동성마저 잃어가고 있다.

미국의 시대가 끝나는 것은 역사의 필연이다. 인류 역사상 1등 문명, 1등 경제가 영원했던 적은 없었다. 영국이 스페인 · 네덜란드의 성공 유전자를 무단 복제하여 산업혁명을 주도하고, 미국이 영국을 무단 복제하

- 1970년대 브라질 아마존강 유역, 아르헨티나 팜파스 지역 헬기 답사 중

여 20세기의 종주국으로 올라서는 과정은 모두 다 앞선 국가들의 성공 노하우에 무임승차를 하면서 달성된 것이다. 지금 세계 최강이라는 미국 경제도 세계 모든 나라의 무임승차 때문에 풍전등화(風前燈火)에 직면해 있지 않은가.

중국은 아편전쟁 이후 1세기 반 동안 3등 국가로 전락했었지만 30여 년 전부터 한국의 성공 노하우에 무임승차하여 오늘의 발판을 마련했다. 이제 중국의 미국 추월 여부는 미국의 성공 노하우는 열심히 복제하되 실패하는 포퓰리즘 사회민주 정치를 반면교사(反面教師)로 삼아서 얼마나 열심히 경제적 수월성을 추구해 나가느냐에 달려 있다고 해도 과언이 아니다.

세계적인 역사학자 폴 케네디Paul Kennedy(예일대학교)는 "21세기에는 아시아 태평양 시대가 활짝 열릴 것"이라고 예언하며, 앞으로는 한국, 중국, 일본이 주도하는 태평양이 21세기의 중심지가 될 것이라고 주장한 바 있다. 그는 일본 동경대학교 특강에서 아시아 3국 중 누가 중심 국가 역할을 담당하는 리더가 될 것으로 보느냐는 질문에 "Never Japan, Never China, Maybe Korea"라고 답변했다. 그러면서 사회적 도덕성, 정신적 문화력, 자유민주주의 역량 등 세 가지 근거까지 제시했다.

세계사의 도도한 물결은 이미 이념의 벽을 무너뜨렸으며 국경의 한계마저도 넘고 있다. 세계는 지금 생존을 위해서는 기존에 당연시되었던 가치관과 행동양식마저 과감하게 무너뜨리고 완전히 새로운 사회적 체계와 질서를 만들어가는 무한경쟁의 시대로 흘러가고 있다.

첨단 과학기술의 시대를 맞아 우수한 인적 자원을 확보하기 위한 경쟁은 그 정점에 서 있고, 과거 큰 영토와 많은 인구가 강국과 소국을 나누는 결정적인 변수로 작용했던 '규모의 경제'는 FTA와 같은 새로운 국제질서에 의해 그 의미가 서서히 퇴색하고 있다. 앞으로는 비록 작은 크기의 나라라 할지라도 아이디어와 기술력으로 무장한 우수한 인적 자원을 더 많이 확보한 나라가 지구촌 전체를 자신의 시장으로 삼고 글로벌 시대를 선도하게 될 것이다.

1980년대 초반부터 중국이 정부 차원에서 동남아에 흩어져 있는 화상을 중심으로 전 세계 화교들을 하나로 묶는 '세계중화공동체'를 주도한 일이나, 이스라엘이 '하베림코트 이스라엘'이라 하여 870만 해외 유대인들에게 국적을 부여하고 내국인과 동등한 권리를 보장한 일, 인도의 NRI 우대정책, 그리고 일본의 '니케진'에 대한 법적 지위 보장과 이탈리아의 '이탈리아협의회' 등은 모두가 재외동포의 자본과 기술을 국내에 유치하고 그들의 인적네트워크를 최대한 활용해 글로벌시대를 선도하고자 하는 국가발전 전략의 일환이었다.

무한경쟁의 글로벌시대가 가속화될수록 이렇게 우수한 인적자원을 확보하고자 하는 각국의 노력은 더욱 강화될 것이며, 그런 측면에서 해외에 나가 있는 동포들의 역량과 네트워크는 더욱 더 중요한 의미를 가지게 될 것이다. 물론 우리에게도 글로벌 경쟁력을 갖춘 우수한 인적자원, 750만 재외동포들이 있다. 그런데 그동안 우리는 사실 이들 재외동포들이 낯선 땅에서 뿌리내리고 삶을 개척하는 데 별다른 도움을 주지 못했다. 때로는 재외동포들을 '자기 혼자 잘살기 위해 나라를 버리고 간 사람들'이라거나 '의무는 다하지 않으면서 권리만 주장하는 귀찮은 존재'로 여기기까지 했다.

그럼에도 불구하고 재외동포들은 지난 IMF 외환 위기나 최근의 세계적인 금융위기 속에서 온 나라가 절박한 상황에 처했을 때 'Buy Korea 운동'을 전개하여 모국의 상품 사기와 1인 1통장 갖기 운동 그리고 모국으로의 송금운동 등을 통해 조국이 하루빨리 위기를 극복하는 데 크게 기여한 바 있다.

재외동포들은 현재 미국, 일본, 중국, 러시아 등 대한민국의 정치와 경제에 중대한 영향을 미치고 있는 소위 4대 절대강국을 중심으로 전 세계 190여 개 국가에서 나름의 기반을 쌓고 그 사회에 훌륭하게 정착해 있다. 이들의 규모는 남한 전체 인구수 대비 약 15%에 이른다.

만약 재외동포들이 한반도의 7천3백만 동포와 함께 한민족의 에너지를 하나로 결집시킬 수만 있다면 조만간 4만 달러·8천만 명 시대를 맞이하게 되고, 어떠한 난관도 곧바로 기회로 반전시키며, 무한경쟁의 21세기를 위대한 한민족시대로 열어가는 영속적인 성장 동력이 될 것이다.

옛말에 '천 리 길도 한 걸음부터'라는 말이 있다. 무한경쟁의 21세기를 위대한 한민족시대로 열기 위한 몇 걸음을 제시해본다. 첫째, 정부 안에 한민족 디아스포라 네트워크 담당 부서를 신설할 필요가 있다. 둘째, 해외 이민을 장려할 뿐만 아니라 원하는 모든 한민족 이민자에게 이중국적을 부여해야 한다. 더 이상 내국인이 기득권 때문에 이민자들을 배척하는 단견에서 탈피해야 한다. 셋째, 국내 교육기관을 과감히 개방하여 이민 2·3세대들이 한민족 문화를 체화할 수 있는 프로그램을 마련해야 한다. 넷째, 경제 운용의 패러다임을 경제적 평등에서 경제적 수월성 추구로 전환하여 세계 일류 경제를 지향해야 한다. 이와 같은 걸음을 내디딜 수 있을 때 우리는 한반도를 벗어나 세계 국가로서 한민족의 또 다른 향후 5천 년의 미래를 환하게 밝힐 수 있을 것이다.

윤명희

영원한 마음의 고향,
농어촌에 나의 사랑을

윤 명 희

· 1956년 부산 출생
· 경희사이버대 외식 · 농수산경영학과 졸업
· 제19대 비례대표 국회의원(농림축산식품해양수산위원회, 여성가족위원회)
· 군 인권개선 및 병영문화혁신 특별위원회 위원
· 새누리당 창조경제 일자리창출 특별위원회 위원
· 새누리당 제4정책조정위원회 위원
· 새누리당 민생경제종합상황실 농림수산위원
· 새누리당 직능특별위원회 농축해수위원장
· 대한민국 전통주 서포터즈 단장
· WFP(UN세계식량계획) 제로헝거리더스 부대표
· 2012~2014년 국회 입법 및 정책개발 우수 국회의원상
· 2012~2014년 국정감사 NGO모니터단 '국정감사 우수의원'
· 2012, 2014년 (사)한국농업경영인중앙연합회 '국정감사 우수의원'
· 2013~2014년 법률소비자연맹 국회헌정대상
· 2013~2014년 새누리당 2013 국정감사 우수의원
· 2014년 (사)한국언론사협회 2014대한민국 우수 국회의원 대상
· 2014년 대한민국 일치를 위한 정치포럼 국회를 빛낸 바른언어상/상임위 모범상
  (국회 농림축산식품해양수산위원회)
· 2013년 대한민국 일치를 위한 정치포럼 '국회를 빛낸 바른언어상'
· 2012년 (사)한국환경정보연구센터 '국정감사 친환경 베스트의원'
· 2011년 제20회 대산농촌문화상 농업경영부문 수상
· 2009년 한국여성발명협회 부회장, 한국농식품법인연합회 부회장
· 2008년 대한민국 세계여성발명대회 금상

영원한 마음의 고향,
농어촌에 나의 사랑을

농어촌 경쟁력 증진은 나에게 중요한 화두다. 지금 농어촌은 고령화와 후계 인력 문제에 직면해 있고, 한·중 FTA 등 농어업의 근간을 흔드는 통상의 파도로부터 위협받고 있다. 그렇기 때문에 '잘사는 농어촌 만들기'는 우리 시대에 반드시 해결해야 할 과제이다. 이에 경제적으로 부유하고 윤택한 삶을 누리는 농어촌을 만들기 위해 나의 신명을 바칠 것이다.

삶과 죽음의 갈림길에서 찾아온 아름다운 기회

2011년 8월, 안동에서 한창 사업에 몰두하고 있을 때 몸이 안 좋아 잠시 병원에 들렀다. 응급실에 도착한 지 얼마 지나지 않아 바로 중환자실

289

— 생산자와 소비자가 직접 만나 우수한 품질의 농산물을 믿고 살 수 있는 김포로컬푸드 직판장에서(2014년 7월)

로 옮겨졌다. 그동안 건강에 자신이 있었기에 갑자기 찾아온 심장병은 나뿐만 아니라 주위 사람들에게도 큰 충격을 안겨주었다.

지금껏 잠자는 시간 외에는 오직 일에만 몰두했던 나였기에 한 달의 입원 기간 동안 일을 할 수 없음에 마음이 무거웠다. 직접 해야 할 일들이 많았지만 죽음을 눈앞에 둔 상황에서는 어쩔 수 없이 그 모든 일을 내려놓아야만 했다. 다행히 수술을 받고 병세는 회복되었지만 나에게 왜 이런 일이 갑자기 닥쳤는지에 대한 생각을 떨칠 수 없었다. 죽음의 문턱에서 살아 돌아온 그날, 나에게 다시 생을 주신 이유가 분명 있으리라 믿고 앞으로 내게 생기는 모든 일을 겸허히 받아들이리라 굳게 다짐했다.

그리고 뜻밖에도 이듬해인 2012년, 비례대표 3번으로 새누리당 국회의원 공천을 받았다. 병마가 지나간 이후 상상조차 하지 못했던 공천 제의가 들어온 것은 신께서 내게 주신 제2의 삶을 국가와 국민을 위해 헌신하라는 하늘의 뜻이라 생각했다.

밥 한 그릇이 식탁에 오르기 위해서는 88번의 농부의 손길이 필요하다. 요즘은 기계화 덕분에 그 횟수가 줄어들기는 했어도 여전히 수십 번 이상 농부가 정성을 기울이지 않으면 따뜻한 밥 한 그릇을 먹을 수 없다. 밥은 우리의 생명과 행복한 삶을 영위할 수 있게 해주는데, 왜 정작 농부의 삶은 그다지 행복하지 못하고 농어업은 언제나 제자리걸음일까?

나는 이 숙제를 풀기 위해 농업계 대표로 정치에 뛰어들어 농수축산업 발전과 개혁에 온 힘을 다하고 있다. 지금까지 작은 결실을 맺어왔지만 아직도 내 어깨에 지워진 책임은 무겁기만 하다. 1년 내내 땀 흘리는 농부와 어업인들의 모습이 머릿속에서 떠나지 않기 때문이다.

정직이 모든 일의 우선이다

어린 시절 내가 살았던 집 앞마당에 사람들이 모여 웅성거리고 있었고, 동네 아주머니 몇 분은 불같이 화를 내시는 아버지를 말리고 계셨다. 나와 동생들은 처음 보는 아버지의 화난 모습에 놀라 구석에서 떨기만 했다. 아주 나중에 들은 이야기로는 어머니가 낮에 동네 아주머니들과 막걸리를 한잔하셨고 퇴근하신 아버지가 어머니의 붉은 얼굴을 보시고는 술을 마셨느냐고 물어보셨다고 한다. 하지만 겁이 난 어머니는 술을 마시지 않았다고 거짓말을 하셨고 그 때문에 아버지가 화가 나신 것이었다. 술 때문이 아니라 어머니를 믿으시는 아버지의 마음에 상처가 났기 때문에 불같이 화를 내신 것이었다. 그날의 일이 더욱더 기억에 남는 것은 그때 그 사건을 제외하고, 두 분은 평생 해로하시면서 다정하게 사셨고 다툼이나 언쟁은 거의 없었기 때문이다.

또한 그날의 일을 계기로 '정직이 모든 일의 우선이다' 라고 생각하게 된 이유는 신뢰가 무너진다는 것이 얼마나 큰 파장을 일으킬 수 있는가를 직접 겪었기 때문이다. 그날 이후로 나는 믿음과 신뢰를 진리로 여기며 살고 있다.

내가 거두는 모든 결실을 땀 흘리는 농어업인들에게

국회의원 선서를 하며 '새누리당 최초의 농업 비례대표' 로 선정된 것은 과거의 성과 때문이라 생각한다. 15년 전 남편의 사업 실패로 경제 일선에 나설 때 '어떻게 하면 맛있는 쌀을 먹을 수 있을까' 라는 고심을 안고 사업을 시작했다. 그리하여 '도시에서 바로 찧어 먹는 쌀' 을 내세워 즉석 맞춤도정기를 개발하며 작은 성공을 거두었고, 이를 발판 삼아 쌀 가공과 관련한 다른 사업에서도 성과를 낼 수 있었다. 이제 새누리당 최초의 농업 비례대표로서, 그동안 이룬 성과를 농어민들과 국민들에게 모두 돌려주려 한다.

농어민을 위한 현실적인 정책이나 새로운 아이디어는 무궁무진하다. 그중 하나로 소과(少果: 작은 과일)를 들 수 있다. 나는 수박을 무척 좋아하지만 어떤 때는 수박 한 조각조차 먹지 못하고 여름을 보내는 경우도 있다. 그 이유는 아이러니하게도 수박이 너무 크기 때문이다. 그동안 품종 개량을 위한 부단한 노력과 기술력 향상으로 과일을 비롯한 농작물의 크기가 매우 커졌다. 그러나 핵가족화의 영향으로 한 가정 내에 식구는 서너 명에 불과하고 1인 가족도 많아지고 있는 상황에서 축구공의 1.5~2배에 달하는 수박은 큰 부담이다. 서너 조각을 먹기 위해 수박을 자르면 나머지는 먹지 못하고 버리게 되는 것이다.

이런 낭비에서 벗어나야 한다. 작은 사과, 작은 수박을 생산하고 판매하면 소비도 늘어나고 농가소득도 올라간다. 농어업과학자들이 이러한 현실을 직시하여 다양한 개선책을 마련해주기를 바라며, 나 역시 이를 위해 끊임없이 노력하고 있다.

앞서 말했듯 날벼락 같은 심장병 판정을 받고 생사의 위기를 겪었으나 다행히 병마와의 싸움은 길지 않았다. 그리고 몇 개월 뒤 새누리당 비례대표 소식이 찾아왔다. 삶과 죽음의 갈림길에서 새로운 기회가 찾아온 것은 두말할 나위 없이 대한민국, 그리고 농어민을 위해 봉사하라는 소명이지 않겠는가?

나는 지금의 내 모습을 보며 프랑스의 잔 다르크를 떠올린다. 평범한 소녀였던 잔 다르크가 치밀한 계획 없이 갑작스럽게 전쟁에 뛰어들었지만 나중에는 조국을 위해 누구보다 헌신한 것처럼, 나 역시 불현듯 우연한 기회로 정치에 입문했지만, 지금은 국민을 위해 온 힘을 다하고 있다.

주어진 어떠한 일이라도 최선을 다하겠다는 각오를 정치라는 마당에서 실천으로 옮기고 있는 것이다. 정치에 대해 문외한이지만 정치란 결국 국민이 평안하게 살 수 있도록 제도적 장치를 마련하는 것이라 생각하기에 입법과 좋은 정책 개발에 심혈을 기울이고 있다.

정치에 입문했을 때 내 마음에는 농어촌, 농어업, 농어민이라는 화두가 가득했다. 농어촌 현장의 문제점과 농어민은 가난하게 산다는 인식, 미래 한국을 책임질 농어업의 생산과 유통 등등 농업 현장에서 뼈저리게 느껴왔던 정책의 모순을 바꾸겠다고 마음먹고 의정활동을 펼치고 있다.

이러한 작은 변화를 통해 농어민들이 현장에서 피부로 느낄 수 있도록 진정성 있는 정책을 마련하여 희망찬 미래 농어업이 만들어지기를 바란다. 지금도 그 초심으로 농어민들과의 교감을 통해 변화를 이루어가고 있다.

— 농촌 주거환경 개선을 위한 '농촌마을 리모델링' 시범사업 전문가 현장포럼에서(2013년 7월)

농어민의 아픔을 누가 보듬어야 할까

나는 그간 쌀의 블루오션인 현미를 대중화하는 즉석도정기 개발 등 쌀 가공과 관련된 40여 종의 실용신안을 만들고, 대형마트에 농산품을 납품하면서 농촌 현장의 문제는 물론 유통 과정의 문제점들을 직접 체감했다. 이러한 현장에서의 경험은 곧 농업 비례대표 국회의원으로서의 정책 설정에 큰 도움이 되었다.

그러나 막상 국회의원이 되자 농어업정책들을 바꾸고 이를 관철시키기 위해서 무엇을 어떻게 해야 할지 몰랐다. 그래서 국회의원의 법적 권한인 입법, 감사, 예산심의 의결 등에 대한 공부를 시작했다. 또한 농림수산식품위원회(현 농림축산식품해양수산위원회)를 선택하여 상임위 활동을 하면서 선배, 동료 의원들로부터 정치인으로서 농어업 현안을 해결해나가는 방법들을 배워나갔다.

그리하여 먼저 '농어업 현장과 소통하는 정책'을 마련했다. 현장에서 체감한 바, 우리의 농어업정책은 정부만이 아는 '그들만의 정책'이었다. 즉 농어업정책에 대해 정작 농어민들은 제대로 알지 못해 현장에서는 활용하지 못하고 있는 것이다. 더 이상 농어업정책이 위에서 아래로 내려오는 경직된 구조여서는 안 되며, 아래에서 위로 전달되는 소통을 통해 만들어져야 한다. 이를 위해서 모든 정책과 법안을 만들 때 농어민단체 등과 협의하여 함께 머리를 맞대야 한다는 것을 절실히 느꼈다.

다음으로 '잘사는 농어촌'을 만들어야 한다. 경제적으로 힘들어하는 농어민들을 보면서 항상 가졌던 생각은 '왜 우리 농어촌은 못사는가?'였다. 경제적인 부를 모든 사람이 똑같이 공유할 수는 없다. 그러나 우리나라의 식량자급률이 23%밖에 되지 않고 대부분 수입에 의존하는 상황이기 때문에 2모작, 3모작을 통한 식량자급률 증가만으로도 농어가소득을 증가시킬 수 있다. 또한 1차 생산에서 벗어나 2차, 3차 산업화를 연계한 6차 산업화를 통해 부가가치를 올리면 충분히 '잘사는 농어촌'을 만들 수 있다.

마지막으로 '살기 좋고 깨끗한 농어촌마을 만들기'를 정책 목표로 삼았다. 주거환경 개선은 단순히 거주 공간 개선 이상의 의미가 있다. 내 경험에 따르면 낙후된 주거환경에 처한 농민들일수록 농어촌 삶의 질 향상에 대한 기대와 희망을 외면하고 있다.

농어촌의 주거환경이 개선되어야만 닫힌 마음의 문도 열리고 농어촌의 이미지도 좋아져 농어업 후계인력 육성과 귀농·귀촌도 확대될 수 있다.

지난 2012년 대선은 이러한 농촌 주거환경 개선이 현실화되는 절호의 기회였다. 박근혜 대통령 대선 후보시절 농정공약으로 건의한 '농어촌마을 리모델링사업'이 대선 공약으로 채택되어 사업과 정책을 추진하는 데 순풍을 달게 되었다. 의원실과 부처 공무원의 협업으로 〈농어촌마을 주거환경 개선 및 리모델링 촉진을 위한 특별법〉을 발의했으며 2014년 시범사업에 이어 2015년 본 사업을 진행하고 있다.

이런 일들을 하루아침에 이루기는 쉽지 않았으나 '농어업현장과 소통하는 정책'은 많은 사람들의 지원과 협조로 그 토대를 만들 수 있었다. 또한 농림축산식품해양수산위원회 위원이라는 자리는 각 농어업단체 및 유관기관과의 자연스러운 만남이 언제든 가능했다. 간담회나 티타임

등을 통해 해당 공무원과 농어업 대표들과 자주 만나며 합리적인 의견은 정책에 반영되도록 조율했다. 또한 토론회 등을 통해 농어민, 학계, 정부가 한 자리에 모여 좋은 정책과 제도를 만드는 일에서도 성과를 거두었다.

농어민을 실제적으로 돕는 다양한 제도들

국회에 입성한 이후 2014년까지 공식적인 토론회만 38회를 개최했다. '가장 토론회를 많이 하는 국회의원'으로 소문이 났을 정도다. 이처럼 농어업현장의 목소리를 담아낼 수 있도록 간담회, 토론회, 세미나 등을 개최하여 농어민들의 의견이 수시로 반영되도록 노력했다.

━ 세월호 참사의 아픔을 딛고 희망을 국민들과 함께한 초록새싹 캠페인에서(2014년 6월)

'잘사는 농어촌 만들기'는 분명 난제 중의 난제이다. 그러나 아무리 어려운 문제라 해도 이를 단순화하는 단계를 거쳐 의지를 갖고 추진한다면 다소 시간이 걸릴지라도 반드시 풀 수 있다. 잘사는 농어촌을 만들기 위해서는 가장 먼저 농어가의 생산비를 낮추고, 농수산물이 제값을 받게 하며, 소득원을 다변화하면 된다. 이를 위해 구체적으로 상임위 활동과 대정부 질의 등을 통해 정책자금 금리인하, 농어가 경영비 인하 등을 요구했다. 특히 농가소득 다변화를 위해 우리 농가가 쌀 등 단일품목의 재배가 아니라 조사료 등을 2모작, 3모작하여 소득을 높일 수 있도록 관련법 개정안을 발의했다.

그럼에도 불구하고 여전히 아쉬운 점은 많다. 2012년 한반도를 강타한 태풍 볼라벤은 농작물에 막대한 피해를 줬다. 비단 태풍뿐만 아니라 이상기후로 인한 농작물 피해보상비용이 수천억 원에 이르는 상황이었다. 그러나 기존에 운영 중이던 농작물재해보험은 제한된 품목, 소멸성 보험, 높은 보험료, 낮은 가입률 등의 문제로 농작물 피해 보상에 한계가 있었다. 구조적 한계가 명확한 상황에서 국회는 근본 개선책을 제시하는 것이 아니라 정부의 대응방식만 질타하고 있었다.

낮은 가격으로 다양한 재해로부터 보호받을 수 있는 제도가 절실했다. 이에 농어업재해보험관리공단을 구상했으며 국정과제에도 포함되어 순조롭게 진행되는 듯했으나 우여곡절도 있었다. 국회라는 곳은 정책적인 것만을 다루는 곳은 아니었기에 정쟁으로 인해 관련 법안이 1년간 국회서 계류되었다. 비록 1년이라는 오랜 시간이 걸렸지만 지금이라도 여야가 합심하여 농민을 위한 실제적인 법안을 통과시켜서 다행이라고 생각한다.

내가 소속되어 있는 농림축산식품해양수산위원회는 농민들을 위해 여·야가 따로 없는 상임위로 정평이 나 있다. 이런 상임위조차도 쌀 목표가격과 관련한 정쟁으로 제 기능을 하지 못했었다. 그러나 국회는 민주주의의 장으로서 대화와 협상을 통해, 쌀 목표가격에 대해서도 의견 일치가 가능하게 만들었다. 앞으로도 필요하면 몇 번이고 야당을 찾아가 설득하며 우리 농민을 위한 정책을 마련하고 우리 농민들이 행복하게 사는 대한민국을 만들 것이다.

농어촌 경쟁력 증진은 나의 숙명

전문가라는 표현이 정확할지 모르겠지만 농업, 그중에서 쌀만큼은 국회에 있는 누구보다 자신이 있었다. 십여 년 동안 쌀 가공회사를 운영하면서 쌀 재배 농가는 물론 도정업체, 농산물 유통과정을 몸으로 체감했다. 풍년과 흉년에 울고 웃는 농민들과 함께했고 대형마트에 쌀을 납품하기 위해 갖은 노력을 다했다. 이러한 노력과 경험이 쌀에 관해서는 국회에서 누구보다 풍부한 지식을 가질 수 있도록 해주었다.

전문지식과 경험들을 활용하여 인기영합적인 정책이 아니라 진정 우리 농업이 선진 농업으로 발돋움할 수 있도록 의정활동을 펼쳐가고 있다. 일례로 흔히 농촌에서 보는 쌀겨, 왕겨는 요즘 화장품 등으로도 많이 활용되고 있으나 현행법상으로 농업부산물로서 사용이 금지되어 있어 법

개정을 통해 이를 사용할 수 있도록 하였다.

그리고 해양수산 분야에도 깊은 관심과 애정을 갖고 노력해왔다. 특히 적조의 예보 시스템 기능 강화를 촉구하여 적조 예보체계를 주의, 경보 2단계에서 '관심' 단계가 포함된 3단계로 강화하는 대책을 마련하였다. 또한 해운산업 경쟁력 강화를 위해 톤세제 일몰, P3네트워크 출범을 막아내고 해운보증기구의 조속한 설립 및 예산확보, 불법어업국 IUU 지정 방지 대책마련을 촉구한 바 있다.

이처럼 현장 경험을 살려 농어민들을 위한 정책 마련에 최선을 다하고 있다. 진정한 전문가는 전문 지식뿐만 아니라 현장 경험을 두루 갖추고 타인으로부터 인정받아야 한다. 나는 아직 완전한 전문가는 아니지만 모두가 인정하는 전문성을 갖춘 국회의원이 되기 위해 계속 노력할 것이다.

농어촌 경쟁력 증진은 나에게 있어 숙명과도 같은 것이다. 우리 농어촌은 지금 위기에 놓여 있다. 밖으로는 한·중 FTA 등 농어업의 근간을 흔들 통상의 파도가 밀려오고, 안으로는 고령화와 후계 인력 문제에 직면해 있다. 이러한 측면에서 경제적으로 부유하고 윤택한 삶을 누릴 수 있는 '잘사는 농어촌 만들기'는 더욱 큰 의미가 있다. 이를 위해서는 정부와 국회 그리고 농어민 스스로의 뼈를 깎는 노력과 의지가 필요하다.

우리는 살아가면서 참 많은 약속을 하지만 그 약속을 아주 가볍게 여기거나 자신의 이익과 상황에 따라 번복하는 경우가 있다. 나는 기업을 경영했던 사람으로서 약속은 곧 신용이라 생각한다. 그렇기 때문에 국민과 한 약속은 갚아야 할 부채라는 마음으로 꼭 그 약속을 지키기 위해 노력

— 소외된 이웃에게 따뜻한 마음을 전한 국회의원 재능기부 크리스마스 캐럴앨범 발매 기념식에서(2014년 12월)

한다. 국가발전을 위한 거대 담론을 초선 국회의원이 책임지고 제안하기는 어렵다. 그러나 각자 맡은 위치에서 최선을 다해 노력할 때 그 땀방울들이 모여 가정과 조직, 국가가 발전하는 원동력이 될 것이라 믿는다.

초선 정치인으로서 국민, 특히 농어민과의 약속을 지키기 위해 실질적인 정책을 제시하며 아침부터 밤늦게까지 뛰어다닌 덕분인지 나는 국회 입성 후 여러 상을 받았다. 입법 및 정책개발 우수 국회의원상, NGO모니터단 국정감사 우수의원, 새누리당 국정감사 우수의원, 법률소비자연맹 국회헌정대상, 국회를 빛낸 바른언론상, 국정감사 친환경 베스트의원상 등 열 손가락이 모자랄 정도다. 상을 받을 때마다 농어민과 국민의 삶의 질 향상을 위한 책무가 하나 더 늘었다고 생각하면서 어떤 경우에도 약속을 지키는 국회의원이 될 것이라 다시 한 번 다짐한다.

비·바람을 이겨내는 벼처럼 살아가자

나는 성공을 '산을 오르는 산악인의 최고봉'이라 생각하며, 꿈은 '꾸어야 현실이 된다'고 믿고 있다. 하루하루를 게을리하지 않고 최선을 다한 생활들이 모일 때, 비로소 꿈은 이루어지는 것이다. 박정희 전(前) 대통령은 나의 이러한 믿음이 틀리지 않았음을 몸소 입증해준 분이라 생각한다. 지도자로서 경제발전을 이끌기 위해 분골쇄신하며 애써온 그분의 신념을 존경한다. 우리 가족을 위해 일평생 헌신하신 돌아가신 나의 아버지를 많이 닮았다는 점도 존경의 한 이유다.

또한 고난과 역경을 이겨내고 오로지 조국을 위해 한 몸을 바친 이순신 장군의 《난중일기》는 숱한 우여곡절을 겪었던 내 인생을 지탱해준 지침서였다. 이순신 장군은 32살의 늦은 나이에 무과에 급제해 변방에서 관리생활을 했음에도 처지를 한탄하지 않고 항상 청렴하고 강직한 자세로 묵묵히 소명에 충실했다. 또한 탁월한 리더십을 발휘하여 백척간두의 나라를 구했다. 작은 위기에도 쉽게 흔들리는 현대인, 무엇이 옳고 그른지 배울 곳이 없는 학생들과 정직함과 공정함이 우선시되어야 하는 공무원들 그리고 나라를 위해 봉사하고자 하는 리더들에게 꼭 한 번 읽기를 권한다.

나는 국회의원이기에 앞서 두 아들의 엄마이다. 그래서 언제나 엄마의 마음으로 아이들과 청년들의 미래를 고민한다. 경쟁이 치열한 오늘을 사는 젊음이들 중에는 간혹 극단적인 선택을 하는 경우가 있다. 정신적으로 미성숙한 어린 시절에는 자칫 실수를 할 수도 있고 실패를 할 수도 있다. 그러나 이러한 좌절과 시련은 높은 산을 오를 때 한 번 쉬어가는 것에 불과하며, 하나의 실패로 인해 미래 전체가 어두워지는 것은 아니란 것을 우리 청소년, 청년들이 깨닫길 바란다. 나 역시 수많은 굴곡을 겪어왔지만 끈질긴 생명력을 지닌 벼처럼 다시 일어서곤 했다.

부정적인 생각에 굴복하는 사람은 아무것도 성취할 수 없다. 아무리 어려운 환경에 처했을지라도 긍정적으로 생각하고 이겨내겠다는 의지를 가지면 큰일도 이루어진다. 기회는 배를 타고 오지 않고 우리 내부로부터 온다. 또 기회는 전혀 기회처럼 보이지 않고 불행이나 실패, 거부의 몸짓으로 변장해서 나타난다. 비관론자들은 모든 기회에 숨어 있는 문제를 보지만 우리 청년들은 모든 문제에 감추어져 있는 기회를 봐야 한다.

성공한 사람들의 이야기를 듣고 읽으며 "나는 왜 여기서 이러고 있지?"라고 의아해한 적도 있을 것이다. 그것은 가슴 뛰는 열정을 깨우지 못하고 여전히 꿈만 꾸기 때문이다. 사람들은 남보다 먼저 앞서가려 한다. 하지만 앞선 출발은 그저 조금 빠른 시작일 뿐이다. 남들보다 몇 년 빠르다 해서 성공한 인생이 아니며, 몇 년 느리다 해서 실패한 인생은 더더욱 아니다. 중요한 것은 자기가 하고 싶은, 가슴 뛰는 일을 하는 것이다. 자신감을 가지고, 실패를 두려워하지 말고 도전하자. '실천하는 열정'이 그대에게 밝은 미래를 약속할 것이다.

이
만
우

번 만큼 규모 있게 써야
나라살림이 튼튼해진다

이만우

· 1950년 경상남도 창원시
· 마산중학교 졸업, 경남고등학교 졸업, 고려대학교 경제학과 졸업
· 미네소타(Minnesota) 대학교 경제학 박사
· 現 19대 국회의원
· 現 기획재정위원회 위원
· 現 새누리당 창조경제특별위원회 창조경제생태계조성분과 분과위원장
· 現 새누리당 경제혁신특별위원회 공기업개혁분과 위원
· 現 새누리당 손톱밑가시뽑기특별위원회 위원
· 現 새누리당 인재영입위원회 간사
· 現 고려대학교 경제학과 교수
· 한국경제학회 회장
· 재정위험 관리위원(기획재정부)
· 세제발전심의위원회 부위원장
· 공공기관장 평가단 단장
· 정부업무 평가단 평가위원
· 고려대 정경대학장 · 정책대학원장
· 아태경제학회 회장
· 한국공공경제학회 회장
· 스탠퍼드(Stanford) 대학교 객원교수
· 《신공공경제학》(율곡출판사), 《경제학원론》, 《미시경제학》, 《공공경제학》(태진출
  판사), 《후생경제학》(법문사) 등 저서 다수

번 만큼 규모 있게 써야
나라살림이 튼튼해진다

어느 경제단위라도 수입보다 지출이 많으면 재정적으로 어려움을 겪게 되어 있다. 이런 어려움을 피하기 위해서는 두 가지 방법이 있다. 수입에 맞게 지출을 줄이든지 아니면 빚을 내어 부족한 부분을 메우는 것이다. 그러나 빚을 통한 상황의 모면은 결코 근본적 처방이 될 수 없다. 빌린 돈은 언젠가는 갚아야 하는 법이고, 상황이 악화되어 빚을 갚지 못하는 경우에는 더 큰 화를 불러일으켜 회생 불가능의 상태에 이르게 될 수도 있다.

한 개인이 자신의 수입보다 더 많은 지출로 결국 파산의 지경에 놓였다면 그것은 개인이 감당해야 할 몫이다. 하지만 개인을 넘어 가족, 기업, 국가로 확산되면 공공의 문제가 되기 때문에 정확한 대응이 필요하다. 자칫 잘못하면 모두가 공멸의 길로 가는 끔찍한 상황을 맞이할 수 있기 때문이다.

지금까지 우리 정부는 재정적 어려움을 모면하기 위해 지출을 줄이기보다는 주로 빚을 내는 방법을 활용하였다. 그러나 이제는 경제 규모에 맞는 지출을 우선하는 방향, 즉 지출이 너무 커지지 않도록 체질을 개선해야 한다.

일본은 36년, 독일은 77년, 미국은 90년, 대한민국은 25년. 이 숫자는 전체 인구 중 65세 이상 고령인구 비율이 7% 이상인 고령화 사회에서 20% 이상인 초고령화 사회로 가는 데 걸린 시간이다. 선진국보다 더 빠른 시간에 초고령화 사회에 진입한 대한민국은 185개 나라에서 171번째라는 출산율 또한 기록하고 있다. 즉 저출산·초고령화 사회가 되어가고 있다는 것인데, 이는 2020년대에 가면 저성장의 늪에 빠질 가능성이 매우 높다는 것을 의미한다.

얼마 전 재정 악화로 유럽을 뒤끓게 한 그리스, 이탈리아, 스페인, 포르투갈 사태를 기억할 것이다. 이 사태의 본질은 수입이 적어지고 지출은 변화가 없자 국가재정의 파탄을 염려한 정부당국이 복지지출을 줄이는 과정에서 일어난 충돌이다. 사실 성격상 복지지출은 늘리기는 쉽지만 줄이기는 정말 어렵다. 흰 쌀밥에 고깃국을 먹다가 다시 보리밥에 짠지만을 먹기는 쉽지 않다는 것이다.

먼 곳에 있는 유럽의 상황이라고 강 건너 불 보듯 해서는 안 된다. 타산지석으로 삼아 미리 대비해야 한다. 잠재성장률이 갈수록 낮아지는 현실에서 지출만 무턱대고 늘리면 우리도 최악의 상황을 맞이할 수 있다는 것을 직시해야 한다. 특히 국가 예산을 심의하는 정치인들에게 이러한 상황 인식 능력은 절대적으로 요구된다. 당선만을 목적으로 재정에 대한 고려 없이 선심성 공약만 남발하는 경우가 많기 때문이다.

천직을 경제학 교수로 알고 학생들만 가르치다가 정계에 발을 디딘 뒤 나는 국가재정에 대해 더 절박하게 고민하기 시작했다. 대학에서 연구 활동을 통해 돈의 올바른 쓰임새에 대해 늘 강조했지만, 막상 국회에 들어와 보니 재원 확보에 대한 고민 없이 포퓰리즘에 입각해 실행이 불가능한 법안을 발의하는 경우를 종종 보고는 너무 당혹스러웠기 때문이었다.

재정학을 연구하는 경제학 교수로서 이를 두고 볼 수는 없었다. 그래서 나는 미국의 재정위기를 극복하는 과정에서 도입된 페이고 제도를 우리나라에도 적용할 수 있도록 법안을 발의하였고, 이를 입법화하기 위해 최선을 다하고 있다. 페이고 도입만이 저출산·초고령화 사회로 가는 데 대한 위험 요소를 사전에 막을 수 있는 가장 강력한 대비책이기 때문이다.

항상 공(公)이 먼저고 사(私)는 나중이다

'페이고PAYGO'는 'pay as you go'의 줄임말로 쉽게 말해 '번 만큼만 쓴다'는 것이다. 즉 의무지출(법으로 정해진 정부 지출)을 위한 정책을 추진하기 위해 새로운 입법을 하고자 할 때 이에 상응하는 세입 증가나 법정 지출 감소 등 재원조달 방안이 동시에 입법화되도록 의무화하는 것을 말한다. 국민들이 힘들게 일해서 낸 세금을 오로지 인기에 영합해 함부로 쓰게 해서는 안 된다는 것이다.

이러한 삶의 태도는 공선사후(公先私後 : 공이 먼저고 사는 나중이다)를 신조로 삼고 살아와서 가능한 것인지도 모른다. 공선사후라는 말은 다산 정약용의 철학이자 인촌 김성수 선생의 좌우명으로 잘 알려져 있지만, 나 또한 일에 대한 판단이 어렵거나 의사결정이 힘든 상황이 오면 이 지침을 떠올리며 위기를 슬기롭게 극복해나가곤 했다.

1983년 고려대 경제학과 교수로 부임한 뒤의 일이었다. 내게 불리하게 작용할 수도 있지만, 아무리 곱씹어 봐도 신임 교수를 선정하는 절차가 너무나 잘못된 것 같아 나는 강하게 이의를 제기했다. 지난 30여 년 동안 신임 교수 선정은 교수들의 만장일치제도에 의해서 이루어져 왔는데, 이렇게 되면 선배 교수들 중 일부는 모교 출신, 일부는 자기 제자를 선호하는 의견을 제시하게 된다. 그러면 성적이 우수하고 업적이 뛰어난 인재가 교수로 채용되지 못하는 사례가 빈번하게 일어날 수 있다. 우리나라의 고질적 병폐인 학연, 지연 등의 연줄이 작용한다는 것이다.

이를 바로잡고자 나는 혼자서 1985년과 1986년 신임 교수 선정에 반대표를 던졌다. 선배 교수들 가운데 은사님도 몇 분 계셨지만, 나는 그분들과의 갈등을 감내하며 내 생각을 굽히지 않았다. 결국 이듬해 해외 연구 논문에 수록된 논문집을 기초로 신임 교수를 채용하는 방안이 채택되었다. 3년간의 진통 끝에 받아들여진 것이었다. 이러한 인선 방안이 고려대에 정착된 지 수년이 지나고 나서 서울대를 비롯한 나머지 대학들도 하나둘 같은 방식을 채택하기에 이르렀다. 이 방식은 25년이 지난 오늘에까지 학계의 일반적 인선 방안으로 자리 잡았다.

공선사후의 지침에 따라 행동한 나의 선택은 나중에 좋은 결과를 가져

▬ 경제 포럼에서 한국의 경기전망과 대응전략을 논의하고 있는 이만우 의원

다주었다. 가장 앞서 이 방식을 시행한 덕분에 고려대 경제학과는 각종 대내외 평가기관에서 우수한 학과로 선정되었다. 당시 나의 생각에 반대했던 선배 교수들도 후일 이런 결과에 흡족해하며 내게 칭찬을 아끼지 않았다.

공선사후의 지침을 지키겠다는 마음은 감성적인 분위기에 휩쓸리지 않고 소신을 갖고 사는 것이다. 친일 행각의 전력은 물론 전두환 정권의 시녀라고 할 수 있는 국정자문위원을 지냈던 유진오의 빈소가 단지 고대 총장을 지냈다는 이유만으로 고대 안에 설치되었을 때도 이러한 내 생각은 어김없이 작동되었다.

1987년 9월 1일 아침 9시, 나를 포함한 다섯 명의 교수들은 "고려대학교는 국정자문위원의 빈소가 될 수 없다"는 피켓을 들고 시위를 벌였다. 고인이 되었다고 해서 그를 미화하고, 현재의 비리를 정당화시키는 사회적 통념을 인정할 수 없다고 했다. 고대 동창회에서는 시위를 하는 우리들을 교수직에서 제명하라고 학교 측에 요구했다.

하지만 우리는 소신을 지켰다. 교수직을 박탈당해도 상식에 어긋나는 행동을 자행하는 잘못된 광경을 좌시할 수는 없었기 때문이었다. 시간이 흐르면서 사람들은 우리 편이 되어주었다. 우리의 주장이 옳다고 인정해주었고, 결국 유진오의 빈소는 고대가 아닌 서울대학교병원으로 옮겨졌다. 이처럼 공을 중시하고 사를 그 아래에 두는 공선사후의 가르침은 이와 비슷한 일이 발생할 때마다 나의 지침이 되어주었고, 그것은 국회의원이 돼서도 변함이 없었다.

불합리한 시대와 현실에 정면으로 맞서다

유학을 마치고 돌아와 대학교수가 된 그 무렵 우리나라는 하극상의 쿠데타를 일으킨 뒤 체육관 선거로 정권을 잡은 전두환 정부가 군림하고 있었다. 엄혹한 시기였지만, 비민주적인 나라 꼴을 좌시할 수 없어 진보적이면서도 성품이 온화한 행정학과 이문영 교수님, 불의를 보고서 그냥 지나치지 않는 사학과 이상신 교수님, 항시 개혁의 마인드로 매사에 시시비비가 분명한 신문방송학과 윤용 교수님과 함께 전근대적인 학교법인의 불합리한 처사나 전두환 정부의 반민주적인 행태에 끊임없는 비판을 가했고, 민주개혁을 조속히 이행하라는 요구 또한 멈추지 않았다.

언제 교수 신분에서 쫓겨날지 몰랐지만 나는 그분들과 함께 시대적 사명을 다한다는 신념으로 일주일에 한두 번씩 차를 나누면서 경직된 정국을 비판하며 타개책을 논의하였고, 재단의 비리 근절 방안 등에 대해서도 폭넓게 의견을 교환하였다. 1984년부터는 비민주적 정부에 대한 저항운동의 일환으로 수십 차례 시국선언문을 발표하기도 하였다.

그 당시에는 안전기획부(현 국정원) 직원들이 교내에 상주하며 학생들과 교수들의 일거수일투족을 감시하고 있었기 때문에 시위를 하거나 민주화를 촉구하는 교수들의 시국선언을 발표하기가 쉽지 않았다. 이른바 고려대학교 '4인방'으로 불리던 우리는 그러한 탄압에 굴복하지 않고 1986년부터는 교직을 걸고 맹렬하면서도 지속적으로 시국선언 확산에 주력하였다. 때로는 안기부와 재단의 위협, 동료 교수들의 냉소적 반응이 우리들의 용기를 훼손하였지만, 오로지 민주화를 일구겠다는 각오로 행동을 멈추지 않았다.

시간이 흐르면서 전두환 정부에 대한 저항은 전 국민적으로 번졌고, 급기야 87년 6월 항쟁을 통해 국민들은 직선제 개헌 등의 평화적 정권 이양을 약속한 6·29 선언을 쟁취했다. 돌이켜보면 그 무렵 전두환 정권에 저항한다는 것은 기득권 포기는 물론 감옥생활까지 각오해야 하는 결단이 요구되는 것이었다. 어렵게 공부를 마치고 돌아와 얻은 내 천직을 잃을 수도 있다는 것이었다. 하지만 나는 중단하지 않았다. 부당한 시대를 외면할 수 없었기 때문이었다.

대한민국은 개발도상국 가운데 가장 빠른 시간에 경제성장과 민주화를 이루어냈다. 경제성장에 대해 실감을 못하는 사람들이 있다면 한번 외국에 나가보기를 권한다. 여느 선진국 못지않게 사회 기반 시설이 잘 갖추

- 인생의 희로애락을 모두 함께한 고려대학교 교정에서

어져 있고, 우리가 소비하는 상품들 또한 얼마나 풍족한지 알 수 있기 때문이다. 민주화 역시 국민들 스스로의 힘으로 민주화를 일군 나라는 그리 많지 않지 않다. 이웃 일본만 하더라도 그들은 미국의 개입 하에 민주주의를 정착시키지 않았던가.

하지만 대한민국이 선진국으로 도약하기 위해서는 아직도 국가적으로 많은 난제들이 쌓여 있다. 아직도 정리가 되지 않은 친일 행각, 세계화로 인한 빈부 격차, 고질적인 지역 갈등, 인구 구조의 변화에 따른 세대 갈등 등 수없이 많은 갈등이 산재해 있는데, 이러한 갈등들이 쉽게 해결되지 않고 있다. 사실 갈등이 없는 세상은 현존하지 않을 것이다. 하지만 문제는 이러한 갈등을 해소하는 데 막대한 비용이 든다는 것이다. 최소한의 비용으로 사회 발전을 더디게 하는 갈등을 해결할 대안은 없을까?

우리에게 필요한 것은 감사와 용서, 화해의 큰 정치

얼마 전 타계한 넬슨 만델라 대통령을 기억할 것이다. 그는 27년하고도 6개월 동안이나 감옥에 있었지만, 부당하게 그를 가둔 이들에 대해 분노를 키우지 않고, 오히려 용서와 화해가 더 중요하다는 것을 깨달았다. 분노는 또 다른 분노만을 낳아 상황을 악화시킬 뿐 모두가 함께 잘사는 데 아무런 도움이 되지 못한다는 것을 말이다. 중요한 것은 상황에 대한 진실을 밝히는 것이고, 진실이 정확히 밝혀지면 화해와 용서 또한 저절로 따라온다고 생각했다.

범인이 범접하기 어려운 정신세계를 가지고 있던 만델라가 출옥하던 날, 취재를 온 기자들이 그의 모습을 보고 깜짝 놀랐다. 상상하기 어려울 정도로 기나긴 세월을 감옥에서 보냈고, 나이 또한 70세가 넘었음에도 불구하고 허약하고 초췌한 몰골이 아니라 젊은이처럼 건강하고 씩씩한 모습으로 당당히 감옥에서 걸어 나왔기 때문이었다.

한 기자가 만델라에게 물었다.

"다른 사람은 5년만 감옥살이를 해도 건강을 잃고 나오는데, 어떻게 27년 동안이나 감옥살이를 하고서도 이렇게 건강할 수 있습니까?"

만델라가 대답했다.

"나는 감옥에서 하느님께 늘 감사했습니다. 하늘을 보고 감사하고, 땅을 보고 감사하고, 강제노동을 할 때에도 감사하고, 늘 감사했기 때문에 건강을 지킬 수 있었습니다."

사실 분노를 내뿜게 되면 몸 안에 독이 쌓여 건강이 나빠진다고 한다.

그래서 분노나 증오보다 감사의 마음을 갖는 게 건강에도 좋기 때문에 가급적이면 분노를 자제하라고 한다. 하지만 평범한 사람들이 실천하기 쉬운 덕목은 아닐 것이다. 하루에도 수십 번 일희일비하는 게 우리 사람 아니던가? 더군다나 내게 해를 끼치는 사람들에 대한 분노는 본능적인 것이기 때문에 보통의 노력을 하지 않고서는 분노를 가라앉히기 어렵다.

아무튼 만델라의 이러한 고귀한 정신은 오랫동안 남아공 국민을 고통 속에 빠트렸던 인종차별 문제를 해결하는 데 지대한 역할을 하였고, 흑백 갈등이 줄어든 남아공은 더 나은 국가로 발전할 수 있었다. 바로 이것이다. 쉽지 않지만 우리나라도 만델라가 추구한 감사와 화해와 용서의 정신을 내재화시켜 갈등 비용을 줄이는 사회를 만들어가야 할 것이다. 그러기 위해서는 역시 큰 정치, 즉 갈등 구조로 인한 대립이 아니라 끊임없는 대화와 타협의 정치를 해나가야 할 것이고, 나 또한 그러한 정치인

- 2014 국정감사 우수의원으로 선정된 이만우 의원

이 되기 위해 최선을 다하는 중이다.

 평생 경제학밖에 모르고 살던 내가 어떻게 해서 정치인이 되었냐고 물으면 나는 '살다 보니 그렇게 되었다'고 말한다. 실제로 그랬다. 내가 정치에 큰 뜻을 품어 입문한 것이 아니고, 재정학을 하다 보니 자연스레 정부의 경제 활동을 연구·분석하였고, 그 결과를 세상에 내놓다 보니 정치인들이 내게 의견을 물어왔고, 그들과 국가재정에 대해 논의하고 고민하다 보니 어느 날 국회의원이 되어 있었다.

 따라서 국회의원이 돼서도 교수 시절과 크게 달라진 것은 거의 없었다. 학교에서 국회라는 공간의 이동만 있었을 뿐 재정학을 공부하고 국가재정이 바람직한 방향으로 갈 수 있도록 대안을 제시하는 일이 주 업무이니까 말이다. 다른 게 하나 있다면 나의 대안을 정치인들을 상대로 설득해나가는 능력, 즉 협상력을 갖추어야 했다는 것이다.

 이를 위해 지난날보다 인내심을 더 키워야 했고, 상대방의 입장에서 그를 이해하고 존중하는 능력, 즉 배려심도 더 길러야 했고, 대안들이 구체성을 띠도록 전보다 더 깊이 있는 연구에도 매진해야 했다. 이러한 바탕들이 잘 갖추어져야 이른바 큰 정치를 할 수 있다고 여기고 있기 때문에 한시도 노력을 게을리하지 않고 있다.

나의 약속, 국가재정지킴이

올바른 정치인이 된다고 해서 대한민국 모든 난제를 해결할 수는 없다.

하지만 다양한 정치인들이 각자가 자신의 전문분야에서 난제를 하나씩 해결해 간다면, 세상은 지금보다 훨씬 살기 좋은 곳이 될 것이다. 나는 재정학의 전문가로서, 나의 전문성을 적극 활용하여 입법 활동을 하고자 한다. 그것은 앞서 말한 것처럼 국가재정의 쓰임새를 바르게 자리매김시키는 것이다. 그것이 내가 국회에 몸담고 있는 이유이자, 국민의 대표로서 내가 지켜야 할 약속이라고 믿는다.

최근 가장 큰 문제는 경기침체로 돈은 적게 들어오는데, 복지 수요가 폭발적으로 증가하고 있는 현상이다. 돈이 충분하다면 무엇이든 다 해도 되겠지만, 가진 돈은 적은데 써야 할 곳이 많으면, 쓸 곳을 줄여야 하는 것은 당연한 일이다. 그런데 아무런 대책도 없이 돈을 쓸 곳만 늘리고 있는 것이 현실이다.

따라서 지출을 발생시키는 법안을 도입할 때 반드시 재원대책이 포함되도록 할 필요가 있다. 이것이 바로 앞에서 강조한 페이고 제도이다. 나는 페이고 제도가 무분별한 예산 낭비를 막을 수 있다고 생각한다. 그래서 국회에 들어가자마자 페이고 제도 도입의 첫걸음이라고 할 수 있는 국회법과 국가재정법 일부 개정 법률안을 발의했다.

하지만 쉽지 않은 난관들이 많다. 미국의 경우 예산 편성과 거기에 대한 의무지출의 법적 근거인 수권법이 같은 단계에서 일어난다. 다시 말하면 어떤 지출을 어떤 규모로 의무화할 것인지를 의회에서 정하고, 근거 법률을 의회가 만들어서 예산안과 함께 처리를 한다는 뜻이다.

그런데 우리나라의 경우는 정부가 예산 편성권을 가지고 국회가 법률안 제정의 권한을 가진다. 이러한 차이점 때문에 추가적으로 몇 가지 조

— 경제분야 대정부질문에서 국정운영 방향을 제시하고 있는 이만우 의원

율해야 할 문제들이 있다. 나는 이들 문제점들에 대해 국회 예산정책처와 공동으로 그 해결책을 연구·검토하고, 공청회를 통하여 전문가들의 의견을 수렴하여 조만간에 후속 법안들을 발의해 나갈 예정이다.

　법안들을 발의한다고 해도 동의를 얻어내는 과정 역시 쉽지 않다. 지역구 의원들의 경우 지역구 사업을 하려면 지출을 요구하는 법안 제출이 필요하다. 그런데 페이고 제도는 그에 대한 장벽이 될 수 있다. 이러한 문제 역시 제도의 도입 필요성에 대해서는 거의 모두가 공감하고 있음에도 불구하고 도입을 위한 논의가 진척되지 않는 하나의 이유로 작용하고 있다고 생각한다. 이러한 부분들을 구체적으로 어떻게 해소하여 한국적 페이고 제도로 정착시킬 수 있을지에 대한 것도 나의 가장 큰 숙제이자 화두로 자리잡고 있다.

　"땀과 눈물과 피는 헛된 법이 없고, 목숨을 건 꿈은 실패하는 법이 없습니다."

유학 시절 내게 늘 힘이 되어준 글귀다. 내 꿈을 이루기 위해 나는 지금보다 더 열심히 노력할 것이다. 이것이 인생을 사는 우리 모두의 자세가 아닐까? 자기 자신이 어느 위치에 있는 것은 그 다음 일이다. 아무리 어려운 상황이라도 감사의 마음을 갖고 미래를 꿈꾸다 보면 모든 일이 자연스레 이루어질 것이라고 믿는다. 그 길을 다만 우리는 가고 있을 뿐이다.

이
상
일

언론인의 감각은
나의 정치 나침반

이상일

- 서울대학교 사회과학대학 무역학과 졸업(학사)
- 연세대학교 경영대학원 경영학과 졸업(석사)
- 연세대학교 대학원 행정학과 박사과정
- 現 제19대 국회의원, 새누리당 원내부대표
- 現 새누리당 용인을 당협위원장
- 現 국회 공직자윤리위원회 부위원장
- 現 국회 교육문화체육관광위원회 위원
- 現 국회 운영위원회 위원
- 現 국회 동북아역사왜곡대책특별위원회 위원
- 現 새누리당 사회적경제특별위원회 제1분과 간사
- 現 새누리당 경제혁신특별위원회 규제개혁분과 위원
- 現 서울대학교 총동창회 이사
- 現 분당 서울대병원 발전위원
- 現 용인시유도회 고문
- 국회 미래창조과학방송통신위원회 위원
- 새누리당 비상대책위원장 비서실장
- 새누리당 정책조정위원회 위원
- 새누리당 대변인
- 제18대 대통령선거 새누리당 중앙선거대책위원회 대변인
- 새누리당 대통령후보경선 박근혜 국민행복캠프 대변인
- 제19대 총선 새누리당 중앙선거대책위원회 대변인
- 가톨릭대학교 국제학부 · 경영학부 겸임교수
- 중앙일보 정치부 기자 · 워싱턴 특파원 · 정치부장 · 논설위원

언론인의 감각은
나의 정치 나침반

우리가 사는 현실의 세상은 팩트fact로 이루어져 있다. 이 팩트를 정확히 인지할 수 있다면 우리는 보다 명료하게 사리분별을 할 수 있을 것이다. 하지만 사람은 완벽하지 못하다. 불완전한 존재이기 때문에 팩트를 파악하고 이해하는 데 한계를 노출하고, 그런 까닭에 똑같은 현실을 놓고서도 서로 달리 본다. 그리곤 서로 다른 이야기를 하고 그걸 수긍하지 못해서 다툼을 벌인다. 반면 서로 다른 이야기를 인정하면서 이해하려고 노력하면 공존의 싹이 자란다.

세상의 팩트를 개개인들에게 전달해주는 역할을 하는 것이 언론이다. 언론사는 팩트의 중요성을 알고 있기 때문에 팩트를 가치 판단의 최우선적인 요소로 삼고 있다. 언론사별로 이념적인 편향성은 있지만, 그 때문에 보고 싶은 것만 보고, 입맛에 맞는 것만 골라서 기사를 쓰는 것은 언론 본연의 역할에서 벗어나는 것이다.

그렇다면 팩트만 잘 전달하면 그걸로 언론의 역할이 끝나는 것인가? 사실 그 팩트를 일으킨 당사자들이 서로 다른 이야기를 하게 되면 실체에 대한 파악이 곤란해진다. 언론이 전해주는 팩트가 어떨 땐 팩트가 아닐 수도 있다. 그럼에도 언론은 팩트를 정확하게 파악하려고 최선을 다한다. 팩트에 대한 이해를 높이기 위해 그 팩트가 생기게 된 복합적인 인과관계를 파고든다. 여기서 언론인들은 자연스레 비판 정신과 균형 감각을 갖게 된다.

우리 정치인들이 이러한 언론인의 감각을 습득하게 되면 현재보다 분명 더 나은 정치를 할 수 있다고 생각한다. 정치인들은 당파성에 매몰되거나 자기의 진영논리에 빠지기 쉽고, 그래서 균형감각을 잃을 가능성도 크다. 그로 인해 독선이 생기고 소모적인 당파싸움이 발생하는 만큼 정치인들이 이 메커니즘을 경계하는 노력을 해야 한다는 게 내 생각이다.

우리가 민심에서 유리되지 않고 국민의 눈높이에 맞는 정치를 하려면 늘 비판적 시각에서 성찰하고 현상을 균형 있게 바라보는 감각을 갖추는 게 중요하다.

정치인이 언론인의 감각을 배워야 한다고 말하는 이유는 나 자신이 오랫동안 기자생활을 했고, 그 기자정신을 정치계에 들어와서도 나름대로 유지하려고 노력하기 때문이다. 언론인으로서 쌓은 체질, 전문성, 사물을 보는 눈이 내가 하는 정치의 토대를 이루고 있는 것이다.

1997년 신한국당의 경선은 기자로서 잊을 수 없는 추억

기자가 되기로 결심한 것은 전두환 정권 시절을 겪으면서 형성된 나의 사회관 때문이었다. 당시 대학생이었던 나는 12·12 군사쿠데타로 정권을 탈취한 전두환 소장의 군사정권 세력이 이 나라에 암흑기를 초래했다고 봤다. 탄생 자체가 반(反)헌법적이었던 전두환 정권은 정당성과 정통성이 없는 권력을 유지하기 위해 독재를 자행했다. 9대 국회를 해산하고 사회의 모든 민주화 세력을 탄압했던 것이다.

대학 캠퍼스에 사복 경찰관들이 상주하며 학생들의 일거수일투족을 감시하는 등 독재정권을 유지하기 위한 각종 폭압과 폭력을 목격하면서 나는 민주주의와 언론의 자유가 얼마나 소중한지, 정치가 왜 중요한지, 역사의 발전을 위해 무슨 일을 해야 하는지 등에 대해 많은 생각을 했다.

이 시기에 대학과 대학원 시절을 보낸 나는 입대를 했고, 1988년 봄 군

복무를 마치자마자 때마침 채용공고가 난 중앙일보 기자시험에 응시했다. 기자가 되면 비판정신을 발휘할 수 있고, 권력을 감시할 수 있으며, 진실을 밝히고 대중에게 알릴 수 있다고 생각했기 때문이다.

1997년 신한국당 대통령후보 선출을 위한 경선 과정에서 대형 특종을 낚은 일을 생각하면 아직도 짜릿하다. 소위 9룡이 출마했던 당시 경선에선 선두주자였던 이회창 씨 대 정발협(정치발전협의회)으로 대표되던 반(反)이회창 연대그룹의 대결구도가 형성됐다. 이회창 씨를 뺀 여러 주자들의 세력이 모인 정발협에선 경선일이 다가오자 이회창 씨 대항마를 한 사람으로 압축하기로 했고, 토요일 밤에 간부진 극비회의를 열어 국무총리를 지낸 이수성 씨를 지지후보로 골랐다.

당시 신한국당 출입기자였던 나는 이 사실을 단독 취재했고, 일요일자 중앙일보 1면 톱으로 보도했다. '정발협이 이수성 씨에게 힘을 모아주기로 함에 따라 경선 판도에 상당한 변화가 생길 것으로 보인다'는 내용의 특종기사는 큰 파장을 일으켰다. 극비에 이뤄진 결정을 알지 못했던 사람들과 중대한 사안을 놓쳤던 담당기자들이 크게 반발하자 정발협 공동의장이었던 서석재 씨(고인)가 일요일 오후 긴급기자회견을 열어 전날의 결정을 백지화했고, 이로 인해 정발협은 사분오열됐기 때문이다.

극비회의에서 난상토론과 표결 끝에 이뤄진 결정이 정발협 계획대로 월요일 오전에 공식 발표되었다면 당초 이인제 씨(현 새누리당 최고위원)를 지지했던 서석재 씨가 결정을 번복하지 못했을 것이며, 정발협 내부에 반발이 좀 있더라도 다수는 결정한 대로 움직였을 것이다. 상황이 이렇게 전개되었다면 신한국당 경선결과가 달라졌을지 모른다.

이수성 씨 캠프를 지휘했던 서청원 전 한나라당 대표는 종종 "그때 중앙일보 보도가 없었다면 이수성 씨가 대통령후보로 선출됐을 것이고, 대선에서 김대중 씨를 물리쳤을 가능성이 크다. 이상일 기자가 정치사를 바꾼 셈이다"라고 말했다.

특종 욕심은 기자의 본능이다. 기자는 다른 이들이 모르는 사실을 취재했을 때 흥분한다. 정발협이 한밤중에 긴급회의를 열어 이수성 씨에게 세를 몰아주기로 했다는 걸 단독 취재했을 때 윤전기를 세워서라도 기사를 신문에 싣는 것이 기자의 본업이다. 내가 그 결정을 취재하고 보도했을 때 다음날 정발협이 분열될 것이라고 상상하지도 못했다. 그런데 내기사로 인해 정치적으로 큰 파장이 생겨 경선의 흐름이 바뀐 것은 틀림없는 사실이고, 나아가 대선의 판세도 바뀌었을 수도 있으니 그때의 사건을 잊을 수 없는 것이다.

품격 있는 정치를 할 수 없을까

3년 6개월 동안 중앙일보 워싱턴 특파원으로 일하고 나서 2009년 8월 한국으로 돌아온 뒤엔 정치면을 책임지는 정치부장으로 2년여를 보냈다. 정치부 기자를 오랫동안 할 수 있었던 것은 돌아가신 아버지(신민당 소속으로 9, 10, 12대 국회의원을 지낸 고(故) 이진연 의원) 덕분이라고 할 수 있다. 아버지와 함께 정치했던 현역 의원들이 나에게 특종거리를 많이 줬기 때문이다. 아버지가 속해 있었던 과거 신민당 출신은 물론 반대편이었던 공화당과 민정당 출신 국회의원들도 많은 기삿거리를 제공해 주었다.

"네 아버지는 여당의 문제를 날카롭게 비판하면서도 정쟁은 자제하고 대화로 문제를 풀려고 노력하던 분이었다. 따갑게 지적을 하면서도 여간해선 언성을 높이지 않는 분이었다. 야당의 신사였다."

민정당 출신 이한동 전 국무총리는 아버지에 대해 이렇게 평가하면서 특별히 잘 대해줬다. 민주화 운동을 했던 최형우 전 의원과 서청원 전 대표 등도 마찬가지였다. 정치인이 된 지금 나는 아버지의 모습을 닮으려고 애쓰고 있다. 아버지가 실행에 옮기려고 노력했던 품격의 정치는 언론인의 감각과 함께 나의 정치를 지탱하는 두 기둥이다.

아버지는 박정희, 전두환 시대에 야당에서 정치를 했다. 아버지는 오랫동안 야당 생활을 하면서 민주화 투쟁을 했지만 폭력은 배격했다. 민주주의를 쟁취하기 위해 독재와 치열하게 싸우는 것은 백 번 옳지만, 돌이나 화염병을 던지는 폭력적인 방법은 쓰지 않는 게 성숙한 민주주의를 이루려는 정치인의 바람직한 태도라고 아버지는 강조했다. 그렇게 하는 것이 폭압적인 독재정권과 다른 품격을 보이는 것이라고 했다.

아버지에 대한 일화 하나를 소개하면 다음과 같다. 아버지는 8대 국회의원 총선 때 신민당 후보로 공천 받아 고향인 전라남도 함평에서 출마했다. 개표결과 현장 투표에서 이기고도 군인들이 대부분인 부재자 투표에서 밀려 낙선했다. 그때 만일 지원유세를 약속했던 김대중DJ 전 대통령측의 제안을 수용했다면 아버지는 공화당 후보에게 거의 100% 몰표가 쏟아진 부재자 투표에서의 열세를 만회할 수 있을 정도로 유권자의

— 가족사진(고 이진연 의원, 아들 이혜문과 1993년 초여름 강원도에서)

현장투표에서 훨씬 많은 표를 얻어 국회에 입성할 수 있었을 것이다.

이야기의 전말은 이렇다. 1971년 신민당 대선 경선에 나섰던 DJ의 주변에선 아버지가 김영삼YS 전 대통령을 지지했다고 생각했던 모양이다. 그랬던 그들이 8대 총선을 앞두고 DJ의 함평 지원유세 일정을 잡은 상황에서 느닷없이 1971년 이야기를 꺼내며 아버지의 사과를 요구했다 한다. 아버지가 무릎 꿇고 정중하게 사과하면 DJ가 함평유세를 해줄 것이라고 DJ 측근들이 얘기했다는 것이다. 이에 아버지는 "그런 옹졸한 요구가 어디 있느냐. 경선 때 소신을 가지고 한 일을 사과하라고 하는 게 말이 되느냐. 내가 국회의원 안 했으면 안 했지 그쪽에 가서 무릎 꿇고 잘못했다고 비는 일은 못하겠다"고 했다. 그러자 DJ의 함평 지원유세는 취소됐고 아버지가 입은 타격은 컸다.

1971년 경선 당시 아버지는 DJ와 YS 모두에게 대의원 표를 나누어주었다고 한다. 다만 그 얘기를 DJ나 YS측 누구에게도 하지 않았을 뿐이다. 아버지가 소신에 따라 한 일을 잘못했다고 고개 숙였다면 아버지는 8대 국회의원에 당선됐을 것이다. 아버지는 종종 그때의 일을 회고하면서 "지금 같은 상황에 부닥쳐도 똑같이 행동했을 것이다. 국회의원이 되는 게 중요한 게 아니라 어떻게 행동하는 게 중요하다는 걸 명심하라"고 나에게 여러 번 얘기했다.

　나는 아버지의 말씀을 들으면서 품격을 생각했다. 비굴하게 처신해서 국회의원이 되느니, 차라리 낙선하더라도 인격과 자존심을 지키는 길을 선택하는 것이 품격 있는 행동이라며 아버지의 선택을 지지하고 흠모했던 것이다.

- 새누리당 제1차 전국위원회 정치쇄신 결의문 낭독(2012년 11월)

정치인의 책임윤리는 국민 다수의 뜻을 배반하지 않는 것

정치의 목적은 더불어 잘 사는 세상을 만드는 것이라고 본다. 여와 야가 입장을 조율해가면서 국민의 삶과 민생을 챙기는 노력을 성실하게 하는 것이 올바른 정치라고 할 수 있다.

기자의 길을 천직으로 여겼던 내가 정치에 발을 들인 것은 박근혜 대통령과의 인연에서 비롯됐고, 새누리당을 선택한 것은 새누리당이 상대적으로 이 나라를 잘 이끌 수 있는 역량을 갖고 있다고 판단했기 때문이다. 2012년 4월 19대 총선을 앞둔 당시의 시점에서 바라보면 새누리당의 사고방식이 다른 정파보다는 합리적이고 건전하며, 구태를 벗고 개혁을 하기 위해 나름대로 치열하게 노력하고 있다는 것이 나의 판단이었다.

2006년 1월 중앙일보 워싱턴 특파원 부임을 앞둔 나에게 한나라당 대표직을 맡고 있던 박근혜 대통령은 환송 오찬을 베푼 자리에서 "미국에 가는 걸 그만두고 나를 도와줄 수 있느냐"고 했다. 이듬해 있을 한나라당 대통령 후보 경선과 대선을 염두에 두고 그런 말씀을 한 것이었으나 나는 사양했다. "워싱턴에서 취재를 하면서 견문을 넓히고 싶습니다. 정말 죄송합니다. 그리고 감사하게 생각합니다"라고 말했다. 하지만 2012년 19대 총선이 한 달도 남지 않은 상황에서 새누리당 비상대책위원장을 맡아 총선 전략을 짜던 박 대통령의 부름을 받자 큰 고민을 했다. 2012년은 총선, 대선이 있는 중요한 해이고 박 대통령이 다시 도와달라고 했기 때문에 심사숙고한 끝에 미력이나마 힘을 보태겠다고 결심했다.

새누리당 총선 선대위 대변인으로 정치를 시작한 나는 가능한 한 국민의 눈높이에 맞는 언행을 하려고 노력했다. 국민의 뜻을 제대로 파악하고 행동하는 것이 정치인이 갖추어야 할 책임윤리라고 여겼고, 책임윤리를 발휘하지 않고서는 좋은 정치를 할 수 없다는 게 나의 지론이다.

　정치권에선 당파성과 독선에 매몰된 나머지 소모적인 충돌을 하는 경우가 많은데 이때 민생은 실종되고, 그 피해는 고스란히 국민이 보게 된다. 나는 2013년 5월 오랫동안 맡았던 대변인직을 떠나면서 "동굴의 우상(偶像)이 정치권을 지배하고 있다. 자기 눈에만 보이는 것이 전부고 남은 존중하지 않는 독선적 태도가 정치권에 만연해 있다. 정치권이 동굴의 우상을 타파하지 않으면 상생·화합·탕평의 정치를 하기 어렵고, 민생을 위한 생산적인 정치가 불가능하다"라는 내용의 고별사를 썼다. 여든, 야든 권력욕 때문에 상대방을 타도해야 할 적으로만 몰아붙이고, 그 바람에 비생산적인 정치싸움이 그치질 않는다고 판단했기 때문에 그런 글을 쓴 것이다.

　사회과학의 영역인 정치에는 정답이 하나만 있는 게 아니다. 정답이 없을 수도 있고, 많을 수도 있다. 사람마다 생각이 다르기 때문이다. 따라서 접점을 찾는 게 중요하다. 여야가 정치의 영역에서 공통분모를 찾으려고 모색하는 모습을 보이지 않는다면 정쟁이 벌어지게 되고 국민은 피곤해지며 민생은 피폐해진다.

　현장을 누비는 기자생활이 몸에 배어 있어서 그런지 몰라도 나는 큰 권력을 염두에 두는 거대 정치담론에는 관심이 없다. 정치 본연의 역할은 국민의 삶의 질을 향상시키는 데 있다는 게 나의 생각이다. 어떻게 하면 국민들이 살아가면서 겪는 작은 불편을 해소할 수 있는지, 주변의 부조리한 것들과 인본주의적이지 못한 낡은 시스템은 어떻게 개선해야 하는지 등에 나의 관심은 쏠려있다. 그렇게 하는 것이 생활정치이고 민생정치가 아니겠는가.

정치의 지향점을 민생에 맞추면 여야가 힘을 모을 일이 많다. 여야가 협력하면 국민의 불편을 덜어주는 일, 시대에 뒤떨어지고 비인간적인 시스템을 인본주의적으로 고치는 일은 얼마든지 할 수 있다. 이런 걸 해놓으면 어느 쪽이 정권을 잡든 민생의 시스템은 정치 바람을 타지 않고 유지될 것이다. 권력이 바뀌면 사라지고 마는 정치색 짙은 일을 하는 것보다 권력의 부침에 상관없이 국민생활에 편리함을 주는 시스템을 만드는 것이 훨씬 보람 있는 일인 것이다.

은행에 번호표를 하나 설치함에 따라 창구의 혼잡이 사라진 걸 보라. 이념의 눈으로만 사물을 보면 이런 시스템의 개선은 하찮은 것으로 보일지 모르지만 국민은 거창한 정치담론보다 생활의 불편이 개선되는 걸 반긴다. 많은 사람들이 '왜 아직도 이런 시스템을 가동하지? 이렇게 하면 훨씬 좋아질 수 있을 텐데' 라는 문제의식을 갖고 있을 것이다. 정치인들이 눈높이를 그에 맞춰 뭔가 개선하려고 노력한다면 우리의 삶은 나아질 것이다. 정치인들이 인본주의적 관점에서 생활상의 문제에 대한 해결책을 모색하려 하면 우리 민생의 수준, 생활 시스템의 격은 한층 높아질 것이다. 이것이 바로 민생정치 아닐까.

이러한 문제의식을 평소부터 갖고 있던 나는 우리 가족이 겪은 경험을 계기로 보이스피싱, 스미싱, 파밍 등 전자금융사기 방지책 마련에 역점을 뒀다.

2013년 봄 어느 날이었다. 화창한 날씨와 달리 울먹거리며 전화를 하는 아내의 얘기를 듣고 눈앞이 캄캄했다.

"딸이 납치됐어. 딸 전화로 걸려온 목소리를 들으니 딸이 납치된 게 틀림없는 것 같아."

나는 가슴이 철렁 내려앉았지만 아내에겐 보이스피싱일 수 있으니 내가 딸에게 전화를 걸어 확인해 보겠다고 했다. 다행히 고교 2학년생이던 딸이 쉬는 시간에 내가 전화를 걸었고 딸이 명랑하게 받았기에 보이스피싱임을 확인할 수 있었다.

하지만 내가 직접 당해 보니 피해를 보는 국민들의 심정을 알 수 있을 것 같았다. 그래서 나는 토론회를 열고 법안을 준비했다. 스마트폰의 대중화와 함께 급증하고 있는 스미싱을 방지하기 위한 법안, 이동통신사가 스팸을 필터링할 수 있도록 하는 내용의 법안, 개인정보에 대한 보호를 강화하는 법안 등도 냈다.

내가 개정안을 내기 전의 〈전기통신사업법〉에 따르면 인터넷발송 문자서비스는 신고만으로 가능했다. 특히 자본금 규모가 1억 원 미만일 경우 신고의무가 면제되어 사업자 관리·감독은 물론 사업자 실태파악 조차 어려웠다. 자본금 1억 원 미만인 사업자가 스미싱 사기를 위한 문자를 인터넷을 통해 보내고 나서 사라지면 적발할 수 없었던 것이다. 그래서 인터넷발송 문자서비스를 제공하려는 사업자는 일정한 조건을 갖추어 등록하도록 법을 개정했다. 정부가 관리·감독을 할 수 있도록 한 것이다. 또한 불법스팸 메시지가 발송되지 못하도록 통신사에 필터링 등의 방지조치를 의무화하는 내용으로 〈정보통신망법〉을 개정했다.

2013년 말에 치러진 대학수학능력시험 세계지리 과목의 출제 오류 때문에 피해를 본 학생들을 구제하기 위한 특별법안도 발의했다. 이 법안은 교육문화체육관광위원회 통합수정안으로 2014년 12월 9일 정기국회 마지막 날 통과됐다.

2015년 1월 2일에는 을미년 국회의 제1호 법안으로 '취업 후 학자금상환 특별법 일부개정법률안'을 대표발의했다. 학자금 대출을 받은 대학생들이 취업 후 대출금 상환 과정에서 불편을 겪고 있는 것을 해소하기 위한 것이다. 현행법은 채무자를 고용한 사업체에게만 채무자의 의무상환액을 상환할 수 있도록 하고 있다. 그래서 사업체가 행정적인 번거로움을 느껴 학자금을 대출받은 학생들의 채용을 기피할 뿐 아니라 채무자가 직접 납부를 하고 싶어도 할 수 없었다. 이에 채무자가 직접 납부할 수 있는 길을 열도록 했다. 물론 상환의무는 원천공제의무자인 사업체에

– 경기 용인을 지역사무소 개소식(2014년 11월)

부여하여 사업체가 책임을 채무자에게 전가하는 것을 막는 내용도 포함됐다.

2013년에도 그랬지만 2014년 국정감사에서도 행정부의 잘못을 치밀하게 파악해서 개선하는 일에 주력했다. 멀티플렉스 영화관에서 화재가 발생할 경우 대피로 일부가 막혀 있는 등의 문제 때문에 관객들이 대피의 골든타임 3분 안에 모두 피할 수 없다는 결과를 국정감사장에서 시뮬레이션을 통해 시연해 보였고, 영화관은 문제를 인정하고 안전조치를 강화했다. IPTV와 케이블TV의 소위 최신영화 '꼼수상영'도 지적했다. 영화배급사가 소규모 영화관에 20만 원 정도만 주면 관객이 적거나 심지어 없어도 영화진흥위원회에 '극장동시상영 영화'로 등록되는데, IPTV와 케이블TV 서비스 이용자는 일반영화 서비스 이용자(2,000원)보다 4, 5배 비싼 서비스 가격(10,000원)으로 동시상영 영화를 보게 되지만 그런 영화 중에는 엉터리가 많다는 걸 비판한 것이다. 이후 IPTV와 케이블TV 업계 등은 자율적인 개선책을 마련했다. 관광호텔 등급심사 과정의 부실심사와 금품요구 등의 비리와 부패문제도 밝혀내어 개선방안을 마련하도록 했다. 정부기관의 동해 영문표기는 'East Sea'다. 그러나 외국인의 경우 '어느 나라 동해?'라는 궁금증을 불러일으킬 것이므로 표기를 'East Sea of Korea'로 하자고 제안했다. 외국의 역사왜곡을 시정하는 기관인 동북아역사재단이 동해 영문표기를 일본해와 병기하는 사례로 홈페이지에 올려놓은 'Sea of Japan(East Sea)' 지도는 우리의 자긍심을 훼손하는 것이라고 지적하고 표기를 'East Sea(Sea of Japan)'로 바꾸도록 했다.

지역구인 용인(용인을 지역)의 발전을 위한 활동에도 심혈을 기울였다. 2015년 국비 예산에서 용인 마북천 환경개선 사업 예산을 6억 원 증액해 총 31억 원을 확보했고, 용인종합운동장과 실내체육관 시설보수에 사용될 체육진흥투표권 수익금 11억 5천만 원을 얻어냈다.

용인시 기흥구 보정동 주민센터 신축에 긴요하게 쓰일 행정자치부 특별교부세 5억 원과 구갈중학교 냉난방 시설교체에 필요한 교육부 특별교부금 3억 1,700만 원도 확보했다. 홍덕지구에 2018년 3월 개교를 목표로 초등학교 1개교를 신설하겠다는 약속도 이재정 경기교육감으로부터 받아냈다.

경부고속도로 수원IC(인터체인지)가 용인시 기흥구 신갈동에 위치해 있음에도 지난 46년간 '수원IC'로 불린 데 대해 2014년 8월 한국도로공사 김학송 사장에게 부당성을 지적하는 서신을 보내는 등 명칭 변경 작업을 추진, 2015년 1월 1일부터 '수원·신갈IC'로 명칭이 변경되도록 했다. 2006년부터 2010년까지 용인에서 수차례에 걸쳐 '수원IC' 이름을 바꾸려는 시도를 해 왔지만 도로공사가 번번이 거부하는 바람에 못했던 것을 한 것이다. 2012년 대선 때 새누리당 중앙선거대책위원회(김학송 유세총괄본부장, 이상일 대변인)에서 김 사장과 함께 일했던 인연과 "IC 이름을 바꾸면 혼란이 생긴다"는 과거 도로공사의 거부 이유를 조목조목 따진 논리적 비판이 주효했던 것이다.

이 밖에 2014년에는 홍덕IT밸리에 서울의과학연구소가 400억 원을 투자하도록 하는 성과도 거뒀다.

2015년 새해를 맞아 용인시민과 다문화가정 어린이의 문화향유 기회와 생활체육 저변확대, 그리고 용인시 홍보를 위해 '제1회 한스타 연예인 농구대잔치'를 용인에 유치했다. 스타 연예인 등으로 구성된 7개 팀의 리그전은 1월 15일부터 3월 19일까지 용인실내체육관에서 열렸다. 한류의 중심에 서 있는 인기 가수와 배우, 개그맨 등 스타 연예인이 대거 대회에 출전해 기량을 선보였기 때문에 큰 인기를 끌었다. 매 경기마다 보여준 스타 연예인 선수들의 넘치는 열정은 시민들에게 즐거운 볼거리와 추억을 만들어 주었다.

언론인의 눈을 유지하면서 정치할 것

작은 일이라고 할지라도 국민들에게 정말 필요한 정책, 법안을 만들어 국민들의 삶에 조금이라도 보탬이 되는 일을 했다면 그것이 곧 정치인으로서 성공하는 것이라고 생각한다. 그것이 내가 정치하는 이유고, 내가 꿈꾸는 것이다.

사람에게 꿈이 없다면 영혼이 없는 것이고, 사람으로서 살아가거나 존재할 이유가 없다고 생각한다. 꿈은 인간의 존재 이유인 것이다. 이때 중요한 것은 나만이 아니고 타인까지 배려하는 휴머니즘적인 꿈, 해체되어 가는 공동체를 위해 봉사하고 헌신하겠다는 꿈을 꾸는 것이다. 좀 더 보람 있는 꿈을 꾸는 것이 좋다고 본다. 생계를 잇지 못해 한 가족 모두가 자살하는 일이 주변에서 벌어지는데도 이웃이 관심을 두지 않고, 복지행정의 손길도 외면하는 바람에 꿈을 잃어버리고 사는 이들이 늘어나고 있다는 현실을 정치권은 심각하게 생각해야 한다. 정치권이 이런 문제를 외면하고 권력을 잡는 일에만 몰두한다면 우리의 사회는 발전할 수 없다는 걸 정치인들은 두려운 마음으로 성찰해야 한다.

나는 신뢰를 중시한다. 무신불립(無信不立)이란 말도 있듯 신뢰가 없으면 아무것도 할 수 없기 때문이다. 박사 학위를 10개나 가진 뛰어난 능력의 친구가 있다손 치더라도 그가 신뢰하지 못할 사람이라면 누구도 같이 일하려 들지 않을 것이므로 누구든 신뢰를 잃는 것을 경계해야 한다. 정치인이 중요한 약속을 안 지키면 국민들은 아무것도 믿지 않게 되고 그의 언행과 정책은 지지를 얻지 못할 것이다.

나는 25년간 언론인으로 활동하면서 정치·외교의 현장에서 일어나는 다양한 정치현상을 취재하고 목격했다. 언론인으로서의 이러한 경험은 정치인 이상일에게 훌륭한 나침반 역할을 한다고 생각한다. 그런 만큼 언론인의 눈, 언론인의 감각을 갖고 정치를 하려 한다.

이
운
룡

아래로부터 위를 향하는
수증기 같은 정치

이운룡

- · 1961년 전북 무주 출생
- · 대전고등학교, 한국외국어대학교 졸업(정치학 석사)
- · 現 제19대 국회의원
- · 現 국회 정무위원회 위원
- · 現 국회 아프리카 새시대포럼 위원
- · 現 한국 · 호주 의원친선협회 이사
- · 現 국회 한국아동인구환경의원 연맹(CPE) 회원
- · 現 (사)K-BOB 시큐리티 포럼 이사
- · 現 (사)한국외식산업협회 고문
- · 새누리당 대표최고위원 특보
- · 새누리당 박근혜 비상대책위원장 상근보좌역
- · 한나라당 원내기획 · 행정국장
- · 국회정책연구위원(1급 상당)
- · 한나라당 기획조정국장
- · 국회 농림축산식품해양수산위원회 위원

아래로부터 위를 향하는
수증기 같은 정치

여종이 임신하면 출산 1개월 전부터 산모의 복무를 면제해주었던 세종께서 어느 날 탄식하며 이르시길, "산모의 남편에게는 전혀 휴가를 주지 아니하니 산모와 아기를 구호할 수가 없다. 이 때문에 목숨을 잃는 경우까지 있으니 진실로 가엽기 그지없다."

그리하여 세종 16년 4월 26일에 이르러 남편 노비에게도 30일의 산간 휴가를 주도록 했다.

정당에서 사회생활을 시작한 이래 오늘까지 내 가슴속에 새겨져 있는 이야기다. 정치란 이렇게 국민이 실생활 속에서 마음 편히 살 수 있게 하는 것이며 나아가 그 후손들까지 행복을 다지는 일이라는 믿음에 변함없다. 정치는 위에서 내리는 비와 같은 것이 아니라 아래로부터 위로 올라가는 수증기와 같아야 한다는 것이 내 생각이다. 비가 잘못 내리면 홍수가 나고 또 모자라면 가뭄이 들어 국민을 고통 속에 빠뜨리지만 국민으

345

로부터 사랑과 신뢰를 받는 정치는 홍수와 가뭄을 적절히 조절하는 하늘이 될 수 있다.

지난 정당생활에서 가파른 고개를 만나거나 혹은 거친 비포장길을 만날 때마다 정치에 대한 내 생각은 오히려 강해졌고 또 그렇게 오늘에 임하고 있으며 내일도 역시 그 마음으로 맞이할 것이다.

마음은 참되게, 행동은 무겁게

나는 어린 시절 덕이 많고 너그러운 '덕유산'의 품에서 성장했다. 당시만 해도 부족한 것이 많은 시절이었지만 지금 생각해보면 그때가 오히려 더 넉넉했다는 느낌이다. 자연에 대한 갈망과 전통의 소중한 가치……. 이런 것들은 물질적 풍요에 밀려 오히려 정서적 빈곤을 느끼게 한다. 당시에는 깨닫지 못했지만, 그 정신적 풍요 속에서 눈에 보이지 않는 많은 것을 배웠다. 마음을 다스리는 법, 보고 듣고 생각하고 행동하는 법, 사람들과 더불어 사는 법 등등이다. 그렇게 자연스럽게 배워 체화(體化)된 심성은 살아오는 동안, 그리고 지금도 숱하게 마주하는 깊은 갈등과 첨예한 대립 상황에서 '해법은 항상 있다'는 신념을 갖게 된 배경이었다고 생각한다.

특히 막걸리 심부름을 도맡아 해드렸던 조부님의 가르침은 아직도 내 가슴에 살아 있다. 조부께서는 내게 '마음먹기는 참되게 하고 행동은 무겁게 하라'는 가르침을 주셨다. 나는 이 말씀이 임진왜란 때 이순신 장군이 옥포 앞바다로 첫 출전을 나가기 전 공포에 짓눌린 군사들에게 내렸던 '가벼이 움직이지 마라. 태산같이 침착하고 무겁게 행동하라'(勿令妄動 靜重如山)는 군령과 다르지 않다고 생각한다. 그런 조부모님의 가르침이 현실 정치 풍파 속에서 '정당인'을 직업으로 25년이 넘는 시간을 균형 있게 보내는 데 자양분이 되었다. 그 덕분에 신중하지 못한 정치인의 언행은 양날의 칼이 되

– 미래를 고민하던 청년은 25여 년간을 정당인으로서 현실 정치 속 외길을 걸어왔다. (집무실에서)

어 돌아온다는 것을 깨달았다. 그러기에 수많은 정치인들 중 누구보다도 현실정치를 대하는 자세가 엄중하고 무거우며, 초심을 잃지 않는 진정성 있는 의정활동으로 보답해야 한다는 마음을 다잡아 본다.

내가 정치와 연을 맺게 된 계기는 1980년대의 혼란스러운 사회상으로부터 출발한다. 대립과 갈등으로 치달았던 그 시대에 나는 청년의 한 사람으로서 미래를 고민하지 않을 수 없었다. 고심 끝에 정치학을 공부하기로 마음먹고 한국외국어대에 입학한 후 대학원까지 6년간 수학했다. 박사과정을 준비하던 중 당시 서울대 행정대학원장이셨던 박동서 교수님과 김광웅 교수님이 설립한 한국의회발전연구회 연구원으로 참여하면서 현실정치를 체험하는 계기가 되었다. 연구원 생활을 마친 후

1989년 정당사무처에 공채로 입사했다. 당시 13대 국회는 여소야대의 4당 체제로 5공비리 청산이 최대 정치 이슈였는데 나는 청문회 정국을 지원했고, 3당 합당 후 당직자로서 최초로 치른 14대 총선과 1992년 대통령선거에서 승리하는 감격을 누렸다.

1989년 당에 들어와 23년간 당직자로 지내며 4번의 대선과 5번의 총선을 치렀다. 여당과 야당을 모두 경험했고, 평시에는 정책과 원내업무를, 선거 때는 전략·기획·정세분석 등 다양한 업무를 수행하면서 착실하게 정치 훈련을 쌓았다. 정치에 투신했다기보다는 젊은 시절부터 당직자로 생활하면서 우리 정치의 파란만장한 굴곡의 역사와 함께했고, 그 혼란과 어려움을 극복해 나갈 때마다 한 걸음씩 정치의 꿈에 가까이 다가섰다.

이제는 배제의 정치를 넘어 화합의 정치로

정치는 어렵지 않다. 또 어려워서도 안 된다. 순리와 상식이 통하는 사회를 만들고, 국민을 행복으로 이끄는 것이 바로 정치다. 여기에 믿음까지 줄 수 있다면 훌륭한 정치 아닐까? 우리 정치가 국민에게 믿음을 주지 못하는 이유는 단 하나, 정치의 목적이 국가와 국민의 이익보다는 집단과 개인적 욕심과 영달을 좇는 데 있기 때문이다.

'나보다는 우리'를 생활신조로 살아온 지 어언 30년이다. 어렵고 힘들 때마다 서로 돕고 함께 살면서 '우리'라는 울타리를 알게 되었고, '믿음',

즉 신뢰만이 사회에서 인정받고, '신뢰받는 정치인'만이 살아남는다는 소신을 갖게 되었다. 비례대표 공천신청서를 제출하면서 나 스스로와 약속한 것이 있다. 국민이 외면하는 정치를 개혁하겠다는 것이다. 국가의 정체성을 지키고 국민의 행복과 직결된 문제에는 최선두에 서서 싸우겠지만, 그 외의 사안에는 대화와 타협, 상호존중과 양보의 자세로 풀어가겠다고 다짐했다.

앞으로는 배제의 정치에서 화합의 정치로 나아가야 한다. 대의민주주의의 본질인 '모든 것은 국민으로부터 나온다'는 원칙을 확고히 하고, 이를 바탕으로 국민행복국가를 비전과 목표로 제시하며, 복지와 일자리 정책을 최우선 순위에 두고 쇄신해 나가야 한다.

이러한 쇄신이 성공하기 위해 우리가 주목해야 할 점은 지금까지 배제의 정치 행태가 성행해 왔다는 점이다. 배제의 정치는 승자에게 많은 권

■ 정치는 어렵지 않다. 또 어려워서도 안 된다. (국회 본회의장에서)

한을 몰아주는 것이고, 권력이 상대방에게 넘어가기 전까지 승자가 원하는 대로 모든 정책 결정이 이루어진다. 따라서 약자나 소수자 혹은 반대세력에 대한 배려가 상대적으로 경시되기 마련이다. 반면 화합의 정치에서는 승자독식을 경계하기 때문에 협력과 타협이 일상화되고, 가급적 많은 계층의 의사를 정책에 반영하여 사회적 약자나 반대그룹에 대한 배려와 포용이 중요하게 다루어진다.

협상의 가장 중요한 요소는 상대에 대한 존중과 배려 그리고 이해이다. 상대가 실제 필요로 하는 것이 무엇인지 끊임없이 연구하고 허심탄회한 대화를 이끌어내기 위해 인간적인 신뢰를 쌓아나가는 노력을 해왔다. 첨예한 대립이 있는 협상에 임할 때는 자신을 배반할 수 있는 유연함조차 필요하다. 즉 서로의 궁극적 목표를 채워줘야 한다. 그리고 그것이 받아들여질 수 없을 때, 최선의 대안을 찾아주는 것이 중요하다. 협상 상대도 이런 점을 인식하고 있기 때문에 상대 당의 합리적 협상가들과 친분을 나눠오고 있다.

언론을 통해 비춰지는 국회의 모습은 늘 다투고 일을 하지 않는 모습이지만, 사실 거의 대부분의 사안은 여야 협의를 통해 결정된다. 서로의 이익이 상충되어 협상이 더디게 진행되거나 일시적으로 결렬되는 경우도 있으나 갈등이 사회에 꼭 나쁜 영향만 미치는 것은 아니다. 파괴적 갈등관계를 건설적 대립으로 풀어나가는 것은 큰 가치를 만들어낸다. 정치에 발을 들여놓은 이후 여당일 때도 있었고, 야당이었던 적도 있었지만 매순간 상대와의 갈등조정을 통해 정치 발전에 기여해왔다.

19대 국회 전반기를 돌아보면, 소외 계층의 목소리에 귀 기울이는 데 의정활동의 최우선을 두었다. 제값을 받지 못해 고통 받고, FTA로 시름하는 우리 농·어민의 대변자 역할을 충실히 했으며, 서민을 위한 민생 정책 마련에 많은 노력을 기울였다. 이는 내가 농촌에서 태어나 서민의 삶을 살아오면서 일반 국민들이 어떤 어려움과 아픔을 겪고 있는지 잘 알기 때문이다.

임기 첫해는 갓 출범한 박근혜 정부의 성공을 위해 농림축산식품해양수산위원회에서 농림축산식품부와 해양수산부가 국정과제를 원활하게 추진할 수 있도록 총력을 기울였다. 먼저, 농어업의 6차산업화 추진을 꼽는다. 농어업은 더 이상 효율성이 떨어지는 사양 산업, 자생력이 없어 무조건 도와주어야 하는 산업이 아니다. 빌 게이츠는 "농업혁명은 보다 나은 세계를 위한 열쇠"라 말했고, 세계적인 펀드 투자자 짐 로저스도 한국의 대학생들에게 '농부가 돼라' 라는 투자 조언을 했다. 농어업에도 분명히 미래가 있다.

농수산물 생산 기반의 1차 산업, 제조 중심의 2차 산업, 각종 서비스업의 3차 산업을 연계한 농업의 6차 산업화는 앞으로 농어업을 고부가가치 미래성장 산업으로 확대 발전시키는 데 중요한 역할을 할 것이다. 농어업이 1차 산업의 틀을 깨고 대한민국 미래 성장 동력으로 자리매김할 수 있는 그날이 곧 올 것이다.

귀농·귀어·귀촌 활성화도 중요한 과제다. 최근 농어촌 지역에 새로운 삶의 터전을 구축하고자 하는 도시민들이 많아지면서 귀농·귀어·귀촌에 대한 관심이 증가하고 있다. 귀농·귀어·귀촌 활성화는 농어촌 지역의 고령화와 노동력 부족 문제를 해결하고 인구 유입에 따른 새로운 활력을 가져다준다. 은퇴 후 삶의 대안이라는 작은 차원을 넘어 한국 농어촌의 미래를 바꿀 수 있는 큰 안목으로 바라보아야 한다.

국회의원 2년 차에는 정무위원회로 상임위원회를 옮기게 되었다. 국민 생활과 직접 맞닿아 있는 소비자 보호에서부터 공정한 경제활동, 부패차단과 우리나라 경제의 근간인 금융 산업, 국가 전 행정부처의 정책을 관리하고 갈등을 조율하는 국무조정 등 어느 것 하나 소홀히 할 수 없는 분야가 망라된 위원회이다. 정무위원회 첫 국정감사에서도 2013년과 마찬가지로 감사 대상 기관에 대한 폭로나 지적보다는 고질적인 병폐나 문제점을 근원적으로 해결할 수 있는 방안을 마련하는 데 최선의 노력을 기울였다. "대안을 제시하지 못하는 지적은 무의미하다"는 각오로, 행정부의 잘못된 정책 수립, 방만한 예산집행에 대한 지적과 함께 해결방안과 정책적 대안을 제시하고, 정책 방향성에 대해 피감기관과 함께 고민하고자 노력했다. 국정감사 결과를 기초로, 법률안과 예산 심사를 통해 행정부와 공공기관의 업무 수행을 관리·감독해 나가고 국민 편익 극대화와 국가 발전이라는 대전제 하에 초심을 잃지 않고 의정생활에 임하겠다.

희망의 새 시대는 우리 모두의 과제

정치인으로서 어떻게 국민과의 약속을 지켜나갈 것인지는 정치인에게 생명과도 같다. 특정 이익과 목적에 함몰되지 않고 공존·공영이라는 보편적 목적을 지향하는 것이 기본 자세다. 나는 국회 밖에서 들려오는 목소리를 더 낮은 자세로 경청하려 늘 귀를 곤두세우고 있다. 일본 도요타자동차 생산시스템의 핵심 원칙 중 하나로 현지현물(現地現物)이 있다. 직접 가서 보라는 의미로 고객에 대한 직접적인 이해에 바탕을 둔 경영방식이다. 정치인들이 선거가 끝나면 현장을 등한시하는 경향이 있는데, 현지현물을 잊지 않고 언제나 열린 마음으로 국민과 대화해 나가겠다.

― '대안을 제시하지 못하는 지적은 무의미하다'는 각오를 다진다. (정무위원회 국정감사장에서)

정치인에게 약속은 무엇일까? '심장' 이다. 정치인은 약속을 지킨다는 전제하에 국민으로부터 권력을 위임받았다. 유려한 화술, 행정부를 견제할 수 있는 전문성, 지지자들을 이끄는 리더십, 부정부패에 빠지지 않는 청렴성 등 많은 덕목이 필요하지만 약속을 지키지 않으면 그 모든 것이 헛되다. 국민을 행복하게 해드리겠다는 약속을 통해 의원으로 선출된 것이니만큼 뼈를 깎는 노력을 하면서 약속을 지켜야 한다. 다만 예상치 못한 상황과 더 큰 국익을 위해 부득이 변경해야 할 때는 약속한 것 이상의 정성을 들여 이해와 동의를 구해야 한다.

오랜 정당생활을 하는 동안 기억에 남는 일화는 '신행정수도 후속 대책을 위한 연기 공주지역 행정중심복합도시 건설을 위한 특별법 일부개정법률안 , 이른바 세종시 수정안 논란이다. 내가 원내기획·행정국장이던 시절, 이 문제로 전국이 들썩이던 2010년 6월 29일 국회 본회의장에서 법안 표결을 앞두고 당시 박근혜 의원이 반대 토론을 위해 연단에 올랐다.

"우리 정치가 극한 투쟁이 아니라 대화와 타협을 통해 미래로 가려면 약속은 반드시 지켜져야 합니다. 그것이 깨지면 끝없는 뒤집기와 분열이 반복될 것입니다. … 이제 어느 한쪽은 국익을 생각하고 다른 한쪽은 표를 생각한다는 이분법에서 벗어나야 합니다. 여당이냐 야당이냐, 진보냐 보수냐를 떠나 우리는 모두 대한민국 국민입니다."

당시에는 신행정수도의 원안과 수정안에 대해 정치권뿐만 아니라 학계, 언론, 지역별로 이익을 달리하면서 찬반 여론이 들끓었다. 이에 박근혜 의원의 연설은 '당의 이념과 정략을 떠나 정치권이 국민 앞에 한 약속은 반드시 지켜야 하고, 그 약속이 지켜질 때 장기적으로는 대한민국, 그리고 국민에게 유익하다' 는 신념을 보여주었다. 그 신념은 내 의정활동의 가장 밑바탕을 이루는 기둥이 되었다.

아쉬운 점은 여전히 정치가 국민의 신뢰를 받지 못하고 있다는 점이다. 여야관계를 흔히 '적대적 공생관계' 라 한다. 겉으로 나타나는 현상을 반영했다고는 하지만 이 말이 담고 있는 의미가 불신과 분열을 전제한 것이기 때문에 안타깝지 않을 수 없다. 이러한 관계의 지속은 정치에 대한 신뢰를 갉아 먹고 결국 여야 모두 국민의 마음에서 멀어진다. 그러므로 공생적 경쟁관계의 건전한 국회를 만들어가야 한다. 공생이 우선이지, 적대가 먼저 나오는 순간 전장에서 대치한 피아관계와 다를 바 없다. 정치권이 반성해야 할 부분이 바로 이 점이다.

이제 정치인은 진정으로 변화된 모습을 국민에게 보여주어야 한다. 정치에 쏟아지는 비판과 비아냥의 목소리가 큰 만큼 걸고 있는 기대 역시 높다. 새로운 세상을 위해 우리가 표방하는 대의민주주의의 본질, 국민행복국가로 나아가는 데 어떤 조건이 있을 수 없다. 모든 기득권을 내려놓고, 국민만 보고 나아가야 한다.

국회의 글로벌 경쟁력도 고민해야 한다. 흔히 기업과 청년들에게 글로벌 경쟁력을 갖추라고 주문한다. 우리 기업이 세계무대에서 1등 제품을 만들고, 우리 젊은이들이 세계 최고의 인재가 되어야 하는 것처럼 국회도 세계에서 존경받는 곳이 되어야 한다. FTA 등 다자간 무역협정으로 세계가 하나가 되고 있는 지금, 우리 국회가 다른 나라 입법부와 비교되는 날이 곧 올 것이다. 전문성과 협상력, 의사결정 과정에서의 선진화 등 한국 정치가 나아가야 할 길은 아직 멀다. 나는 국민 신뢰를 얻기 위해 미래지향적 정치 행보를 이어가겠다. 어제보다 오늘, 오늘보다 내일을 준비하는 자세로 의정활동에 임할 것이다.

작은 정치 없이는 큰 정치도 없다

국민들과 한 약속이 어떤 정책을 이루었을까? 국회의원으로서 대표발의한 첫 번째 법률안이 '사법경찰관리의 직무를 수행할 자와 그 직무범위에 관한 법률개정안' 이다. 영유아보육 사무에 종사하는 공무원에게

- 작은 정치가 모여 큰 정치가 된다. (청년들과 대포집에서)

사법경찰권을 부여하여 영유아 보육시설의 점검 및 단속의 실효성을 높이자는 취지다. 어린이집에서 발생하는 아동학대나 국고보조금 횡령 등 일어나서는 안 될 불법행위를 근절시키기 위한 법률안이다. 영유아 보육 환경을 개선하기 위해 반드시 도입되어야 하는 제도지만 법률안 발의 이후 일부 집단에서 조직적인 항의와 철회 요구가 빈발했다. 급기야 지역 유권자의 표심 이반을 우려한 몇몇 의원들의 공동발의 철회 요청이 있었고 국회법 절차상 우선은 법률안을 거둘 수밖에 없었다.

불의와 타협하지 않고 의정생활을 하겠다는 약속이 무너지는 순간이었다. 그런데 사필귀정이었을까? 법률안 철회 소식이 보도된 이후 왜 철회하였느냐는 학부모들의 항의와 재발의에 대한 응원전화, 편지가 이어졌다. 불법행위를 예방하여 아이를 안심하고 맡길 수 있는 보육환경에 꼭 필요한 조치였기 때문이다.

우리나라 출산율은 OECD 국가 중 최하위이고, 초저출산 현상이 10년간 장기화되고 있어 국가 영속성 기반이 심각하게 흔들리고 있다. 저출산 현상은 잠재성장률을 저하시키고, 국가경쟁력 약화와 직결되는 중차대한 문제다. 이를 개선하기 위한 영유아 보육 기반은 그 어느 정책보다 시급하다. 많은 예산이 투입되더라도 아동학대 문제와 어린이집의 불공정한 행위가 근절되지 않으면 깨진 항아리에 물 붓는 격이 된다. 선거를 위해서는 영향력이 상당한 이익집단의 의견을 무시할 수 없겠지만 국가 장래를 위해서는 올바른 제도를 추진해야 한다. 이것이 지도자의 자세이고, 스스로와의 약속이었기에 강화된 법률안으로 재발의했고 현재 관련 상임위에서 논의 중이다.

작은 정치가 모여 큰 정치가 된다. 민생 현장에서 느끼는 '손톱 밑 가시'에서부터 개헌이 필요한 사안, 여야가 기득권을 내려놓아야 될 사안들을 찬찬히 살펴보고 하나하나 이루어 나가고자 한다. 정치 선진화의 필요성을 많은 의원들이 공감하고 있다. 내가 맡은 분야에서 정치력을 발휘하여 동료 의원들과 교감하면서 국가 발전의 큰 틀 속에서 의정생활을 펼쳐 나가겠다.

내 안에 중심추를 올바로 세워라

2013년 타계한 넬슨 만델라 남아공 전 대통령은 인권과 평화의 가치를 일깨워 준 인류의 스승이다. 엄청난 박해를 받았으나 국가의 분열을 막기 위해 용서라는 손을 내밀었고, 끈질긴 협상과 노력 끝에 인종차별을 종식시켰다. 그의 실천적 행동이 평화를 위한 신뢰 기반을 만들었으며,

정치가 업인 나에게 정치가 나아갈 길을 보여주었다. 김대중 전 대통령이 번역한 넬슨 만델라의《자유를 향한 머나먼 여정》을 마음속에 깊이 간직하고 있다. 인권과 민주주의를 지키기 위한 끊임없는 노력, 고난과 좌절을 극복한 의지, 그리고 자기희생을 통해 보여준 참다운 용서의 과정이 나에게 삶의 거울이 되었다.

나는 성공을 '결과'가 아닌 '과정'이라 생각한다. 내게 주어진 역할이 무엇인지를 분명히 알고, 그 자리에서 매 순간 최선을 다하는 자세가 중요하다. 결과는 다양한 변수가 있기에 언제나 만족할 수 없지만 결과를 얻지 못했다 해서 실패한 것은 아니다. 충실히 땀 흘린 과정은 누구에게나 반드시 있다. 내가 흘린 땀은 언젠가 돌고 돌아 결실이 된다.

나는 매 순간 과정에 충실해 왔다. 우연인지 필연인지 조직이 위기에 처할 때마다 극복해야 하는 임무를 맡았다. 또 그 과정에서 많은 논의와 협상을 통해 위기를 헤쳐 나왔다. 1997년 15대 대통령선거 패배 후 야당이 되면서 당 사무처 구조조정, 임금삭감 등으로 4년여 동안 허리끈을 동여맸다. 2002년 16대 대통령선거 과정에서 벌어진 이른바 '차떼기' 논란으로 당이 위기에 처했을 때 '모든 것을 버리고 가장 낮은 곳에서부터 다시 시작한다'는 각오로 박근혜 당시 당대표께서 천막당사에서 집무를 할 때(2004년 3월) 보필하여 17대 총선에서 299석 중 121석을 얻었다. 2011년 11월 19일 제14차 전국위원회에서 박근혜 비상대책위원장 취임 시 보좌역으로 임명되어 19대 총선에서 승리하고, 박근혜 대통령 후보의 특보단 총괄국장으로서 18대 대통령 선거 승리에 기여했다. 위기는 늘 있어왔고 많은 시행착오도 겪었지만, 과정 가운데 최선을 다하는 자세가 오늘의 나를 있게 했다.

'가장 가파른 위기는 곧 절호의 기회와 같다.' 개인이나 조직, 사회와 국가 운영에서 흔히 사용하는 표현이기에 호소력이 떨어질 수도 있지만 평범한 말이 가장 중요한 진리가 된다. 위기를 어떻게 받아들이고 어떻게 승화하느냐에 따라 결과는 매우 다르게 나타난다. 위기라고 판단하는 순간 어떤 마음가짐으로 어떻게 도전하고 극복하는가 하는 것은 최후의 승자가 될 수 있느냐 아니면 도태의 나락으로 떨어지는가의 열쇠로 작용한다. 위기일수록 자신의 위치를 정확히 판단하고 끊임없는 노력과 불굴의 용기, 지혜를 잃지 않는 자세야말로 위기를 극복하는 청년정신의 가장 중요한 덕목이다.

나는 꿈을 '성장'이라 생각하며, 노력은 '성숙'이라 생각한다. 노력 없는 꿈은 속절없이 나이만 먹은 미숙아(피터팬)나 다름없다. 아나톨 프랑스는 "위대한 것을 성취하려면 행동할 뿐 아니라 꿈을 꿔야 하며 계획할 뿐 아니라 믿어야 한다"고 말했다. 파울로 코엘료의 《연금술사》에 나오는 "내가 간절히 믿고 소망하면 온 우주가 그 꿈이 실현되도록 도와준다"는 글귀를 좋아한다. 우리에게는 꿈과 함께 간절함(노력)이 필요하다.

이 시대 청년의 가장 큰 고민 중의 하나는 '취업'이다. 평균 경쟁률이 100:1을 넘어서는 경우가 많으니 실패를 겪는 청년이 100배 이상 많다는 뜻이다. 그렇다보니 가슴 설레는 청춘의 특권은 사라지고 스펙 쌓기·학자금 마련 등 힘겨운 현실만 놓여 있다. 기성세대는 "아프니까 청춘이다. 괜찮아질 거야"라는 말로 위로하지만 정작 당사자에게는 공허한 메아리일 뿐이다. 하지만 원하는 학교에 진학하고 입사에 성공해도 '경쟁'은 결코 끝나지 않는다. 다만 경쟁상대만 바뀔 뿐이다. 앞으로는 더 큰 경쟁상대를 만날 확률이 높다.

자신만의 색채를 찾아, 어떤 사람으로 세상을 살아갈 것인지에 대한 고민이 선행되어야 한다. 정체성identity을 확고히 하면서 삶의 주인공으로 세상을 지배해 나가길 바란다. 내 안에 중심추가 올바로 서 있다면 어떠한 파도가 닥쳐와도 균형을 맞추고 내 실력을 뽐낼 수 있다. 온전히 '나'만을 위한 고민으로 방황이 허락된 청춘은 그리 길지 않다.

이
자
스
민

한국의 다문화 인구는
5천만 명

이 자 스 민

- 1977년 필리핀 마닐라 출생, 1998년 대한민국 국적 취득
- 필리핀 Ateneo de Davao 대학교 생물학과 중퇴
- 現 제19대 국회의원(새누리당, 비례대표)
- 現 국회 환경노동위원회 위원
- 現 국회 여성가족위원회 위원
- 現 국회 여성가족위원회 일본군위안부문제대책소위원회 위원
- 現 국회 다문화사회포럼 다정다감 대표의원
- 現 새누리당 국제위원회 위원
- 現 새누리당 인권위원회 위원
- 現 다문화네트워크 물방울나눔회 사무총장
- 국회 외교통일위원회 위원
- 인천아시안게임 다문화홍보대사
- 새누리당 제3차 전당대회 선거관리위원
- 새누리당 가족행복특별위원회 가정폭력대책분과위원장
- 새누리당 국민행복추진위원회 편안한 삶 추진단 위원
- 제18대 대통령선거 박근혜 후보 중앙선거대책위원회 직능총괄본부 다문화 본부장
- 2013년 제1회 대한민국 입법대상(시사저널)
- 2012년 제8회 CICI KOREA 시상식 한국이미지 맷돌상
- 2012년 제10회 미래를 이끌어갈 여성 지도자상
- 2011년 KBS 감동대상 한울타리상
- 2010년 환경재단 2010 세상을 밝게 만든 사람들

한국의 다문화 인구는
5천만 명

나름 올바른 가치관을 가지고 상대방을 배려해 친절을 베풀었는데, 그것이 과잉친절이 되면 친절을 받는 사람은 곤혹스러워진다. 아니 자신이 어딘가 결함이 있는지 되돌아보게 되면서 스스로 위축된다. 특히 아이들의 경우는 더욱 심하다. 과잉친절이 때로는 깊은 상처로 남기 때문이다.

하루는 딸아이가 학교에서 돌아오자마자 내게 말했다.

"엄마. 선생님 좀 만나서 제발 나를 내버려두라고 말 좀 해줘."

"그게 무슨 소리야?"

"받아쓰기를 하는데 왜 나만 두 번 불러줘. 내가 바보야?"

"……."

"나는 불쌍한 사람도 아니고, 그냥 다른 애들하고 똑같은 학생인데 너무 나를 위하는 것 같아 그게 싫다고."

상기된 표정으로 말을 쏟아놓은 딸아이는 금방 울음이라도 터트릴 것 같았다. 나는 고즈넉이 딸아이를 안으며 속울음을 삼켰다.

다문화 역사가 그리 오래되지 않아서 그런지 몰라도 많은 사람들이 다문화에 대해 오해를 하고 있는 부분이 많다. 자신이 뭔가 도움을 주어야 할 사람처럼 연민 어린 시선으로 본다는 것이다. 하지만 여기에는 더 근본적인 문제가 숨어 있다.

대학생들을 상대로 강연을 할 때 한 학생이 이렇게 물었다.

"다문화 아이들은 어떻게 대해주어야 하나요?"

"…… 어떻게요?"

그러고는 잠시 침묵을 지켰다. 대학생의 질문은 물론 선의로 한 것이지만, 거기에는 사람이 절대로 가져서는 안 되는 것, 즉 '편견'이라는 그릇된 선입관이 자리 잡고 있는 것 같았기 때문이다. 다문화 아이들이나 한국 아이들이나 다 같은 한국 아이들인데, 피부색과 말이 조금 다르다고 해서 조심스럽게 접근한다는 것 자체가 혹 차별이고 편견일지도 모른다는 것이다.

이처럼 대부분의 사람들이 본질에서 한참 비켜가는 질문을 하는 이유는 다문화에 대한 인식 개선이 근본적으로 이루어지지 않고 있기 때문이다. 즉 국제결혼, 혼혈아 등의 용어가 차별의 의미를 강하게 가지고 있기 때문에 여기서 벗어나고자 2003년부터 새롭게 쓰기 시작한 다문화라는 용어에도 여전히 차별이 담겨 있고, 사람들은 그것을 알아차리지 못하고 있다는 것이다.

다문화란 말 그대로 다양한 피부색과 문화, 그리고 다양한 배경을 가진

■ 자신의 꿈을 찾는 결혼이주여성에게 성공적인 롤모델을 제시하고 꿈과 희망을 심어주기 위한 '꿈드림학교' 입학식.
국회 헌정기념관 대강당에서(2013년 4월)

이들이 함께 얽혀 살고 있다는 것이다. 이는 세계화 시대에 극히 당연한 현상인데도 불구하고 사람들은 문화와 배경이 조금 다르다고 해서 그것을 결핍의 요소 혹은 배려의 대상으로 보려고 한다. 이러한 인식을 바꾸지 못하고 있기 때문에 다문화라는 자연스러운 사회현상을 반드시 조치가 있어야 하는 정책의 대상으로 본다. 예를 들어, 그냥 서로 친구로 지내던 아이들이 학교에서 정한 '다문화 학생'이란 교육방침 때문에 서로가 다르다는 것을 인식하는 계기가 된다는 것이다. 그래서 나는 항상 사람들에게 이렇게 말하곤 한다.

"한국의 다문화 인구는 5천만 명입니다. 따라서 특별히 다문화라고 규정 받는 사람들은 이제 없어져야 합니다. 그들도 똑같이 교육을 받고 일을 하고 세금을 내는 국민들입니다. 국가로부터 무작정 지원을 받는 시혜적 복지의 대상이 아니고 대한민국 발전에 기여하는 여느 국민들과 같습니다."

더는 비겁하게 살지 않고 세상과 당당히 맞설래

사람들이 굳이 다문화 가정이라 규정짓기를 고집한다면 나는 분명 다문화 가정에 속한다. 필리핀에서 태어났고, 한국 남자와 결혼하여 아이 둘을 낳았고, 현재 한국에 살고 있으니 국제결혼이라는 좁은 의미의 다문화 조건을 갖추고 있는 셈이다. 그렇기 때문에 나도 한국 생활 초기에는 다문화에 대한 잘못된 사회의 인식을 나 스스로 내 안에 가지고 있었다. 그 안에서 많은 고민과 방황을 했고, 그것을 깨기까지는 상당한 인내와 노력이 필요했다.

그러던 어느 날, 내 인생을 완전히 새롭게 바꾸어버리는 일이 벌어졌다. 초등학교 2학년인 아들이 갑자기 나의 손을 잡고는 이렇게 물었다. "엄마는 왜 우리 학교 급식 봉사에 안 와? 우리 엄마 필리핀 사람이고 영어도 진짜 잘하고 아주 예쁘다고 내가 다 자랑해놨어! 꼭 올 거지?"

아들의 말에 머리카락이 쭈뼛거리고 마음이 울컥해 말을 잇지 못했다. 아들이 엄마를 저토록 생각하고 있는데, 나 스스로 자신을 가두는 것 같아 미안함이 앞섰기 때문이었다. 그러고 보면 더는 아이의 말을 거절하기가 어려웠다. 아이가 간절히 원하는데 그것을 못 들어주면 그것은 엄마의 도리가 아니지 않은가. 또 하나, 그동안 나를 대신해 급식 봉사에 나간 시어머니, 시동생, 남편에게도 미안한 마음이 들었기 때문이었다.

급식이 진행되는 강당은 밥을 퍼주고, 반찬을 나누어주고, 그것을 받아 가는 아이들의 재잘거림으로 부산스러웠다. 까무잡잡한 피부에 이국적인 외모를 하고 있는 내가 그곳에 들어서자 사람들이 소곤거리기 시작했다.

"원어민 선생님인가."

"앞치마 두르잖아."

"엄마가 도우미를 대신 보냈나 봐."

폐부를 찌르는 날 선 한 마디 한 마디에 주눅이 든 나는 순간적으로 그곳을 벗어나고 싶었다.

'도대체 무슨 마음으로 이곳에 왔을까?'

후회가 물밀듯 밀려왔다. 그때였다.

"엄마!"

어디선가 아들의 목소리가 들려왔다. 아들은 강당이 떠나갈 듯 들썩거리는 소리 때문에 자신의 목소리가 들리지 않을까 봐 목청껏 크게 나를 부르며 급하게 뛰어왔다. 잠시 정적이 흘렀고, 모두의 시선이 내게 쏠렸다. 그리고는 전율을 느끼는 한 마디가 모두의 입에서 동시에 터져 나왔다.

"반장네 엄마다."

번잡하고 어두컴컴하게만 보였던 강당 안에 햇빛이 폭포수처럼 쏟아지는 것 같았다. 나를 스스로 옥죈 마음의 감옥에서 드디어 나와 세상을 정면으로 마주하는 것 같았다. 잿빛 강당이 총천연색으로 물들며 화사해지

━ 일본군 위안부 문제는 지금도 힘겹게 살아가고 계신 할머님들의 명예와 인권의 문제로, 일본 정부의 진심 어린 사과를 강력히 촉구합니다. 경기도 광주시 나눔의 집에서 피해 할머님들과 면담 중(2013년 8월)

고 있었다. 나는 결심했다.

'더는 비겁하게 숨지 않겠어. 내 모습을 드러내고 당당하게 살겠어.'

그 뒤로 모든 것이 달라져 있었다. 아니 세상은 그대로인데 세상을 보는 내 시선과 생각이 달라졌기 때문에 그렇게 보이는 것 같았다. 이제는 아무런 거리낌이 없었다. 과거에 나는 필리핀 사람이었지만, 현재는 대한민국 국민이자 뭐든 척척 해내는 열혈 학부모이고 아줌마이다. 그렇게 사람과 사람 사이에 벽을 쌓고 있는 다문화라는 거대한 성은 내 안에서 무너졌고, 나는 스스럼없이 사람들과 어울리며 행복한 가정을 만들어나가고 있었다.

우리가 가는 길이 오르막길이 있으면 내리막길이 있고 내리막길이 있으면 오르막길이 있듯이 우리의 삶도 그렇다. 기쁨과 슬픔, 행복과 불행,

즐거움과 불쾌함, 좌절과 희망이 매일 순간순간 교차하며 우리의 일상을 이루고 있다. 이 사실을 직시해야만 해일 같은 고통이 엄습해도 견뎌내고 이겨낼 수 있다.

하지만 막상 하늘이 무너지고 가슴이 찢어질 듯한 일을 내가 직접 당하고 보니 절망을 딛고 다시 삶에 의미를 부여하며 희망을 꿈꾸는 것이 그렇게 자연의 이치처럼 순리대로 되는 것이 아니었다. 삶에 대한 의지를 다시 곧추세우는 각고의 노력이 필요했다.

내가 한국에 오게 된 이유는 단 하나, 지금은 사고로 고인이 된 남편 때문이었다. 필리핀 아테네오 데 다바오 대학 생물학과에 다니던 1994년 용돈을 벌기 위해 부모님 가게에서 아르바이트를 하고 있었는데, 가게로 들어온 한 남자를 보고는 한눈에 반해버렸다.

그래서 이듬해 대학생이었지만 항해사였던 그 남자와 결혼을 했고, 한국으로 왔다. 남은 공부는 한국에서 하기로 했지만 여의치 않았고, 나는 두 아이를 낳고 시부모님과 함께 남부럽지 않게 행복한 나날을 보냈다.

내 삶의 전부였던 남편. 그래서 남편 없는 미래는 한 번도 상상해보지 못한 내게 느닷없이 닥친 불행으로 나의 앞날 또한 장담할 수 없었다. 마음의 상처가 너무 깊어 물만 먹어도 토하는 거식증으로 나약해지는 삶의 의지만큼이나 몸도 야위어갔다.

하지만 이겨내야 했다. 남편과 나 사이에 태어난 사랑하는 아들과 딸이 있었기 때문이었다. 이제 내 삶의 전부는 아들과 딸이었다. 어린 자식이 잘 성장하도록 최선을 다하는 게 남은 내 인생의 몫이었다. 필리핀 사람들은 '바할라나' 라는 말을 자주 쓴다. 한국어로 표현하면 "신의 뜻이라면, 신이 알아서 해줄 것이다"라는 뜻이다. 주어진 환경과 조건을 탓하기보다 늘 새롭게 바뀌는 현실을 받아들이고 순리대로 살아가라는 것이다. 그러고 보면 신은 나를 버리지 않았다. 신은 한 사람의 남편을 데리고 갔지만, 내게 아들과 딸이라는 두 개의 보석은 물론 목숨보다 소중한 새로운 가족을 만들어주지 않았던가. 그것만으로도 내가 살아가야 할 이유는 충분했다.

다문화 활동이 정책에 반영되었으면 하는 바람으로

남편을 마음 깊숙이 고이 묻고는 아들의 급식 봉사를 계기로 시작했던 사회활동을 다시 해나가기로 했다. EBS 한국어 강사, 다큐멘터리 번역, 각종 정부위원회 자문활동, 영화배우 등으로 활동 영역이 넓어지면서 나는 활동의 중심을 잡아나갔다. 그것은 바로 다문화에 대한 인식 개선 작업과 다문화 가정의 안정적인 정착을 돕는 것이었다. 대학 시절 생물학을 먼저 전공하고 나중에 의사가 되어 나약하고 병든 사람들을 돌보겠다는 꿈이 이제는 사회적 약자라고 부를 수 있는 사람들을 돌보는 꿈으로 바뀌게 된 것이었다.

그러다 보니 무엇보다 내가 이런 분야에 대해서 전문성을 가져야 했다. 방송 일로 전국 각지에 있는 결혼 이주여성들을 만나 그들의 고충 및 삶에 대한 이야기를 들으면서 이 생각은 깊어졌다. 공무원, 교사, 학생, 일반인에 이르기까지 수많은 사람을 대상으로 다문화에 대한 인식 개선을 위해 강의를 하면서 이 생각은 더욱 깊어졌다. 그래서 나는 틈틈이 성공적인 다문화 사회를 맞이한 캐나다, 호주 등의 선진 사례를 공부했고, 이를 어떻게 한국 사회에 적용시킬지 늘 고민하고 연구했다.

　방송 출연 및 강연 활동이 대중에게 다문화를 제대로 알리는 계기가 되었다면, 2008년 '물방울나눔회' 창립은 이주여성들의 역할에 대한 고민을 하는 계기가 되었다. 그동안 한국사회에 정착하면서 물심양면으로 너무 큰 도움을 받았는데, 그에 대한 보답을 넘어 한국 사회의 당당한 구성원으로 자리매김하여 국익에 도움이 되는 존재가 되기로 한 것이다. 그것은 두 마리 토끼를 잡는 것이었다. 자식들에게 당당하고 자랑스러운 존재가 되며 이주여성들을 바라보는 인식에 변화를 가져다줄 수 있는 것이기 때문이다.

　여러 사람과 논의 끝에 나는 물방울나눔회 사무국장의 소임을 맡게 되

- 45억 아시아인의 스포츠 축제 '제17회 인천아시아경기대회' 다문화 홍보대사 위촉식(2014년 6월)

었고 그러다 보니 갈 곳이 많아졌다. 다문화와 관련된 각종 포럼이나 세미나, 크고 작은 행사는 물론이고 도움의 손길을 원하는 곳은 어디든지 달려가야 했다. 몸이 열 개라도 모자랄 정도로 바쁘게 뛰어다니면서 새로운 생각에 맞닥뜨리게 되었다.

'우리가 가지고 있는 문제를 근본적이면서도 획기적으로 해결할 수 있는 방법은 무엇인가? 그것을 위해 나는 무엇을 해야만 하는가? 어느 위치에서 어떻게 일을 해야만 좀 더 많은 일을 하고 현실적인 해결책을 내놓을 수 있는가? 다문화 가정도 한국 가정이고 나도 분명 한국인인데 한국의 발전을 위해 무엇을 하는 게 가장 올바른 길인가?'

다문화와 관련해 사람들을 계속해서 더 많이 만나면 만날수록 내 생각은 깊어졌고, 그런 가운데 나는 전혀 예상치 못한 권유를 주위에서 받았다. 바로 정치를 해보라는 것이었다. 하지만 나와는 어울리지 않는다며 거절 의사를 밝혔다.

사실 나는 정치가 무엇인지 정확히 알지 못하고 있었다. 학교나 회사, 혹은 그 어떤 조직이라도 사람들이 모여 집단을 이루면 뭔가 질서를 잡아야 하고 규칙이 있어야 하고 제도가 있어야만 서로가 해를 입지 않고 공동체 생활을 할 수 있는데, 그러한 역할을 하는 것이 정치라고 생각했을 뿐이었다. 즉 정치가 인위적으로 행해지는 행동들이 아니라 사람 사는 세상의 자연스러운 현상으로 이해하고 있었다.

그런데 시민단체 활동이 계속 이어지고 그 과정에서 여러 프로젝트가 진행되는 동안, 정치를 통해 우리들의 의견이 정책에 반영되면 어떨까 하는 생각이 들기 시작했다. 꼭 내가 아니어도 되지만, 다문화 가족을 비롯한 사회적 약자들이 행복한 삶을 이어갈 수 있는 제도적 장치들이 마련되기를 갈수록 간절히 바랐다는 것이다.

다르다는 것은 틀린 것이 아니라 존중해야 하는 것

하지만 나는 곧바로 정치에 뛰어들지 않았고, 서울시 외국인생활지원과에 계약직 공무원으로 들어가 행정 업무부터 익혔다. 이곳 또한 물방울나눔회 일만큼 바쁘게 돌아갔다. 청와대 직원 특강, 법무부 외국인정책민간위원 면접, 여성부 국제결혼 중개업 토론, 국회다문화 정책포럼, 대한 다문화 양성 프로그램 강사, 국립 어린이 박물관 다문화 꾸러미 프로젝트 자문, 문화체육관광부 공감코리아 칼럼, 다큐멘터리 통번역, 대기업 사회공헌프로그램 자문 등 일복을 타고난 사람처럼 일에 매달렸다.

그러면서 나는 더 큰 다짐을 했다. 이주여성이 대한민국에서 못할 일은 아무것도 없다는 것을 보여주기로 했다. 즉 이주민과 선주민의 구분이 무의미하다는 것을 내 활동을 통해 증명해 보이기로 했고, 하늘이 도왔는지 대한민국이 나를 필요로 했는지 나는 외국인 최초로 국회의원이 되었다.

윌리엄 피터스 작가가 쓴 《푸른 눈 갈색 눈》이라는 책이 있다. 1970년 교사인 제인 엘리어트가 미국 학교에서 학생들과 함께한 '차별의 날 수업'을 적은 실제 이야기이다.

자신의 반 아이들을 갈색 눈과 푸른 눈으로 구분하고 하루는 갈색 눈을 가진 사람이 더 똑똑하고 교양 있으며 깨끗하다고 선언하고, 그 다음 날엔 반대의 경험을 하게 했다. 그 결과는 놀랍고 충격적이기까지 했는데, 아이들은 우월과 열등을 아무런 거부감 없이 내재화하고 행동으로까지 보인 것이다. 실험이 끝나고 아이들은 아무런 근거와 합리적 이유 없이 색깔만으로 사람을 구분하고 차별하는 것이 얼마나 무서운 일인지 깨닫게 된다.

우리 사회는 빠르게 다문화사회로 진입하고 있지만 나도 모르는 사이 나와 다른 것 그리고 낯선 것을 열등하거나 틀린 것으로 규정하고 있지는 않은지 자문해보아야 한다. 다르다는 것은 틀린 것이 아니라 존중해야 하는 것이라는 인식과 교육이 반드시 필요하다. '차별은 재미없고 행복하지 않은 것이다'라는 차별의 날 수업을 경험한 아이의 말에 귀를 기울여야 할 때이다.

이 책을 통해 우리가 가슴 깊이 새겨야 하는 것은 바로 '다르다는 것은 틀린 것이 아니라 존중해야 하는 것'이라는 인식을 모두가 가져야 한다는 것이다. 이것이 다문화에 대한 기존의 생각을 본질적으로 변화시키는 것이고, 국회의원이 된 지금도 이 부분에 가장 큰 역점을 두고 일을 해 나가고 있다.

현재 다문화 가정의 가장 큰 문제는 다문화 가정의 수가 늘어나고 지원 중심의 정책을 집행하는 과정에서 역차별 논란이 일어나고 있다는 것이다. 따라서 앞에서 말한 것처럼 다문화 가정에 대한 무조건적인 지원이 아니라 사회구성원으로 기여할 수 있는 자립 지원 정책이 필요하다. 즉 다문화 가정이라고 해서 특별한 혜택을 주는 것이 아니라 한국가정과 동

━ 새로운 현상인 다문화에 대한 불안감을 해소하고, 피해갈 수 없는 다문화 시대에 대처하기 위해서는 다문화 인식 개선사업이 장기적 안목에서 추진되어야 합니다. 건국대학교 특강 중(2013년 6월)

일한 선에서 출발할 수 있는 자격과 여건을 주는 것이다. 그래서 이들도 선의의 경쟁을 통해 그들 자신은 물론 한국사회 발전에 큰 역할을 할 수 있도록 해야 한다는 것이다.

또 하나의 문제는 다문화 정책이 부처별로 시행되고 있어 중복되는 사업들이 많다는 것이다. 한국어교육 사업만 하더라도 법무부와 여성가족부가 동일한 프로그램을 시행하면서도 인센티브는 다르게 운영하고 있고, 이중언어 강사제도는 교육부와 여성가족부가 같이하고 있다. 정책은 대상이 뚜렷할 때 그 실적도 부각되기 때문에 저소득층 한부모와 같이 다문화 가정도 지원정책의 타깃이 되면서 부처마다 시행하는 것이 문제다.

따라서 이번 정부에서만큼은 다문화 정책 콘트롤 타워가 만들어져서 정책 계획 단계부터 개입하여 부처별 중복이 없도록 했으면 한다. 구체적으로 결혼이민자 자립 지원 강화와 인권보호, 자녀세대의 긍정적 자질 양성, 다문화 사회정책 효율성 제고 및 인식개선이 이루어져야 할 것이다.

나는 다문화 가정을 위해 한국 사회를 위해 지금도 곳곳을 누비고 있다. 특히 집중을 두는 곳은 이주여성들인데 이들을 만날 때마다 "현재 당신에게 꿈은 있는가?"라고 묻는다. 그러면 그들은 뜻밖의 답변을 한다. "꿈을 갖는 것이 꿈이라고." 너무 절망적인 대답이다. 이런 대답은 청년들을 만날 때도 들려온다. 꿈을 갖기가 너무 힘들다고. 두 절망의 대답에 내가 앞으로 무엇을 해야 할지 분명해진다. 이들에게 멋진 꿈을 주는 것이 내 꿈이 되어야 할 것이다. 가장 존경하는 마틴 루터 킹 목사의 말처럼.

"I Have a Dream."

이
재
영

청년들의 꿈을 응원하고
미래를 준비하는 정치

이재영

- 1975년 출생
- 연세대학교 행정대학원 국제학 석사 졸업
- 미국 조지타운 대학교 경영학과 졸업
- 前 세계경제포럼(WEF) 아시아 담당 총괄 부국장
- 국회 정무위원회 위원
- 국회 운영위원회 위원
- 국회 예산결산특별위원회 위원
- 국회 세월호 침몰사고의 진상규명을 위한 국정조사 특별위원회 위원
- 국회 평창동계올림픽 및 국제경기 대회지원 특별위원회 위원
- 새누리당 원내부대표
- 새누리당 강동(을) 당협위원장
- 새누리당 서울시당 전략기획위원회 위원장
- 새누리당 국제위원회 위원
- 새누리당 재외국민위원회 아프리카 · 중동/아시아 · 대양주 지역 부위원장
- 前 새누리당 중앙청년위원회 위원장
- 여의도연구원 청년정책연구센터장
- 대한오리엔티어링연맹 회장
- 前 국회 미래창조과학방송통신위원회 위원
- 前 국회 기획재정위원회 위원
- 前 국회 여성가족위원회 위원
- NGO 모니터단 선정 국정감사 우수국회의원상(2012년)
- 국회의원헌정대상(2013년)
- 청년통통(소통+통합) 정치인상(2014년)

청년들의 꿈을 응원하고
미래를 준비하는 정치

한국 정치를 하루아침에 바꾸겠다는 '아마추어적 원대함'은 애초에 없었다. 다보스에서 일하며 깨우친 것은 모든 일이 '스텝 바이 스텝'이라는 원칙이었다. 아울러 임기가 끝났을 때 후회하지 않는 정치인, 필요할 때 담대히 용기를 발휘하는 의원이 되고자 한다.

다보스 포럼으로 정치에 입문하다

정치에 투신하게 된 계기는 국제기관에서의 활동이 발판이 되었다. 나는 중학교 때 미국으로 건너가 1998년 조지타운대 경영학과를 졸업하고 뉴욕 증권가에서 트레이딩 업무로 사회생활을 시작했다. 다양한 경험을 해보고 싶은 욕구가 들어 한국으로 들어와 병역을 마친 후 2006년에 1년 동안 두바이 건설현장에서 근무했다. 2007년부터는 김포에 있는 중소기업에서도 일했다. 이때 조국을 더 알아야겠다는 마음으로 연세대 행정대학원에서 공부를 병행했다. 정치보다는 공공부문에 관심이 많아 다보스포럼WEF에 용감하게 도전했다. 3년 과정의 펠로우십 프로그램에 합격했는데, 전 세계에서 30명만 뽑는 선발시험에 1만 명 정도가 지원하는 치열한 경쟁률이었다.

다보스포럼에서 일하면서 자연스럽게 정치권에 내 이름이 알려졌으며 아시아팀 부국장으로 일할 때 새누리당에서 '청년 글로벌 인재'를 영입한다는 이야기를 듣고 과감히 지원했다. 미국, 중동, 유럽 등 국제무대에서 느끼고 체득했던 지식과 지혜를 조국을 위한 정책으로 만들고 싶다는 각오였다. 짧지 않은 외국생활을 통해 안과 밖에서 괴리가 있는 한국의 이미지를 어떻게 개선시킬 수 있는지를 많이 고심했다. 이제는 국제사회가 아니라 내 조국을 위해 봉사하는 일이야말로 최고의 보람이라 다짐하고 있다.

하지만 정치에 대한 생각은 부정적이었다. 국내와 외국 언론에 나오는 대한민국 국회는 일 안 하고, 세금 낭비하며, 몸싸움만 하는 이미지였다. 하지만 국회에 들어와 보니 내가 생각했던 모습과 정반대였다. 의원에 대한 화려함이나 특권보다는 오직 '일과 공부'로만 스케줄이 꽉 짜여 있었다. 매주 아침 4, 5개의 연구모임에서 예습, 복습, 공부하고, 낮에는 상임위(기재위)와 당무(청년위)를 보며, 밤에는 사람들을 만나 대화하는 숨가쁜 나날들이었다.

— '2012 핑크리본 사랑마라톤 서울대회'가 열린 여의도공원에서, 참가자들과 함께(2012년 10월 7일)

스텝 바이 스텝의 자세로

정치에 입문했다 하여 한국정치를 하루아침에 바꾸겠다는 '아마추어적 원대함'은 애초에 없었다. 다보스에서 일하며 깨우친 것은 모든 일이 '스텝 바이 스텝'(한 걸음씩)이라는 원칙이었다. 아울러 임기가 끝났을 때 후회하지 않을 정치인, 필요할 때 담대히 용기를 발휘하는 의원이 되고 싶었다. 이러한 원칙은 지금도 지키고 있다. 보좌진이나 많은 사람들이 오히려 나에게 한 번씩 강하게 전면에 나서라고 조언한다. 하지만 아직은 자리와 위치에 걸맞은 실력을 차분히 쌓아가고 있다. 차근차근 정책을 만들어가고 그 정책이 국민의 실제 삶에 도움이 되도록 하는 것이 나와의 약속이자 국민과의 약속이기도 하다.

정치인이 되면 꼭 이루겠다고 생각한 정책은 여러 가지다. 어떤 정책이 되었든 그 근본은 향후 '이재영'이 없어도, 내가 제기한 이슈와 해법이 꾸준히 반영될 수 있는 토대를 만드는 것이었다. 다보스포럼에서 느꼈던 한국ODA사업Official Development Assistance(공적개발원조)에 대한 개선 방안 마련과 비전 수립, 청년 의원으로서 청년의 목소리를 국회에 반영하고, 이를 정책으로 대변하는 것이었다. 또 창업기업과 사회적 금융을 연계하는 벤처생태계 구성, 유력 국제기구의 한국 유치와 청년인재의 진출, 사회에서 소외된 약자를 비롯해 원폭 피해자·자살 시도자 등 시급히 보호가 필요한 분들에 대한 관심 등이다.

그중 ODA사업에 대한 성과 및 실적 평가를 위해 근거법(국제개발기본법)을 마련한 것은 매우 보람찬 일이다. 또한 새누리당 중앙청년위원장 및 여의도연구소 청년정책연구센터장으로 취임해 일하는 것은 내 인생에서 큰 기쁨 중 하나다.

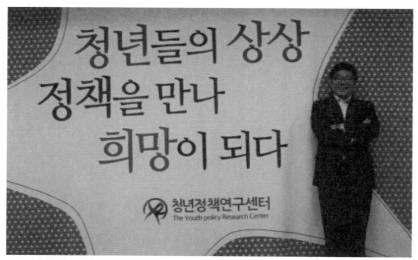

— 여의도연구원 청년정책연구센터장으로서 청년들의 꿈을 위해

청년의 미래가 대한민국의 미래다

나는 2013년 9월 '새누리당 제2차 전국청년대회'에서 당 청년위원장 선거에 출사표를 던졌다. 그때 "우리나라의 정치 선진화를 위해서는 해외의 정당처럼 당 청년위 등에서 다년간 활동하며 정치 수업을 받은 젊은 인재들이 현실 정치로 진출하는 비율이 상대적으로 높아져야 한다"고 밝혔다.

특히 청년위원장 임기 내에 청년위의 위상을 공고히 하는 것은 물론 청년위가 주축이 되어 청년층의 정치 참여를 이끌고 이를 뒷받침하기 위한 제도화에 전력을 다하겠다고 말했다. 정당 국고보조금의 10%를 청년위에 배정해 재정적 기반을 튼튼히 하고, 선출직 공직에 청년 비례를 의무 할당해 청년층의 정치 참여를 높이는 방안도 마련할 것이라고 주장했다. 위원장이 된 이후에는 청년위의 교육프로그램 내실화와 해외 정당 및 해외 청년 정치인들과의 교류를 확대해 새누리당 청년위를 명실상부한 글로벌 정당 조직으로 자리매김할 방안을 모색하고 있다. 20대가 중심인 미래세대위를 위해서는 국회 보좌진 양성 과정을 신설해 국회 보좌진이나 당 사무처에서 일할 수 있는 역량을 강화할 계획이다. 이러한 나의 비전에 대해 언론이 큰 주목을 했음은 말한 나위가 없다.

이재영 의원이 여의도연구원 청년정책연구센터장으로 위촉됐다.
이 연구센터는 △대한민국 청년의 미래를 이끄는 맞춤형 정책 개발 △미래를 책임질 선도형 지도자 육성 △청년들을 통합하고 연결하는 네트워크를 구축해 나갈 예정이다. 이 의원은 "청년정책 분야에서 우리나라에서 유일한, 최고의 연구기관으로 커나가기 위해 센터장으로서 책임감을 느낀다"며 "앞으로 대학생을 중심으로 하는 청년정책뿐만 아니라 청년들의 현실을 반영하고, 전문적이고 내실 있는 정책을 개발하기 위해 센터의 역량을 키워갈 것"이라 말했다.

— 〈머니투데이〉 2013년 11월 8일

이를 실천하기 위해 의원 50명의 동의로 정당보조금의 10%를 청년을 위해 활용하는 법안을 발의하고, 청년센터장으로서 매주 전국을 순회하며 청년 의견을 청취하고 있다. 상임위를 통해 꾸준히 국제기구의 중요성을 지적해 GCF와 WB의 사무소를 한국에 유치하는 성과도 거두었다.

자살예방법안(학교보건법 일부개정법률안)을 발의한 것도 뜻깊은 일이다. 2009년 이후 우리나라 청소년의 사망 원인 1위가 '자살'로 OECD 국가 중 8년째 세계 1위를 기록하고 있다. 부끄러운 기록이자 안타까운 현실이 아닐 수 없다. 청소년이 자살을 하는 이유는 앞날에 대한 희망을 잃어버렸기 때문이다. 이는 결국 어른의 잘못이다. 자살률이 높아질수록 우리의 앞날은 암울해질 수밖에 없다. 나는 이 현실을 타개하고 청소년들에게 밝은 미래를 약속하기 위해 자살예방법안을 발의했다.

어느 날 내 사무실로 한 통의 이메일이 왔다. 경기도 용인에서 학교에 다니는 여고생의 편지로, 친구의 후배가 자살한 가슴 아픈 사연을 들려주면서 청소년에 대한 따뜻하고 진심 어린 관심이 필요하며, 자살을 예방할 수 있는 정책을 만들어달라고 요청했다. 나는 그 편지를 읽으며 한

편으로는 슬픔을, 한편으로는 부끄러움을 느꼈다. 과연 정치란 무엇인가? 대한민국 국민 모두가 행복한 일상을 꾸려가며 자긍심을 안고 미래를 준비하도록 뒷받침하는 것이 정치 아닌가? 그리하여 나는 모든 과제에 앞서 이 일에 매달렸다.

자살예방분과위원장으로 활동하면서 자살 예방 및 생명존중 문화를 학교에서 의무적으로 가르치는 규정을 담은 〈학교보건법 일부개정법률안〉을 발의했다. 현재 학교장이 실시하게 되어 있는 정신건강교육 및 학교보건계획서에 따르면 대부분 정서 및 행동문제(ADHD: 우울·중독·폭력)의 조기 발견 및 지원관리 강화 등의 문제에 편향돼 있다. 이에 자살예방 및 생명존중 교육도 학교에서 가르치도록 하여 체계적 교육을 이뤄내도록 하는 것이다. 이를 계기로 학교를 기반으로 하는 자살 예방교육과 국민이 참여해서 만들어가는 생명존중 문화가 확산되어 가고 있다.

국회의원으로서 또 다른 큰 보람 중의 하나는 〈공공외교 활성화 및 증진에 관한특별법안〉을 발의한 것이다. 부처별로 분산된 공공외교를 외교부 산하로 통일시키기 위해 공공외교위원회를 설립하고 공공외교의 활성화와 다양화를 모색하기 위해 발의했다. 이 법은 나의 체험을 바탕으로 한다.

나는 1988년 우리나라에서 올림픽이 열리기 전인 중학교 1학년 때 미국으로 건너갔다. 뉴저지에서 두 시간 정도 더 들어가는 곳이었는데 하루는 미국 학생이 먹을 것을 주었다. 그때는 단순히 고맙다고 생각했는데 나중에 알고 보니 가난한 나라에서 왔다고 동정심으로 준 것이었다. 그때만 해도 Korea의 위상은 밑바닥이라 해도 과언이 아니었다. 어린 마음에도 '나라가 잘살아야 개인도 행복해진다'는 것을 절실히 깨달았다. 국가가 발전하면 국민의 위상도 저절로 높아진다.

이런 맥락에서 이제는 민간에서 공공외교에 적극적으로 나서야 한다. 외교관만 나서는 기존의 외교 틀로는 복잡하고 변화무쌍한 세계무대에 능동적으로 대처하기 어렵다. '공공외교'는 바로 이 개념을 담고 있다. 외교에 민간 영역도 포함시켜야 하며 모든 국민이 외교관의 자격으로 활동해야 한다. 기업체는 물론 한류를 전파시키는 대중연예인, 외국 어디에서든 공부하는 유학생, 해외를 여행하는 관광객도 모두 외교관이라는 소명을 가져야 한다. 그것이 한국의 위상을 드높이고 결과적으로는 국민 모두에게 큰 혜택이 돌아간다.

국정감사는 날카롭게 정책은 올바르게

국정감사 기간에는 정부기관의 잘못된 행태를 지적하고 이의 시정을 촉구하는 일에 앞장섰다. 그중 하나가 관세청의 '포상금 잔치'다. 세수 부진에도 관세청이 과도한 포상금을 집행한 문제점을 집중 파헤쳤다. 관세청은 소속 공무원을 대상으로 2010년 23억 8,000만 원을 지급한 이래 그 규모가 매년 증가하고 있다. 2013년 7월 기준으로 국내세 세수진도율은 2012년 대비 6.2%p, 관세청이 담당하는 세수진도율은 전년 대비 3%p 낮다.

세입 실적이 부진한 상황에서의 포상금 잔치는 예산 낭비적 행태이며,

— 2014 ASIAN LEADERSHIP CONFERENCE의 'DMZ 생태공원' 세션 사회를 맡은 이재영 의원(2014년 3월 4일)

세정기관의 바른 자세가 아니다. 포상금을 소속 공무원 인원수로 나누면 관세청의 1인당 포상금은 국세청의 16배, 공정위의 22배 이상이었다. 이러한 지적과 대책 촉구는 언론의 큰 조명을 받았다. 다음은 〈조세일보〉에 '국정감사 스타의원 이재영' 이라는 제목으로 실린 기사의 일부다.

> 이재영 의원은 국정감사에서 여당 의원답지 않게 피감기관을 상대로 묵직하고 매서운 '돌직구'를 날렸다. 특히 국세청 직원의 도덕적 해이 문제와 관세청의 포상금 제도 운영 실태 등을 지적, 피감기관 관계자들의 고개를 숙이게 만들었다. 또 박근혜 정부 핵심 과제인 지하경제 양성화와 세수 부족, 경제 전망에 대한 정부의 안일한 대응을 질타해 여당의 '젊은 피' 역할을 톡톡히 했다.
>
> — 〈조세일보〉 2013년 11월 6일

정치 선진화 역시 나에게 주어진 책무이다. 기본적으로 국회는 정해진 룰 안에서 대화로서 결과를 내야 한다. 그런 의미에서 나는 국회선진화법에 찬성한다. 정당 중심의 정치를 위해 정당 조직이 각 지역에서 동네 현안, 생활 갈등, 시민 요구를 담아내는 기초 역할을 해야 한다. 또한 정책의 효율성, 갈등의 축소 등을 위해서도 노력해야 한다.

다보스에서 한국의 진취적 발전상을 보여주다

국제행사는 나의 전문성을 살릴 수 있는 최적의 터전이었다. 나는 2009년 8월부터 2012년 5월까지 다보스포럼에서 글로벌 리더십 펠로우십을 수료하고 아시아 담당 부국장을 지냈다. 그동안 다보스포럼을 준비하고 직접 참여하면서 세계의 수많은 유명 정치인, 기업인, IT전문가, 투자자들을 만날 수 있었고 세계의 정치, 경제, 문화·예술, 교육, 외교가 어떠한 방향으로 어떻게 나아가고 있는지도 직접 관찰하고 공부했다. 2014년 1월 열린 다보스포럼에는 공식수행단은 아니지만 국회의원으로서 박근혜 대통령을 수행해 큰 성과를 거두었다. 다보스포럼 전문가로서 박 대통령의 세일즈 외교에 작게나마 도움이 되고자 수행했다. '세계 재편'을 주제로 열린 세계경제포럼은 전 세계 정치, 경제, 문화, 외교의 각축장이었다.

40년 넘게 이어지고 있는 다보스포럼에서 박근혜 대통령이 개막 연설을 한 것은 큰 의미가 있다. 박 대통령은 연설을 통해 한국의 '창조경제'를 소개하고, 기업가정신을 강조했다. 연설의 핵심 요지는, 세계경제를 재편하려는 과거의 패러다임으로는 더 이상 새로운 경제를 창출할 수 없으며, 창의적 아이디어와 불굴의 기업가 정신을 바탕에 둔 컨센서스로 교체되어야 함을 천명했다. 그것이 곧 창조경제이다.

참석자의 반응은 무척이나 뜨거웠다. 특히 창조경제를 연설한 부분에서 세계 유수의 언론들은 매우 깊은 인상을 받았다. 박근혜 대통령은 약 24시간 정도 머물면서 한국의 밤 행사와 기조연설, 1:1 면담을 통해 효과적이고 알찬 수확을 거두었다. 박 대통령이 귀국한 이후에 열린 저녁 만찬에는 40여 명의 글로벌기업 CEO들이 참석해 창조경제에 대해 적극적인 동의를 했다. 가수 싸이도 동참했는데 글로벌 스타답게 열렬한 환영을 받았다. 한류의 힘을 다시 한 번 절감할 수 있었다.

또 2014년 1월에는 그동안 다보스포럼에서 재직하면서 체득한 경험과 노하우를 모아 연세대 문정인 교수님과 함께 《다보스 이야기》를 출간했다. 마침 열리는 다보스포럼에 발맞추어 좋은 반응을 얻었다. 국제사회의 다양한 이슈와 어젠다 논의가 어떻게 이뤄지는지를 비롯해 포럼의 조직체계와 운영방식, 진행 등 그간의 활동상을 진솔하게 담았다. 특히 다보스포럼에서 일하게 된 동기와 인터뷰 진행 절차 등 국내에서 접하기 힘들었던 내용도 다루었다. 또 '두드려라 열릴 것이다'라는 진심 어린 조언이 담겨 있어 다보스포럼을 비롯한 국제기구 진출을 꿈꾸는 청년들에게 가이드라인이 된다.

주체적으로 자신의 성공지표를 세워라

안에서 보는 한국과 외국에서 보는 한국의 이미지는 다르다. 또 과거와 현재 이미지도 많이 다르다. 과거 한국은 빈곤 국가, 정치 파벌 싸움이 많은 국가, 값싼 물건만 생산하는 국가라는 이미지가 강했다. 그러나 이제 한국은 우수한 제품, 세계 1등 제품을 다양하게 생산하는 국가, 짧은 시간에 산업화와 민주화를 동시에 이룩한 국가로 널리 인식되고 있다. 여기에 덧붙여 한류 열풍에 따른 문화예술 국가라는 선진 이미지도 가지고 있다. 하지만 여기에서 만족하면 그 훌륭한 성과들이 하루아침에 사라진다.

해방 이후 우리의 아버지·어머니들은 온갖 고난을 극복하면서 자식들에게 살기 좋은 나라, 부강한 나라를 물려주기 위해 허리띠를 졸라맸다. 이제 그 인내심과 근면성을 우리 청년들이 발휘해 한국을 세계 일류 국가로 만들 책임을 가지고 있다. 내가 조사한 설문조사 결과에 의하면 우리나라 청년들은 보수와 진보의 비율이 대동소이하며 중도에 대해서도 큰 차이가 없다. 보수가 중요하냐, 진보가 중요하냐는 사실 큰 문제는 아니다. 둘 다 어떻게 하면 국가를 더 아름답고 행복하게 만들 수 있는지 고민하는 방식의 차이일 뿐이다. 이념의 대립을 떠나 청년을 포함해 우리 모두는 하나의 목표를 향해 전진해야 한다.

박근혜 정부는 청년의 역할과 사명을 매우 중요시 여긴다. 경제혁신 3개년계획에 청년고용 문제를 핵심 어젠다로 포함시켰다. 나는 이를 적극 환영한다. 청년고용 확대 계획의 실천을 위해 당정 체계를 강화해

나가는 데 새누리당 중앙청년위원회 역시 능동적으로 동참해 실질적 성
과를 거둘 수 있도록 정책적 노력을 다할 것이다. 아울러 이 조치는 청년
고용 문제의 위험도가 증가하고 있는 시점에 적절한 정책 수단이 될 것
이다. 이를 뒷받침하기 위해 정부 청년위원회, 당 중앙청년위 및 청년정
책연구센터(여의도 연구원) 간 당정 연계를 더 강화해 나갈 계획이다.

최근 실시한 여의도연구원 실태조사 결과, 청년의 70% 이상이 중소기
업에 취업할 의향을 가지고 있는 것으로 나타났다. 특히 50%가 실패의
부담과 자금부족 문제로 창업을 기피하는 것으로 나타났다. 이는 결국
청년고용의 문제는 불충분한 일자리 정보, 한 번의 실패로 모든 것을 잃
는 '올인 창업'을 어떻게 개선해나갈 것인지가 중요한 관건임을 보여주
는 사례다. 그러므로 정부의 경제혁신 계획에는 이에 대한 구체적 대책

이 반드시 포함돼야 한다. 청년 일자리 문제는 정부가 주도하는 창조경제의 밑그림이 돼야 한다는 점에서 경제 혁신의 한 축임을 명확히 인지할 필요가 있다.

이를 위해 새누리당 중앙청년위원회는 청년과의 만남, 특히 지방 청년과의 만남을 대폭 확대하고, 청년문제에 대한 고른 의견에 귀 기울이며, 그 해법을 모색하는 데 책임을 다할 것이다. 이를 이루기 위해 나의 좌우명 '경청과 행동'을 실천에 옮기고 있다. 현장의 목소리, 각계 의견을 끊임없이 듣고, 이를 정치인 이재영의 생각과 결정을 거쳐 꾸준히 실천하고 있다.

참여와 도전의 정신이 필요하다

청년기의 파고를 헤쳐나온 지 얼마 안 되는 나로서는 오늘을 살아가는 청춘들에게 꼭 들려주고 싶은 메시지가 있다. 전후세대와 비교하면 2014년의 청년들은 물질적으로 매우 풍요로운 시대를 살고 있다. 반면 영혼과 정신적으로는 빈곤하며 그만큼 지쳐 있는 세대이기도 하다. 과거 세대들이 고민하지 않았던 새로운 차원의 고민을 안고 힘겹게 살아가지만 그 문제를 극복해 자신의 꿈을 펼쳐야 한다. 기성세대와 청년세대 사이에는 어느 시대를 막론하고 분명 괴리가 있다. 그 괴리를 뛰어넘기 위해서는 '참여'의 정신이 필요하다.

예컨대 공부가 아무리 싫고 어려워도 참여의 도전정신으로 학업에 맞서야 하며, 정치가 아무리 싫고 정치인들에게 실망했다 하여도 정치 마당에 적극적으로 참여해야 한다. "난 공부가 싫어요, 난 도전이 싫어요, 난 정치가 싫어요"라는 무관심으로 일관하면 밝은 자신, 밝은 미래, 밝은 대한민국을 만들 수 없다. 정치는, 개인은 물론 사회와 국가의 틀을 만들어가고 더 좋은 곳으로 탄생시키기 위해 반드시 필요한 도구다. 그러므로 열린 마음으로 참여해서 긍정적인 터전으로 만들어가야 한다.

참여는 꼭 정치뿐만이 아니라 삶의 모든 영역에서 필요하다. 나의 가정, 학교, 고향에 관심을 가지고 참여하면 궁극적으로는 국가를 부강하고 아름다운 곳으로 만들 수 있다. 마찬가지로 사랑도 적극적으로 참여해야만 결실을 맺을 수 있다. 멋진 삶, 아름답고 부강한 나라는 저절로 만들어지지 않는다. 청년 모두의 작은 참여로부터 시작된다. 선진 국가가 되면 그 혜택은 고스란히 나 개인에게 돌아온다는 사실을 잊지 말자. 그 위대한 소명에 참여할 때 꿈이 이루어진다.

상실감과 박탈감이 삶을 압박할지라도 결국 내 인생의 주인공은 나라는 사실을 자각하고 '참여하고 도전하는 정신'으로 미래와 세계에 당당히 맞서기를 당부한다. 어려움의 시간이 지나갔을 때, 예전에는 실패라고 생각했던 것들이 결국 성공을 준비하는 하나의 단계였음을 깨닫게 된다.

조 명 철

나의 소원은 남북 국민이
행복해하는 통일

조명철

· 1949년 평안남도 평양 출생
· 평양 남산고등중학교 졸업
· 김일성종합대학 졸업
· 김일성종합대학 박사원(경제학 준박사)
· 現 19대 국회의원(새누리당)
· 現 국회 기획재정위 · 윤리특별위 위원
· 前 외교통일위 · 정보위원회 위원
· 現 새누리당 북한인권 및 탈북자 · 납북자위원회 위원장
· 前 통일부 통일교육원 원장
· 前 대외경제정책연구원 국제개발협력센터 소장
· 前 국가인권위원회 정책자문위원
· 前 대통령 소속 사회통합위원회 세대분과위원회 위원
· 前 한국동북아경제학회 이사
· 前 대외경제정책연구원 동북아경제협력센터 소장
· 前 김일성종합대학 경제학부 교원

나의 소원은
남북 국민이 행복해하는 통일

"우리의 소원은 통일. 꿈에도 소원은 통일. 이 정성 다해서 통일. 통일을 이루자……."

간절히 원하면 이루어진다고 했다. 절박한 마음으로 벼랑 끝에 놓인 심정으로 이것이 아니면 죽음이라는 각오로 간절히 아주 간절히 원하면 이루어진다고 했다. 그런 마음을 담아 한때 우리는 〈우리의 소원은 통일〉이라는 노래를 절절히 가슴으로 불렀다. 하지만 통일은 아직도 우리 곁에 오지 않았고, 언제 통일이 될지 그 길은 멀어만 보인다. 그렇게 이 노랫소리도 점점 잦아들고 있다.

어느덧 남북분단은 70년이 다 되어가고 있다. 같은 말을 쓰고 같은 생김새를 가지고 있던 우리 민족은 이제 남과 북에서 서로 다른 길을 걷고 있다. 말과 생각은 물론 삶의 양과 질도 갈수록 그 간극이 점점 커져 이대로 가다간 돌이킬 수 없는 상황이 초래될 것이다. 다른 언어, 다른 생김새를 하고 있는 나라보다 더 멀어질 수 있다는 것이다.

한반도의 안정과 번영을 위해 당위적으로 해야 하는 통일은 왜 요원하기만 할까? 수많은 전문가들이 통일 방안을 내놓고, 남북 당국자들도 통일, 통일을 앞세우며 끊임없이 노력을 하고 있는데도 왜 통일은 올 듯 올 듯하며 오지 않는 것일까?

통일을 이루는 데 힘이 되기 위해 남한 땅을 밟은 만큼 먼저 통일에 대한 내 소신을 밝히는 게 순서일 것 같다.

우리가 추구하는 통일은 남북한 국민이 공히 행복을 누리는 통일, 즉 행복한 통일이어야 한다고 생각한다. 물론 과거의 통일정책은 이러한 목표를 분명히 밝혔지만, 실제 행동에서는 그렇지 못했다. 북한의 기득권층만을 상대로 대화를 하고 협력을 추구했을 따름이었다. 다시 말해 개성공단 건설로 남북 경제협력이 이루어지고, 금강산 관광 등을 통해 관광사업이 활성화되었지만, 그 과정에서 북한 주민은 소외되었다. 통일을 위해 대화, 교류, 협력이 이루어졌지만 그것들이 북한 주민의 행복으로 연계되지 못했다는 것이다.

그럼에도 불구하고 정부가 바뀔 때마다 과거의 관행과 방식에서 벗어나지 않고 모든 것을 대화와 교류의 횟수, 협력의 정도 등에 대한 실적 위주로 통일을 모색하고 통일에 대한 평가를 하고 있다. 여기서 우리가 분명히 알아야 할 것은 이 과정에서 이득을 본 자는 김정일, 김정은을 비롯한 김씨 왕조라는 것이다. 즉 남북한의 국민은 손해만 보았다는 것이다.

그 대표적인 사례로 핵 개발을 통해 핵무기가 늘어났고, 미사일 개발을 통해 미사일 사정거리가 점점 멀어지고 있다. 반면에 세계에서 유례

를 찾아볼 수 없는 인권유린으로 북한은 세계적인 주목을 받고 있고, 갈수록 어려워지는 경제적 결핍은 언제 해결될지 가늠조차 힘든 형국이다. 즉 북한 주민 대다수는 절대 빈곤에서 허덕이고 있는데, 남북 교류를 통해 얻은 이익으로 김씨 왕조는 절대권력 체제를 더욱 강고히 하고 있는 것이다.

따라서 남북관계의 진정한 발전은 북한 주민의 처지가 나아지는 것으로 설정되어야 하고, 남북관계가 통일 지향적으로 가려면 무엇보다 김씨 왕조 정권을 두려워해서는 안 된다. 북한이 회피하고 싶어 하는 인권, 핵무기, 경제적 결핍 등등의 문제를 어젠다로 설정해 이를 심도 있게 의논해야 한다. 북한이 싫어한다고 해서 피하고, 남북관계를 긴장으로 몰아간다고 해서 불복하는 악순환을 반복하면 진정한 의미의 통일은 이루어질 수 없다. 깜짝 이벤트가 성사되어 남북관계가 개선되었다는 착각은 이제 과감히 버리고 대담하게 원칙을 지키며 적극적으로 문제제기를 해야만 한다. 그래야만 자유민주 질서를 기본으로 하는 통일이 이루어질 수 있을 것이다.

한때는 남한의 민주화운동가가 내 우상

통일에 대한 생각이 이처럼 남다른 것은 평범하지 않은 내 인생 역정 때문이다. 나는 북한에서 태어나고 자랐고, 그곳의 최고 대학인 김일성종합대학을 졸업하고 그 대학에서 학생들을 가르쳤다. 그러던 중 내가 꼭 해야 할 일을 통일운동으로 여겼고, 그 장소로 남한을 선택해 탈북한 뒤 대외경제정책연구원 국제개발협력센터 소장과 통일부 산하 통일교

— 제롬 파스키에(Jerome Pasqirer) 주한프랑스대사와 남북관계 현안 면담(2013년 5월 10일)

육원장을 거쳐 현재 국회의원으로 활동하고 있다. 즉 나는 남과 북을 모두 겪은 통일전문가다.

　나의 통일론은 남쪽의 주장도 북쪽의 주장도 아니다. 내 독특한 삶에서 묻어난 것이었고, 그 중심에는 언제나 남북한 국민이 있었다. 특히 남한 국민들에게 북한 체제의 부조리를 정확히 알려주고, 북한의 실제 모습을 각성시켜 주어야만 명실상부하게 남북한 국민의 행복을 위한 통일이 이루어질 수 있다고 판단해 남한 땅을 밟은 것이었다.

　김씨 왕조라는 절대권력 하에 신음하는 북한에서 내가 통일에 대한 의지를 높이고 자유에 대한 소중함을 가질 수 있었던 것은 공교롭게도 남한의 민주화운동을 알게 되면서부터였다. 70~80년대 체제경쟁 차원에서 북한 텔레비전은 남한의 풍광을 보여주었는데, 거리에서 소리를 지르고, 돌을 던지고, 자기 말을 분명히 하는 그들의 모습을 보면서 나는 민주화운동가를 우상으로 여겼다. 모든 자유와 권리를 빼앗긴 북한에서 민주화투쟁을 하지 못하고 있는 나 자신이 부끄러웠기 때문이었다.

　또 하나, 북한에서 합법적으로 유통되는 서적들을 통해서도 나는 북한 사회주의 제도의 모순과 자유의 소중함을 인식하기 시작했다. 먼저 19세기 프랑스 사회의 자화상으로 계급과 돈이 우선시되는 사회를 가끔의 정의와 살신성인을 통해 극명하게 대립시킴으로써 사회 모순을 지적하고 있는 발자크의 작품들, 즉《외제니 그랑데》,《고리오 영감》,《곱세크》등 인간희극 총서들을 읽으면서 제도에 대한 비판적인 사고를 할 수 있게 되었다. 성경을 접하기 어려운 북한에서 톨스토이의《부활》에 인용된 마태복음 또한 내게 큰 감동을 주었다. "첫 번째 계율(마태복음 5장

21~26절)은 살인을 해서는 안 된다는 것과 형제에게 화를 내서도 안 되고 그 누구에게도 욕을 하거나 멸시해서는 안 된다는 것이다"로 시작되어 "다섯 번째 계율(마태복음 5장 43~48절)은 원수를 증오하거나 싸우려 해서는 안 되며 사랑하고 돕고 섬겨야 한다는 것이다"로 이어지는 마지막 대목은 신선한 충격 그 자체였다. 원수는 반드시 섬멸해야 한다는 북쪽의 논리와 다른 논리, 즉 사랑과 공존의 논리가 이 세상에 존재한다는 것을 알았기 때문이었다.

북한의 부조리한 제도를 무너뜨리고 북한 주민에게 자유를 안겨주려면 감시가 너무 심해 옴짝달싹할 수 없는 북한보다 남한에서 활동하는 게 더 나은 결과를 얻을 것 같았다. 그래서 나는 가족과의 생이별에 대한 번민과 고통을 감수하면서까지 중국 난카이 대학에서 학술연구 중 한국행을 선택했다. 한국에서 북한의 민주화를 위한 투쟁하기로 결단을 내린 것이었다. 긴 안목에서 보면 우리 가족을 위한 더 나은 선택일 수도 있었기 때문이었다.

국회의원이 된 것은 통일운동을 더 열심히 하라는 뜻

북한을 떠나 남한에 정착한 뒤 나는 내가 맡은 일에 애정을 가지고 정말 열과 성을 다해 최선을 다했다. 나의 가장 소중한 꿈인 통일을 이루기 위해서 그렇게 하기도 했지만, 북한에 남겨진 가족들에 대한 그리움이 사무치면서 괴로움이 급습할 때마다 거기서 오는 공허함을 이기기 위해 남들보다 더욱 열심히 일을 해나갔다. 낙담과 좌절을 딛고 통일문제를 더 깊이 있게 연구하고 발전시켜야만 가족과의 상봉도 빨리 온다고 생각했다.

그렇게 나는 대한민국에 입국한 이후 줄곧 대외경제정책연구원에서 17년 동안 대북·통일정책을 연구해 왔다. 그 과정에서 나는 수많은 정부정책 개발과제들과 보고서들을 작성했고, 2011년에는 탈북민 출신 최초로 제21대 통일교육원장(차관보급)을 역임하며 통일교육 정책을 집중적으로 구상·실행했다.

그러던 어느 날 나는 국민의 부름에 따라 역시 탈북민 최초로 국회의원이 되었다. 이는 나의 개인적인 능력보다는 탈북민의 역할과 위상이 높아졌고, 탈북민이 가지고 있는 통일에 대한 문제의식이 북한의 3대 세습으로 인한 한반도 분단의 장기화를 막을 수 있을 것이라는 시대적 요청

- 탈북주민과 자녀를 위한 신년희망모임(2014년 1월 1일)

때문이라고 여긴다. 점점 더 나락으로 떨어지는 북한에 대한 냉철한 이해와 인식만이 통일을 이룰 수 있다는 반증이기도 할 것이다.

정치 입문은 남북통일에 대한 나의 약속을 전보다 더욱 폭넓으면서도 구체적으로 실천하기에 적합한 곳이었다. 국회는 국민의 행복 증진과 개선을 위해 입법 활동을 하는 기관 아닌가? 그동안 정치권 바깥에서 통일을 위해 연구하고 활동했던 사안들을 법안 발의와 통과를 통해 하나씩 실천해 나가면, 이보다 더 의미 있는 활동은 없다고 생각했다. 그래서 나는 국회의원 제안에 선뜻 응했는데, 이는 의무감의 발로이기도 했다. 대북·통일 정책에 대한 바람직한 방향 제시와 실천은 물론 탈북민들의 권익보호를 위해 마땅히 내가 해야 할 일이라고 여겼기 때문이었다.

정치에 입문하기 전 나는 무릇 정치란 해야 할 것과 하지 말아야 할 것을 분별하는 자리이고, 해야 할 일에 대해서는 막중한 책임을 감당하는 것이라고 이해했다. 즉 책임감을 가지고 부강한 나라를 이루겠다는 굳은 열망이 더해져야 직업인으로서의 정치가라고 할 수 있다는 것이었다. 여기에 내적 집중과 평정 속에서 현실을 관조할 수 있는 능력, 다시 말해 사물과 사람에 대해 거리를 둘 수 있는 균형감각도 아울러 가지고 있어야 진정한 정치가가 된다는 것이다.

'우공이산(愚公移山)'라는 말이 있다. 우공이 산을 옮긴다는 뜻으로, 근면과 성실의 자세로 하고자 하는 일은 반드시 해낸다는 신념이 담겨 있는 말이다. 나는 국회에 발을 디디면서부터 이 마음가짐으로 의정 활동을 시작했다. 사람들은 대개 주어진 환경에 적응하기 마련이지만, 우직한 우공이 산을 옮기는 심정으로 하나씩 하나씩 일을 해나갔다.

국회에 입성했을 때 여러 가지 현안들이 산처럼 쌓여 있었다. 하지만 나는 탈북을 결심했을 때의 초심으로 돌아가 통일을 위한 초석으로 북한 주민들의 인권 개선, 그리고 탈북민들의 생활 개선에 초점을 맞추었다. 아마 국회의원 임기가 만료된 뒤 하루라도 더 국회의원을 할 이유가 있다면 그것은 역시 '북한 인권 개선'과 '탈북민 권익 신장'일 것이다.

이를 위해 나는 19대 국회가 시작되자마자 북한 주민의 천부적 권리보장을 위한 '북한인권법'을 대표발의했고, 탈북민들의 숙원 사업인 '탈북민 문화센터' 건립에 필요한 예산 집행을 위한 타당성 조사에 들어갔다. 문화센터 건립을 통해 탈북민들의 사회정착지원을 위한 제도적 보완을 이룩하고자 하였다.

북한 인권 문제의 경우, 사실 북한 당국에 의한 인권유린은 이제 더 이상 설명이 필요 없는 사안이다. 여기에 굳이 일일이 열거하지 않아도 다들 헤아릴 수 있을 것이다. 아무튼 북한 인권을 개선하기 위한 국제사회의 노력들은 지속되고 있지만, 정작 이해 당사자인 대한민국은 북한인권법조차 제정하지 못하고 있다.

대한민국은 2005년 8월 북한인권법안을 발의하였으나 제17대 국회의 임기 만료로 폐기되었고, 2008년 7월 제18대 국회에서 재발의하여 법안이 계류되어 있는 중이다. 북한 인권 개선과 인도적 지원 등을 목표로 하는 북한인권법이 이처럼 표류하고 있는 데에는 서로 간의 인식 차이가 크다. 이것이 조정되지 않고서는 북한인권법 제정은 갈수록 험난한 산맥만 만날 것이다.

북한인권법을 반대하는 쪽에서는 주로 "삐라를 살포하면서 북한 정권

타도를 목적으로 하는 단체들이 북한 인권을 증진시킨 것이 뭐가 있느냐? 북한인권재단을 만들어 이런 단체들을 지원하겠다는 것, 절대 받아들일 수 없다"라고 하는데 바로 여기서부터 생각의 차이가 난다고 할 수 있다.

남한의 경우 반독재 민주화투쟁을 할 때 많은 시민들이 민주화운동가와 그 단체에 알게 모르게 정신적인 지원뿐만이 아니라 물질적인 지원을 해준 것으로 알고 있다. 이와 같은 논리로 볼 때 북한 인권 문제를 해결하려면 북한 인권을 위해 싸우는 단체에 정신적인 성원뿐만이 아니라 경제적인 부분도 당연히 해주어야 하는 것이다.

또한 삐라 살포가 남북 고위급 회담에서 서로 합의를 본 '남북이 상대방에 대한 비방과 중상을 중지하기로 한 것'을 무시하는 처사라고 하는데, 이도 역시 생각이 다르기 때문이다. 우선 정부는 삐라를 북으로 보내

- 북한인권법 통과를 위한 화요집회(2014년 10월 14일)

는 시민단체의 활동에 대해 간섭할 권리가 없다. 삐라가 북을 자극한다고 하는 것은 바로 북한에 대한 두려움을 가지고 있기 때문이다. 즉 삐라 살포로 남북관계가 악화되어 우려의 상황이 생길지도 모른다는 두려움을 이겨내야 한다.

남한의 군부독재도 시민들이 끊임없이 자극하고 압력을 가했기에 변한 것이지 군부독재 스스로 변한 것은 없다. 이와 마찬가지로 북에 대한 압력은 계속되어야 한다. 우리가 변하는 것이 아니라 북한이 변할 수 있도록 북한 주민들이 미처 각성하지 못하는 그곳의 실상을 지속적으로 알리는 활동을 해야 한다는 것이다.

이러한 내 주장은 내가 탈북민 출신의 국회의원이라서 그런 것이 절대 아니다. 다시 말하지만 나는 대북·통일정책 및 북한 경제 등 한반도 문제를 포괄적으로 연구해온 전문가이자, 그 해결점을 남북한 국민 개개인의 행복 증진에 초점을 맞추고 있다. 또한 나는 혹시 발생할지도 모르는 나의 오류를 바로잡고자 이 분야와 관련된 연구자, 학계 인사, 정부 관계자들을 두루 만났고, 북한에 대한 변화 연구를 위한 각계의 공부모임에 참석했고, 의견을 교환했다. 뿐만 아니라 서울대, 경희대, 중앙대, 연세대 등 여러 대학원에서 강의하면서 수강생들과 소통해왔다. 즉 남북문제, 대북·통일정책, 북한경제 등 한반도 문제에 있어서는 대한민국을 위해서 올바른 정책을 작성·제안하는 데 최고의 노력을 다할 수 있다는 자신감이 있다.

행복한 삶을 만드는 행복한 통일을 위해

중학교 시절 은사께서 '마부위침(磨斧爲針)'이란 고사를 인용하며 도끼를 갈아서 침을 만드는 사람도 있다고 하였다. 아무리 이루기 힘든 일이라도 끊임없는 노력과 끈기 있는 인내만 있으면 성공하고야 만다는 뜻이다.

이 말은 '우공이산'과 아울러 내 인생의 경구이자 삶의 지침서이다. 이러한 내적 동력이 없다면 나는 아마 많은 일들을 중간에 포기했을지도 모른다. 특히 아직도 반대가 많아 여전히 국회를 표류하고 있는 북한인권법만 생각하면 마음이 아프다. 서로의 생각을 조금만 달리해 현실을 직시하는 쪽으로 옮겨가면 좋은 해결책이 나올 텐데 말이다.

사실 내가 제일 듣기 싫은 말이 남북관계를 걱정한다는 말이다. 이 말의 진의는 남북관계를 걱정하는 것이 아니라 북한 김씨 왕조와의 관계를 걱정한다는 것이다. 이제 진정한 남북통일을 위해서는 이런 걱정은 하지 말아야 한다. 북한을 자극하고 비판하고 대화할 때는 꼭 그렇게 해야 한다. 그것이 북한 주민들이 겪는 고통을 해소해주는 것이다. 북한 인구 2,400만 명 중 김씨 왕조 기득권층이 얼마나 되겠는가? 이러한 생각을 자꾸 잊게 되면 올바른 통일의 방향을 찾을 수 없다는 점을 명심해야 할 것이다.

현재 나는 국회 외교통일위원회 소속의 국회의원이다. 또한 국회 정보위원회 위원으로 활동하면서 북한의 대남교란 책동에 대한 대응 및 해외 국부유출과 관련한 문제에 대해서 국가정보원의 활동을 점검하고 문제점도 지적하고 있는 입장이다. 이러한 일련의 업무를 충실히 해나가면서도 항상 북한 인권 개선과 탈북민 권익 신장에 무게를 두고 있다. 그것은 국회의원이 되기 전부터 내가 한 약속이고, 국회의원으로서 더 많은 일을 할 수 있기 때문에 이 부분에서만큼은 단 한 순간도 소홀할 수 없다.

남북통일이 되면 남북 간에 쌓인 많은 난제들이 해결될 것이고, 한반도는 번영의 길로 들어설 것이다. 그 통일의 시기가 언제가 될지 전문가들도 의견이 분분한 상황에서 반드시 견지해야 할 것은 우리가 통일에 대해 어떤 노력을 해왔고, 앞으로 어떻게 해야 하는지에 대한 성찰과 방향을 끊임없이 제시하는 일이다. 아무런 노력을 하지 않고 통일 시기만 논의한다는 것은 어불성설이다.

정치인에게 약속은 일언중천금(一言重千金)이다. 가볍게 약속하지 말고, 한번 한 약속은 반드시 지켜야 한다는 것이다. 나는 이를 위해 최선을 다할 것이다. 남북한 국민의 행복한 삶이 보장되는 통일, 행복한 통일이 빨리 오도록 나의 모든 것을 바칠 것이다. 그래야만 김씨 왕조 밑에서 고통을 당하고 있는 북한 주민들에게 자유를 줄 것이고, 남한에서 어려움을 겪고 있는 국민들, 특히 한창 활동해야 할 청년들이 겪고 있는 실업의 고통을 해소할 수 있을 것이다. 그날은 북에 두고 온 가족을 만날 수 있는 날이기도 하다. 그런 세상을 꿈꾸며 나는 오늘도 하루를 힘차게 살아가고 있다.

주 영 순

국민과 국가를 위한
튼튼한 뿌리가 되고자

주영순

- 1946년 전남 신안 출생
- 목포해양고등학교(現 목포해양대학교) 졸업, 육군보병학교 수료(육군 대위 예편)
- 연세대 행정대학원 고위정책과정 수료, 서울대 행정대학원 국가정책과정 수료
- 제15대 대한염업조합중앙회 이사장
- 대한상공회의소 제20대 부회장
- 목포상공회의소 19 · 20 · 21대 회장(3선)
- 민주평화통일자문회의 제13 · 14 · 15대 전남부의장(3연임)
- 前 국제라이온스협회 355-B2지구 총재(전남)
- 前 전라남도 기업사랑협의회 위원장
- 現 제19대 국회의원
- 現 국회 환경노동위 · 예산결산특위 위원
- 現 새누리당 전남도당위원장
- 現 새누리당 정책위원회 부의장
- 前 새누리당 지역화합특위 위원
- 前 박근혜대통령후보 대선공약개발단(호남공약 총괄)
- 前 새누리당 지역공약실천특위 위원
- 前 국회 태안 유류피해 사고 대책 특별위원회 위원
- 現 갑종장교전우회 고문

국민과 국가를 위한
튼튼한 뿌리가 되고자

국민의 삶이 융성해지려면 정치가 바로 서야 한다. 정치가 신뢰를 상실한 이유는 뿌리가 아닌 화려한 꽃이 되려 했기 때문이다. 급변하는 현대사회에서 경쟁력을 키우고 다양한 삶의 방식을 추구하기 위해서는 원칙과 기본을 지키면서 탄력적인 사고방식과 현실 가능한 실천 방안을 찾아야 한다.

요동치는 운명은 나를 더 강하게 만들었다

지금의 정치인 주영순은 어떻게 탄생했을까, 또 사업가 주영순은 어떻게 꿈을 이루어왔을까? 이 출발점에는 두 가지 사건이 있다. 그 사건들은 한 사람의 인생이 자신의 뜻과 관계없이 어떻게 극적으로 변화될 수 있

417

는지를 여실히 보여준다.

전남 신안의 가난한 섬마을인 장산도(長山島)에서 태어난 나는 고교시절에 하얀 제복에 하얀 모자를 쓴 마을 선배를 알게 되었다. 그는 국립목포해양고등학교(현 목포해양대학교) 학생이었다. 가정형편이 어려워 일반학교 진학이 어려웠던 터에 그 학교는 기숙사를 무료로 제공하고 학비(수업료)도 전액 면제에, 의복 일체까지 무료로 제공했다. 선배는 상당한 경쟁률을 뚫고 합격해 배움의 의지가 강했던 나를 여러모로 자극했다.

당시 내 꿈은 한국해양대학에 들어가 1등 선장 마도로스(외항선원)가 되는 것이었다. 부산에 있는 한국해양대학에 응시했는데 공부를 열심히 한 덕분에 1차 필기시험에 합격했다. 어려운 관문을 통과했으므로 최종 합격도 자신이 있었다. 그런데 한순간에 평생의 운명이 어긋나는 불운한 일이 벌어지고 말았다. 2차 면접 및 신체검사를 하루 앞두고 대중목욕탕에 갔다. 그 시절의 대중목욕탕 시설은 불결한 부분이 많았고 지금처럼 위생관리도 철저하지 못했다. 목욕탕을 다녀온 후 피부병이 전염되어 전신에 빨간 두드러기가 퍼지기 시작했고 나 스스로 보기에도 흉할 정도였다. 다음 날 신체검사에서 여지없이 탈락했다.

그때의 심정은 말로 표현할 수 없었지만 운명으로 받아들일 수밖에 없었다. 좌절을 안고 고향인 섬마을로 돌아와 뵌 아버지의 표정은 나의 가슴을 찢어지게 했다. 그때 나는 어린 마음에도 어떻게든 성공해야 한다고 결심했다. 해양대 입학이 좌절된 후 마도로스의 꿈은 포기하고 육군 장교가 되어 장군이 되어야겠다고 인생관이 180도 바뀌었다. 3군사관학교 시험은 이미 끝난 터라 육군보병학교(간부후보생)에 합격하여 1년의

교육을 마치고 장교로 임관했다. 당시 전술훈련으로 심신을 단련할 수 있었고 지휘 통솔 능력을 통한 강한 추진력은 나를 성장시켜 사회생활에 큰 힘이 되어주었다.

자신감이 나를 성장시킨 촉매제

월남에서 복무한 후 귀국해 친구의 소개로 알게 되어 결혼했는데 신혼 시절은 고난 그 자체였다. 아내를 목포에 두고 강원도 양구에 있는 2사단에서 중대장으로 군복무를 했다. 목포와 양구, 거의 한반도의 끝과 끝이다. 신혼 때 얼마나 아내가 보고 싶었을까.

아내가 너무 보고 싶으면 저녁에 양구 읍내에 있는 다방에 가서 시외

전화를 신청하고 기다렸다. 지금처럼 자동전화가 아니고 수동전화여서 춘천-서울-대전-광주-목포-집까지 전화를 연결하려면 부지하세월이었다. 자정이 되어도 통화를 못하고 발길을 돌릴 때가 대부분이었다. 그때 심정은 말로 표현할 수 없었다. '지금은 경제적으로 어렵지만 사회에 나가 군대에서 한 노력을 기울인다면 무슨 일이든 할 수 있고 사업을 해도 성공할 수 있다'는 자신감이 있었다. 사랑하는 아내와 언제까지나 떨어져 살 수 없었기에 전역지원서를 제출해 대위로 예편했다. 군의 훈련을 통한 강한 의지와 자신감이 나를 성장시키는 큰 역할을 했다.

제대 후 여러 가지 사업을 구상했는데, 전시 비축품목의 하나로 정부(조달청) 비축 보관사업이 그중 하나였다. 당시 인천, 서산, 목포에 천일염 비축기지가 있었다. 그러나 기존 업자들의 방해공작과 텃세가 강해 정부허가를 받아내기가 하늘의 별 따기보다 어려웠다. 나는 어떻게 해서든 이 허가를 받아내야만 성공할 수 있다고 결심했다. 내가 할 수 있는 모든 것을 동원해 밀어붙였다. 대부분의 사람들이 불가능하다고 비웃었지만 결국 허가를 받아냈다. 그것을 시작으로 다른 사람들로부터 인정을 받게 되었고 사업 기반을 튼튼하게 다질 수 있었다. 만약 군 시절에 지금처럼 자동전화가 있었다면 한평생 직업군인으로서 국가에 헌신했을 것이다. 나의 인생의 길은 여기서부터 한 단계 더 도약하기 시작했다.

'칭찬은 고래도 춤추게 한다'는 유명한 말이 있듯이 아이들에게 칭찬이 얼마나 중요한지를 깨닫게 한 일화가 있다. 반백 년의 시간도 훨씬 지났으나 아직도 뚜렷이 기억되는 한 분이 계시다. 바로 초등학교 1학년 때 담임선생님이시던 송상학 선생님이다. '사과 2개+3개=5개, 나비 3마리+4마리=7마리'… 이런 식으로 그림으로 된 숙제를 내주셨는데 내가 100점을 맞았다. 선생님께서는 교실 앞으로 나를 불러내 학급 친구들 앞에서 많은 칭찬을 해주셨다. 그 칭찬이 자신감을 갖고 더 열심히 공부하는 계기가 되었다. 칭찬은 백 번 강조해도 부족하리만큼 중요하고 또 중요하다.

고향에서 밀려나는 서민들의 아픔을 어떻게 할까

정치에 투신하게 된 계기는 아무래도 내가 자란 고향과 밀접한 관계가 있다. 신안에서 태어나 목포에서 한평생을 살았고 30여 년 동안 중소기업을 경영하면서 경제인단체 지역 대표로 활동했다. 그러기에 지역 유통

— 참전용사들을 기리며. 월남전 참전 전사자 위령제(국립서울현충원, 2014년 6월)

기업과 지역민들의 어려움을 누구보다 잘 안다. 중소기업은 자금난과 인력난은 물론 각종 불합리한 법·제도로 사업 경영에 고충이 이만저만 아니다.

또 호남경제는 가계부채, 어음부도율 등 거의 모든 경제지표에서 전국 최하위를 기록한다. 호남의 빈곤과 침체된 경제가 지역민들을 고향에서 밀어내는 안타까운 현실에 늘 마주해왔다. 전국 상의회장단 회의만 다녀오면 지역의 낙후성을 한탄하며 몸부림쳤다.

중소기업의 아픔을 달래주고 호남을 비롯한 서민의 눈물을 닦아 드릴 수 있는 길로 정치를 선택했다. 새누리당과 인연을 맺게 된 것은 대한염업조합 이사장으로 재직하던 2000년대 초반이다. 영세 조합원들을 위해 정부로부터 500억 원의 염산업 발전기금을 지원받아야 했기에 〈염관리법〉 통과가 절실했다. 정치권에 도움을 요청하자 호남에 전국 염전의 70%가 있는데도 민주당에서는 별 반응이 없었던 반면 새누리당(당시 한나라당)에서는 진심으로 귀를 기울여 진정성을 가지고 법이 통과될 수 있도록 지원해주었다. 지역정서를 감안하면 당시 한나라당을 선택하는 것이 쉽지 않았지만 호남 발전을 위해 큰 결단을 내린 것이다.

정치인이 되기 전에 중소기업을 직접 운영하고 지역상공인 대표를 역임하면서 정치는 국민 삶의 뿌리라 생각했다. 그 뿌리가 튼튼할 때 국민의 삶이 꽃을 피울 수 있고, 뿌리가 부실하면 생명이 오래갈 수 없다. 정치인으로 새 삶을 시작할 때도 국민을 위한, 국가를 위한 튼튼한 뿌리가되어야겠다고 생각했다. 물론 지금도 그 초심은 변함이 없다.

국민의 삶이 융성해지려면 정치가 바로 서야 한다. 정치가 신뢰를 상실한 이유는 뿌리가 아닌 화려한 꽃이 되려 했기 때문이다. 하루가 멀다 하고 급변하는 현대사회에서 경쟁력을 키우고 다양한 삶의 방식을 추구하기 위해서는 원칙과 기본을 지키면서 탄력적인 사고방식과 현실 가능한 실천 방안을 찾아야 한다.

경제의 뿌리는 중소기업

경제 발전은 두 가지 측면에서 나아가야 한다. 우리나라의 경우 양적 성장은 물론 왜곡된 부의 편중 현상을 개선하는 질적 발전도 시급하다. 양적인 경제발전을 위해서는 합리적 규제 완화가 필수다. 규제 완화는 공무원들이 기득권을 포기해야만 가능한데 아직까지 그런 노력이 부족하다. 서류로 현장의 목소리와 요구를 들으려 하지 말고 장관이든 담당 사무관이든 현장에 가서 느껴야 한다. 또 포퓰리즘에 빠진 규제를 과감히 개선해야 한다.

우리나라가 양적으로나 질적으로 발전하기 위해서는 무엇보다 중소기업이 잘 되어야 한다. 경쟁력 있는 중소기업이 중견기업으로, 다시 대기업으로 성장해야 경제도 살고 일자리도 늘어난다. 이런 경제구조를 만들기 위해서는 불합리한 규제와 정책을 과감히 바꾸어야 한다.

대기업 중심의 산업은 날이 갈수록 중소기업의 성장잠재력을 저해하지 않을까 우려스럽다. 특히 하도급을 위주로 하는 중소기업들은 대기업과의 전반적인 역량의 차이와 부족한 기술력, 마케팅 능력 부족 등으로 인

- 요즘 문제가 되고 있는 화학사고. 철저한 예방과 신속한 사후대응이 중요하다. (여수산업단지 화학대응훈련. 2014년 7월)

해 더욱더 대기업 혹은 중견기업에 의존하는 악순환이 연속될 것으로 보이는데 이에 따른 피해도 작지 않다. 따라서 관련 법률 보완, 거래관계의 현실화 등 개선을 통해 지속적인 중소기업 지원이 조속히 강구되어야한다.

지역경제 활성화가 국가 전체를 부강하게 만든다

정치인이 되면 꼭 이루어야겠다고 생각한 정책은 여러 가지가 있다. 새누리당은 전남의 대표로 나를 선택했다. 새누리당에게 불모지나 다름없는 호남이지만 지역경제를 활성화하고 국민대통합을 이끌어내는 것이

의정활동의 첫 번째 목표다. 산업기반이 절대적으로 취약한 목포 등 전남 서남권에 대한 정부의 지원을 이끌어내는 것은 물론, 관련법 개정 등을 통해 지역 균형발전과 지역경제 활성화를 반드시 이뤄내겠다.

오랫동안 경제계에 몸담았던 경험으로 볼 때 지역경제를 살릴 수 있는 가장 바람직한 방법은 대기업이나 중견기업을 유치하여 일자리를 만들어내는 것이다. 기업을 유치하기 위해서는 지역 정서가 변화되고 지역민 스스로가 변화되어 기업하기 좋은 환경을 만드는 것이 내가 할 일이다. 특히 호남의 경우 지리적 여건도 이유가 되겠지만 철도, 도로 등 기반시설이 부족해 기업들이 입주하는 데 한계가 있다. 진정한 국가 균형발전을 위해서는 수도권 집중 현상을 개선해야 한다. 이 부분에 의정활동의 역점을 두고 있다.

지역발전을 위한 약속을 지키기 위해 3년 연속 예산결산특별위원회 위원으로 일하면서 전남·광주·전북 예산 확보에 최선을 다했다. 전남 22개 시·군을 포함해 지역 관계자 수백 명이 의원실을 방문했고 나 역시 수시로 지역을 돌면서 필요한 예산을 파악해 정부지원에 반영하느라 하루하루가 피를 말리는 시간이었다. 뿐만 아니라 정부를 설득해야 하는 지역 현안사업에 대해서는 과천과 세종시, 청와대까지 직접 달려가 국비 지원을 긴밀히 협의했다.

2013년 예산확보 과정에서 정부예산안에도 포함되지 않았던 영암해남 관광레저형 기업도시진입도로(15억 원), 순천만 국제정원박람회장 조성사업(74억 원), 목포항 크루즈부두(15억 원), 압해~화원 간 연결도로 개설(10억 원), 무안갯벌 생태탐방로 사업(20억 원), 전남대 의생명융합센터 실험실습기자재(15억 원) 등 지역경제 활성화를 위해 꼭 필요한 국비를 확보했다. 2014년에도 남해안철도, 호남KTX 건설, 목포신항 자동차부두 축조, 진도 등에 조성 중인 양식섬 사업, 목포 용해2지구 하수관거 정비, 무등산 기반시설 구축, 서남권 수산종합지원단지 조성, 호남권생물자원관 건립 등 호남지역 숙원사업에 국비지원을 이끌어내기 위해 최선을 다했다.

사실 이보다 더 중요한 것은 국민대통합의 하이라이트인 균형인사다. 균형인사라 하면 특정 지역 인사를 적당히 중용하는 것이라 생각하는 사람이 많다. 이는 잘못된 생각이다. 무조건 비율로 숫자를 맞추어서는 안 된다. 지역의 유능한 인재를 발굴하고 제대로 능력을 발휘할 수 있는 기회를 주는 것이 중요하다. 박근혜 대통령과 새누리당도 2012년 대선에서 국민대통합을 최우선 공약으로 밝혔으나 아직 미흡한 부분이 있는 것이 사실이다.

국회에 들어온 후에는 환경노동위원회를 선택했는데, 사실 환노위는 여야를 막론하고 노조위원장 출신이나 노사 관련 의원들이 활동한다. 19대 국회 환노위에서 기업인 출신은 내가 유일하다. 그러다 보니 기업이나 경제단체에서는 중요한 환경, 노동 관련 법안·정책을 나를 통해 상임위에 전달한다. 나는 당연히 그 의견을 객관적으로 판단해서 반영한다. 그들로서는 환노위의 유일한 통로가 나인 셈이다.

국회의원이 된 후 가장 기억에 남는 일은, 전남선거대책위원장으로 박근혜 대통령 당선에 일조한 것이다. 2012년 선거 기간에 하루에 수백km씩 이동하면서 전남 22개 시·군을 발로 뛰었다. 지역발전과 동서화합을 위해 박근혜 후보의 진정성과 열정을 믿어달라고 피를 토하는 마음으로 호소했다. 호남에서 획득한 두 자릿수 득표율은 1987년 대통령 직선제 부활 이후 보수정당의 대선 후보로는 최초의 기록이었다.

약속을 지키기 위해서는 의지와 추진력이 있어야 한다

정치인에게 약속은 생명과 같다. 상당수 국민에게 정치에 대한 불신과 무관심을 불러일으킨 근본 이유는 정치인이 국민과의 약속을 등한시했기 때문이다. 약속은 생명과 같기에 막중한 책임이 뒤따른다. 내가 가난한 농부의 아들로 태어나 중소기업을 일구기까지 가장 큰 힘이 되어준 것은 신용이었다. 그래서 목포 인근에서는 내가 한번 약속을 하면 약속어음도 필요 없다고 이야기한다. 그러나 약속은 저절로 지켜지는 것이 아니다. 굳건한 의지와 추진력이 없으면 약속은 결코 지켜지지 않는다.

나는 언제나 내가 가진 모든 것을 발휘하면서 살아왔다. 군생활 5년 동안 국가를 위해 최선을 다했고 대간첩 작전과 1969년 월남전 참전으로 화랑무공훈장을 두 차례나 받았다. 민주평통 전남부의장을 세 번 역임하면서 국민훈장 모란장을 수상했으며 6년 동안 지역 오피니언리더인 4천여 평통자문위원들과 통일문제, 북한이탈 주민생활 문제에 대해 함께 고생했던 끈끈한 인간적인 정은 영원히 잊을 수 없는 보람으로 남는다.

2005년 국제라이온스협회 355-B2지구(전남 지구) 총재 재임 시에는 전국에서 우리 지역에만 회관이 없는 현실을 타개하고자 앞장서서 기금을 출연하고 회원들의 협조를 얻어 숱한 어려움을 무릅쓰고 반듯한 회관을 건립했다. 이후 6천여 라이온스 가족의 요람으로 활용하게 된 것을 보람으로 여긴다. 목포상공회의소 회장을 3차례 역임하면서 2007년 목포에 본사를 둔 홍익상호저축은행의 파산을 막았다. 3월 16일에 영업정지 발표가 있었는데, 예금자는 물론 목포를 비롯한 서남권 금융권에 큰 타격이 되어 지역경제를 송두리째 흔들 수 있는 사태로 치달았다. 혼신의 힘을 다해 이의 파산을 막은 것은 인생에서 잊지 못할 일이다.

 지역 경제 활성화를 위해서도 온 힘을 다한다. 전남 22개 시군을 비롯해 광주, 전북, 나아가 제주 예산까지 수많은 사업들을 챙기려면 하루 24시간이 부족하다. 2013년 11월에는 전남 고흥에서 우주항공산업 발전을 위한 포럼까지 개최하며 관련 예산을 챙겼다. 나는 예산을 필요로 하는 현장의 목소리에 최대한 귀를 기울인다. 그리고 필요하다면 정부도

– 전남에게 바다란 삶의 터전이다. 해수부장관과의 만남(2014년 11월)

함께함으로써 공감을 이끌어낸다. 예를 들어 영암해남 기업도시 기공식을 가질 때 국무총리를 초빙해 차질 없는 추진의 필요성을 강조했다.

나 스스로를 감동시켰던 약속은, 아내와 약혼식 날 유달산에 올라 목포시와 다도해를 바라보며 훗날 꼭 목포시장이나 국회의원이 되겠다고 했던 약속이다. 그 후 수십 년의 세월이 흘렀지만 결국 약속을 지켰다. 반면 지키지 않아서 아직까지 후회하는 약속도 있다. 친한 친구의 결혼식에 꼭 참석하려던 계획이 사업상 중요한 문제로 틀어지고 말았다. 본의는 아니었으나 결국 그 친구와의 관계가 단절되었다. 한참의 시간이 흘렀음에도 그때 나의 결정이 바른 것이었는지… 후회감이 크다. 살아 있는 동안 나 자신에게 꼭 지키고 싶은 약속은, 기독교인으로서 신실한 믿음으로 주어진 사명을 다하는 것이다.

정치인으로서 국민에게 꼭 하고 싶은 약속은, 국가의 미래와 국민을 바라보며 지금까지 앞만 보고 달려왔듯이 앞으로도 내 몸과 마음을 다 바쳐 헌신하는 것이다. 지금까지 그랬듯이 앞으로도 단돈 1원이라도 검은돈을 받지 않겠다는 약속도 포함된다.

목표를 정한 뒤 사즉필생의 정신으로 최선을 다하라

전역 후 사회에 나와 모든 일에 최선을 다하면서 어느 정도 부도 축적할 수 있었고 다른 사람이 인정해 줄 정도로 신용도 쌓아갔다. 1980년대에 호남 지역경제와 서민생활에 큰 영향을 주고 있던 중견기업인 M기업이 부실화되어 결국 은행권으로부터 부도처리되었다. 은행권에서는 부도난 기업을 내가 인수하여 경영에 참여해줄 것을 몇 차례나 제의해왔고 사업을 확장할 수 있는 좋은 기회가 될 수 있었기에 깊은 고민에 빠졌다.

그러나 나는 그 기업을 인수하지 않기로 최종 결정했다. 어떻게든 기업을 살려보려 발버둥쳤던 당시 사업주는 마음에 큰 상처를 입고 있었는데, 경영권마저 다른 사람에게 넘어가면 평생의 한으로 남을 것이라 생각했다. 나는 아내와 여러 날을 상의했고, 아무 조건 없이 그 기업주를 도와주기로 결심했다. 친형제 간이라도 부도기업에 담보를 제공하고 보증을 서서 도와준다는 것은 쉽지 않은 일이다. 1988년 당시로써는 큰돈이었던 6억 원에 상당하는 부동산을 담보 설정하여 바닥까지 떨어진 기업주를 도와드렸다. 그때의 심정은 친인척도 아닌 그분에게 값비싼 부동산을 기부한다고 생각하며 마음을 깨끗이 비웠다.

진심을 하늘도 아신 걸까, 그 후 그 기업은 서서히 살아나 지금은 목포에서 가장 건실하고 큰 기업으로 성장해서 지역경제에 중대한 역할을 하고 있다. 지금도 그 기업을 생각하면 보람이 넘치고 마음이 흐뭇해진다. 우리 부부는 그 기쁨과 헌신의 마음으로 오늘도 주님을 위해 기도하고 있다.

나는 성공을 '노력의 결과'라 생각하며, 꿈은 '소망'이라 생각한다. 너무 단순하고 교과서적인가? 그러나 그 단순함에 진리가 담겨 있다. 청년은 패기와 진정성이 있어야 한다. 섬마을에서 가난한 농부의 아들로 태어났지만 처한 환경에 한 번도 불평하지 않았고 노력에 따라 인생은 확연히 달라진다는 굳건한 믿음과 자신감을 갖고 살아왔다.

그런 의미에서 이순신 장군을 가장 존경한다. 어려운 가정환경에서 기업가로, 정치인으로 나를 이끌어준 것은 이순신 장군의 생즉필사(生則必死) 사즉필생(死則必生)의 정신이었다. 또한 이순신 장군은 용장(勇將)이자, 지장(智將)이고, 덕장(德將)이었다. 특히 말단 군사들까지 소통에 참여시켜 혼연일체와 화합을 이끈 창의적 소통의 리더십은 왜 그가 역사상 최고의 리더로 꼽히는가를 잘 보여준다.

감명 깊게 읽은 책은《거인들의 발자국》이다. 저자 한홍 목사님은 10대에 미국으로 건너가 UC버클리 대학을 졸업하고, 웨스트민스터 신학대학원에서 목회학 석사를, 풀러 신학대학원에서 미국 교회사로 박사 학위를 받았다. 미국과 한국 문화를 폭넓게 경험한 문화사적 이해와 경험을 바탕으로 인류 역사를 움직인 수많은 거인들의 발자취와 함께 리더십의 본질을 파헤쳤다. 저자가 목사이시고 나 역시 오랫동안 신앙생활을 해서 더욱 감동을 주었다.

제3자가 보면, 내 인생이 승승장구로 이어진 것 같지만 사실은 그렇지 않다. 한번 시작하면 끝을 보는 성격 탓에 사업에 너무 몰두한 것이 큰 역경으로 다가왔다. 사업이 한창 번창하던 40세 때 욕심을 갖고 너무 몰두하다 보니 신경성 위장병 등 갖가지 질환이 찾아왔다. 원인이나 병명도 모른 채 전국의 병원을 찾아다녔으나 오히려 몸은 더 악화되었다. 결국 병원 치료를 포기하고 주위의 조언으로 여행과 등산을 시작했다. 그동안 사업에 몰두했던 나를 잠시 내려놓고 마음을 비우면서 몸도 회복할 수 있었다. 지나친 욕심은 화를 불러온다는 평범한 진리를 체득했으며 그 이후 언제나 순리대로 무리하지 않고 바르고 성실하게 살려 노력하고 있다.

젊은이들이 꿈을 이루기 위해서는 목표를 정해놓고 최선을 다해 노력해야 한다. 그러면 반드시 그 목표에 도달한다. 지금 청년들은 어려운 취업 환경과 과다한 스펙 쌓기 경쟁으로 많은 고통을 겪고 있다. 과거 고도성장기에는 무슨 일이든 열심히 하면 기회를 얻었다. 그 시대를 동경해서는 안 된다. 그때에도 어려움과 제약은 분명히 있었다.

현실의 어려움과 제약을 이길 수 있는 길은 확실한 목표를 정해놓고 최선을 다하는 것이다. 시간적 차이는 있을지라도 반드시 그 목표에 닿을 수 있다. 때로는 당초 목표는 아니더라도 최선을 다하면 다른 목표에 도달한다. 내가 어릴 적 마도로스의 꿈을 갖고 최선을 다해온 것은 군인으로, 기업인으로, 정치인으로 성공할 수 있는 밑거름이 되었다.

최
봉
홍

함께 가는 사회를 위해

최봉홍

· 1942년 대구 출생
· 대구사범학교 졸업
· 現 제19대 새누리당 비례대표 국회의원
· 現 국회 환경노동위원회 위원
· 現 새누리당 노동위원장
· 경제사회발전노사정위원회 상무위원
· 한국교통운수노동조합총연합회 의장
· 노사공동재취업센터 이사
· 한국항만연수원 이사장
· 민주평통 자문위원
· 국제운수노련(ITF) 공정실행위원
· 한국노동조합총연맹 부위원장
· 중앙노동위원회 근로자위원
· 전국항운노동조합연맹 위원장

함께 가는 사회를 위해

　　먼 하늘과 흰 구름, 해 질 녘 붉어지는 수평선, 뱃고동 소리, 바다의 작은 점이 차츰 다가와 큰 배가 되는 곳, 비릿한 바다 내음……

　사람들에게 익숙한 항구의 모습이다. 아련하고도 아득한 낭만이 가득한 곳 말이다. 하지만 나에게 항구는 삶의 현장이다. 42년을 항만 노동자로 살아온 내게 항만은 정든 고향이기도 하지만 함께해왔던 노동자들의 아픔과 기쁨, 헤어짐과 만남의 역사가 숨 쉬는 곳이다.

　시커먼 무연탄 배에서 이틀 혹은 사흘 밤낮 삽질을 마치고 벌건 눈으로 통선 타고 나온 시커먼 동지들, 쏟아지는 비를 맞으며 컨테이너에 5단·6단 거미처럼 붙은 동지들, 45m 고공 크레인에 도시락과 함께 깡통을 들고 올라가는 동지들, 60시간 이상 시간 외 일을 하고도 법 때문에 돈 못 받는다며 고민하던 동지들, 냉동선 속에서 눈썹 하얗게 염색하고 이튿날 출근길에 정형외과에 실려 가던 동지들, "하나요! 둘이요!" 고함

속에 화물차 뒤에 박스 깔고 도둑잠을 청하는 동지들, 중국에서 만든 물건을 한국산으로 변조하는 걸 거부하다 일까지 빼앗긴 동지들, 야간열차 신문 한두 부 때문에 새카맣게 밤을 보내는 동지들, 60 평생 야간작업만 하다가 퇴직 후 5년을 넘기지 못하고 세상을 떠난 동지들, 수출 급하다고 80kg 넘는 화물을 맨손으로 넘기던 동지들……

그 끝을 헤아릴 수 없지만, 그렇게 나는 한평생 한 많고 사연 많은 항만 노동자들과 동고동락하였다.

항만 노동자는 일반 노동자들과 고용구조가 다르다. 사용자가 없을 뿐만 아니라 매번 작업마다 사용자와 화주가 바뀌고, 배가 들어와야 작업이 있고, 작업이 없을 때는 임금도 없는 특수 노동자이다. 그러다 보니 항만 노동자 스스로 규칙을 만들고 조직을 만들어 정해진 규칙을 준수함으로써 서로를 보호해야만 하는 특성을 가지고 있다.

스스로 뭉쳐 생존을 모색해야 하는 항만 노동자들이 중심이 되어 만든 조직이 항운노조이다. 항운노조에는 항만 노동자들뿐만이 아니라 철도·농수산시장·창고 등 물류 하역에 종사하는 모든 하역 노동자들이 포함되어 있다. 하역 작업장의 형성과 함께 구성된 노동자들은 하역 작업장을 중심으로 움직인다. 작업장에 놓인 화물의 주인, 즉 화주와 근로 조건을 합의하고, 작업장 물량에 따라 소요 인력도 스스로 조절한다.

하역 노동자들이 스스로 조직을 꾸리는 특성은 근대 노동법이 생기기 이전부터 있었다. 조선시대는 객주 산하 조군, 1898년부터 일제강점기 동안 부두창고 노무자였던 하역 노동자들은 자체규칙을 만들고 재해대책을 세우고 전국적으로 하나 된 조직을 만들었다. 그곳에서 그들은 통일된 노임단가를 결정하여 자신들의 생업을 유지해 나갔다.

시대의 변화에 따라 일자리 나누기가 오늘날은 정책목표까지 되었지만, 일자리 나누기의 선례는 하역 노동자들이었다. 한국전쟁 직후 반공포로 석방 때였다. 3,000여 명의 반공포로를 조합원들의 집에 숨겨 미군 당국으로부터 보호했고, 그들을 동지로 받아들여 일자리를 나누었다. 그들은 애국심 강한 대한민국의 국민이 되어 안정된 삶을 누렸다. 이처럼 하역 노동자들은 자유민주주의 체제 유지에도 솔선수범했다.

일도 나라도 사랑했던 항운노조는 산업구조의 변화, 즉 대부분의 일이 자동기계화되는 과정에서 변화를 겪어야 했다. 한때 12만 명이었던 동지들의 수가 3만 명으로 줄었다. 하지만 나는 숫자와 상관없이 하역 노동자들과 함께했다. 해외원조로 연명하던 국가가 수출 1조 달러를 초과할 때까지 하역 물류 산업의 정책수집과 모든 노동조건을 이해 당사자 간 합의에 의해 결정·시행토록 했다.

자유민주주의 체제 유지와 아울러 국가 경제 발전에도 큰 일익을 담당한 항운노조, 나는 늘 그들과 함께한 것을 자랑스럽게 여기고 있다.

조합원들의 신뢰와 지지가 있었기에

항운노조로 나를 이끈 것은 운명이었다. 아무리 힘든 일이 다가왔어도 그 운명을 거역하지 않고 42년 동안 한눈팔지 않고 살아왔다. 항운노조 활동 초기 부산에서의 25년은 매년 120여 개의 단협을 체결해야 하는

- 항만 노사정 무쟁의 선언식(2002년 3월)

업무량 때문에 늘 정해진 출근시간보다 1시간 먼저 출근했고, 출퇴근 만
원 버스에서도 하루의 업무를 정리 정돈하면서 정말 많은 일을 해냈다.
주마등처럼 지나가는 그 많은 일들 가운데 굵직한 일들만 되새겨본다.

◇ 1973년 1억 5천만 원의 체불임금을 1년 만에 해결하고 박찬종
  의원과 함께 만든 우리나라 최초의 임금채권 우선변제 제도
◇ 항만하역 기계화에 대응한 국제기준에 준한 컨테이너, 고철, 양
  곡, 무연탄 등 항만 구조조정에 대한 노동자 보상 및 보호대책
  합의
◇ 1981년 제주 감귤농민의 소작농화와 선주, 화물차주 하역사들
  의 몰락을 시도했던 대형선박재벌회사의 하역업계 진입 방어
◇ 1987년 6 · 29 이후 대법원 판결에 맞서 8년이 소요된 두 차례

의 대법원 재판 수행으로 100여 개 냉동회사와의 현행 근로조건
유지 합의

◇ 매년 수행한 정부, 화주협회, 선주협회, 물류협회와의 5, 6개월
에 걸친 하역요금 조정

◇ 전국조합원을 설득, IMF 위기타개를 위한 임금동결, 노사정 평
화선언, 우리나라 최초의 포트 세일즈 참여

◇ 문민정부가 내세운 항만운영 효율화, 국민정부의 Two Port 시
스템 도입, 참여정부의 항운노조 분리화와 항만 상용화, MB 정
부의 트리거룰(물동량 연동개발 시스템) 도입 등 정권교체 시마다
원칙 없이 바뀐 정책에 대한 하역 노동자들의 보호대책 합의

◇ 1997년 복수노조 도입에 대한 13년 유예와 시행에 앞선 물류산
업 현장의 노사안정대책 수립 등

　이러한 일들을 행할 때 나름대로 원칙이 있다. 그것은 공익과 노동조합
의 사회적 책임을 최우선하는 것이다. 하역 노동의 특징은 앞에서도 잠
깐 언급했지만, 작업장을 중심으로 불특정 다수에게 노무를 공급하고 파
동성 높고 불규칙적인 하역 작업을 수행하는 것이다. 자신들이 정한 동
원 수칙에 따라 가장 빠른 시간 내에 작업을 수행하고 받은 임금은 균등
히 배분한다.

　선박 속발(速發)의 원칙에 따라 수출입 물량을 처리하는 것이 국가경제
발전과 사회 안정에 기여하는 것이기 때문에 공익과 노동조합의 사회적
책임은 무엇보다 중요한 것이다. 이러한 일들은 조합원 동지들의 적극적

인 지지가 있었기에 가능했다. 그때처럼 지금도 부족한 나를 믿어주고 있는 전국의 조합원 동지들에게 다시 한 번 감사를 드린다.

내가 없었던 어린 시절

이미 고인이 된 삼촌들이나 형님들은 초등학교 입학 전까지는 우리 집안의 가세가 유복했다고 한다. 하지만 내게는 그런 기억이 없다. 가난, 가난, 가난 그것이 전부였던 것 같다.

하루는 며칠을 굶다 못해 이웃 아교공장에서 냇가에 널어 말리는 아교풀(지금 기억으로는 생선가시, 가축뼈 등이 원료)을 몰래 가져왔다. 그것을 들에서 뜯어온 도토라지(명아주)와 쇠비름을 섞어 삶아 끼니를 때웠다.

굶주림도 굶주림이지만, 더 큰 어려움은 부모님께서 일찍 돌아가셨기 때문에 형제가 모두 스스로 독립해야 했던 데 있었다. 나는 큰형 밑에 자랐는데, 집안 분위기 때문에 친구들을 데리고 온 적이 한 번도 없었고 항시 밖에서만 어울렸다.

초등학교 시절 나를 성장시킨 것은 외조모, 외숙모, 외사촌 형수들이었다. 3학년부터 방학이면 빠지지 않고 그곳에 가 시골 일을 거들면서 자립심을 길렀고, 아버지가 남겨주신 '인의예지신(仁義禮智信)'이란 글귀도 늘 마음에 새기며 올바른 삶을 살려고 노력했다.

초등학교를 마치고 중학교까지는 진학하였으나 졸업을 앞두고 위기가 찾아왔다. 등록금을 내지 못해 정학을 당했다. 당연히 졸업식도 참석하지 못하고 진학을 포기하고 있었는데 이웃 아주머니가 귀가 솔깃한 정보를 주었다. 학비가 싼 사범학교가 있다는 것이었다. 나는 형수님의 허락으로 사범학교에 진학했고, 졸업 후 교사의 길을 걸을 수 있었다.

지금 생각해보면 몰락한 집안의 6남매 중 4째로 성장기를 보내고 1961년 교사로 출발할 때까지 나는 그저 누가 시키는 대로만 살았던 것 같았다. 외갓집 가는 것 외에는 내 주장대로 해본 게 거의 없었던 것으로 기억된다.

내 무덤에 침을 뱉어라

"내 무덤에 침을 뱉어라!"

박정희 대통령이 한 말이다. 역대 대통령 가운데 박정희 대통령처럼 지지자와 반대자, 공과 실이 확연히 구분되는 대통령도 없을 것이다. 한두 세기 후 우리의 역사가 어떻게 평가될 것인지는 아무도 결정지을 수 없을 것이다.

박정희 대통령은 민주주의의 중요성을 누구보다 잘 알고 있었다고 본다. 그러나 가난을 극복해야 할 절체절명의 시기에서 선택할 수밖에 없었던 것은 경제개발 5개년 계획이었다.

훗날 내가 잘못했다고 평가하거든 "내 무덤에 침을 뱉어라"라고 말하곤 하던 박정희 대통령은 '민족중흥'의 기치 아래 모든 것을 쏟아부었고, 그 결과 대한민국은 어느 개발도상국가보다 빠르게 산업화를 달성하여 오늘의 경제 기적을 이룩하는 초석을 다질 수 있었다. 당시 그 혜택을 체험하지 않은 국민이 박정희 대통령을 독재자라고 말하며 민주주의가 훼손되었고 노동자들의 희생을 강요했다 하여 침을 뱉고 있는 현실을 나는 안타깝게 생각한다.

상반되는 평가에도 불구하고 나는 가장 존경하는 현대의 인물로 박정희 대통령을 꼽는다. 박정희 대통령은 대구사범학교를 중도에 포기하고 와세다 대학에 진학하여 학생 독립운동을 지휘하다 재판 한 번 받지 못하고 6개월 동안 고문만 받다가 돌아가신 외삼촌과 같은 대구사범 출신이었다. 그래서 더욱더 친근감이 들었지만, 그보다 가난하고 굶어본 어린 시절을 겪어본 나로서는 가난을 벗어나게 해준 박정희 대통령의 실행력을 높이 평가하기 때문에 그를 가장 존경하는 것이다.

독재자라는 면모와 달리 그는 모든 국토 및 경제개발에서 차질이 발생하지 않도록 하기 위해 전 과정을 관련 전문가를 직접 만나 노트에 메모하면서 몇 달이 걸리더라도 치밀하게 상의하였고, 계획이 완벽히 섰을 때만 계획을 실행하는 철두철미한 면모를 보였다.

내 기억으로는 경제발전에서 가장 중요한 사회기반시설의 대부분은 박정희 대통령 때 계획되었다. 즉 KTX 건설, 4대강 사업, 지하철 건설을 제외한 모든 사회간접자본 투자가 60년대부터 계획되었다는 것이다. 고도성장을 이룰 수 있는 발판이 오래전 마련되었다는 사실만으로도 우리는 박정희 대통령의 평가를 다시금 해야 하는 게 아닌가 싶다.

박정희 대통령에 대한 흠모는 교사가 된 뒤의 내 삶에 큰 영향을 끼쳤다. 갓 스무 살에 아이들을 가르치기 시작한 나는 아이들 교육에만 매달

― 하역 작업 중인 부두노동자(1970년대)

리지 않았고, 하루빨리 가난을 극복하겠다는 신념으로 4H운동, 새마을
운동, 재건국민운동에도 열정을 바쳤다.

그러던 어느 날 문득 교사라는 직업에 회의를 가졌다. 성심을 다해 아
이들을 가르치면서도 뭔가 교육자로서의 한계를 느꼈다. 바르고 착하고
멋진 아이들을 키워야 한다는 사명감이 사라진 것은 아니지만, 쳇바퀴
돌듯이 반복되는 생활 속에서 페스탈로치가 되지 못할 단순한 월급쟁이
라는 생각을 지우기가 힘들었다. 그런 마음이 들수록 아이들에게 미안해
졌고, 고민하던 중 시쳇말로 멘토를 만나 1971년 부두 노동운동으로 전
환을 하게 되었다.

노동조합운동도 긍정적 사고로 사회적 책임을 다해야 한다

앞에서도 잠깐 말했지만 항만 노동자들의 삶은 열악하다. 오로지 몸 하나에 의지해 매일매일 바뀌는 화물을 나른다는 것은 심신이 극히 지치는 고단한 노동이다. 70년대 초반만 해도 지게 혹은 몸으로 작업을 했기 때문에 사상자도 많이 나왔다. 경제성장의 주요 일꾼이지만 그들의 형편은 한마디로 밑바닥이었던 것이다.

오랫동안 학교 현장에서 아이들과 부딪히며 살아온 내게 그런 광경은 당연히 살벌하게 다가왔다. 그리하여 평생 내 삶의 터전으로 항만을 생각하고 그들과 함께하기로 마음먹었다. 항상 주어진 환경을 긍정적으로 사고하며 노동자와 사회, 국가 발전을 병행하고 공익적·사회적 책임을 다하는 것을 목표로 세웠다.

"항상 현장에서 일하는 동지들을 생각하고 어떻게 하는 것이 그들을 위하는 것인지 되새겨 보라."

항운노조 생활 초창기 멘토 선배가 해준 이 말은 지금도 기억에 생생하다. 항만 노동자보다 내가 조금 더 배웠다고 해서 그들 앞에서 우쭐할 필요도 없고, 그들보다 나은 처우를 받을 이유도 없고, 나도 조합비를 내는 항만 노동자의 한 사람으로서 그들과 함께 일한다는 것이 중요했다. 부두 노동자의 권익증진을 위한다는 일념으로 그들의 고된 노동의 대가가 충분히 돌아갈 수 있도록 더 열심히 뛰는 것이 내가 해야 할 일이었다.

미국의 여성 작가 프랜시스 버넷이 쓴 《소공자》라는 책은 어린 시절 가난했던 내가 처음으로 돈을 주고 산 책이었고, 현재도 가장 기억에 남는

책이다. 한 소년이 익숙했던 환경에서 벗어나 낯선 곳에 갔지만, 결코 그에게 호의적이지 않은 환경에서도 소년 특유의 원칙과 소신을 갖고 난관을 뚫고 나가는 이야기는 감동적이었다. 이야기의 결말은 다른 사람들도 행복해지고 소년도 행복해진다는 것이었다.

바로 이것이었다. 내가 행복해지려면 남들도 행복해져야 한다는 것을 명심해야 했다. 나에게는 하역 노동자들이 있었다. 그래서 정말 최선을 다해 일했다. 항만정책과 노사교섭이 주요 업무였던 나는 항만정책 연구를 위해서 전문서적은 물론 선진국의 사례수집과 노동법의 연구에 몰두했고, 모든 교섭에서는 상대를 이해시켜 합의를 유도해냄으로써 하역산업의 안정과 조합원 생활의 안정을 기해왔다.

집회, 농성, 현장파업, 노사협상, 쟁의진행, 소송수행, 토론회, 공청회, 연구용역, 정책회의, TV대담 등 수많은 하역노동 관계 일들이 내 앞에 놓여 있었지만, 항상 '진인사대천명(盡人事待天命)'의 소신으로 수행하였다.

교사가 나의 천직이 아니었고 하역 노동운동가가 본래 천직이었나 싶을 정도로 내 전부를 바쳤다. 하지만 모두가 나의 노력과 뜻을 알아주는 것은 아니었다. 1985년부터 수년간은 노동조합의 자체 개혁을 위해 끈질긴 투쟁도 해보았고 좌절도 해보았다. 그렇게 노동자들의 권익 개선을 위해 가족도 도외시하고 노력하였으나 비방하고 모략하는 사람들도 있었다. 심지어 연행, 수사, 징계와 해고는 물론 국가안전기획부에 가서 각서도 써보았다. 그래도 나는 멈출 수 없었다. 음지에서 적극 지지해주던 하역 노동자들이 있었기에 그들과 함께한다는 71년도 초심의 약속을 결코 포기할 수 없었기 때문이었다.

국회의원이 되고 나서

내가 정치에 입문하게 된 그 기저에는 전국 하역 노동자들의 적극적인 지지, 오랜 경험 속에서 쌓인 노동운동에 대한 전문 지식, 한국노총 산별 조직의 지지를 받은 노동법 개정안에 대한 소신, 항만산업 종사자들의 신뢰를 받은 항만정책과 하역산업에 대한 경험이 깔려 있다. 이러한 모든 것들이 결정적인 계기가 되어 새누리당 비례대표 국회의원이 되었다.

환경노동위원회에 소속된 초선의원으로서 나는 '의원선서' 대로 피땀이 흐르는 산업현장을 절대 잊지 않고, 이제 남은 생을 국민과 국익을 위한다는 일념으로 의정활동을 전개해야 한다고 다짐했고, 환경 분야에서는 폐전기·전자제품 재활용률을 높이고 국민의 편의 증대를 위해 대형 폐전기·전자제품의 무상방문수거를 전국적으로 시행하는 성과를 내기도 했다.

우리나라의 불안정한 노사관계는 국가경쟁력을 저해하는 가장 큰 원인 중의 하나다. 특히 노사와 전혀 상관없는 정치권이나 다른 의도를 가진 외부세력의 개입으로 노사 자율의 원칙이 깨지고 정치 · 사회 문제로까지 확대될 뿐 아니라 결국엔 노동자의 고통을 초래하는 사례가 많다. 이러한 노사관계의 불안정을 개혁하기 위해서는 노동법의 재정비가 반드시 필요하다.

한국노총의 대표로서 노동법 재정비의 역할을 맡은 내 입장에서 볼 때 우리나라 노동법의 현실은 단기간 내 정비가 불가능하다. 선진국의 노동법이 인권헌장을 중심으로 4, 5백 년의 역사를 거쳐 노사합의 또는 사회적 합의로 계약자율의 원칙이 준용되어온 데 반하여 우리 노동법은 60년의 역사에 불과하기 때문이다.

게다가 근로기준법을 중심으로 사용자로부터 노동자를 보호하기 위해 규제 위주로 노동관계법이 제·개정되어 왔고, 개정 보완 과정에서는 사회적 합의를 이루지 못한 채 노사가 제외되어 왔다. 그러다 보니 정부와 학계에 의해 노동관계법은 땜질식으로 개정되었고 노사자율의 원칙, 즉 계약자율의 원칙이 훼손되어 노동악법의 오명을 쓰고 있다. 결국 급변하는 산업구조의 변화를 기존의 노동법이 수용하기에는 무리가 있다고 본다.

노동법의 재정비를 위해서는 다른 관계 법률까지 다시 분석하고 조명하고 구성해야 한다. 한두 사람의 아이디어로 이루어질 수 있는 것이 아니고 노사정, 그리고 노동법 전문가들이 모두 모여 많은 시간을 두고 연구해야 할 방대한 작업이다. 그래도 나는 멈추지 않을 것이다. 내가 생각하는 노사문제의 안정적 정착은 여기서 나오고 이것만이 노사갈등으로 인한 막대한 비용을 줄일 수 있기 때문이다.

이를 실천하기 위해 국회 등원 후 먼저 노사를 비롯한 원로 학자 분들과 십여 차례 만나 나의 뜻을 토로하고 협조를 구했다. 하지만 원칙에는 동의하면서도 선뜻 나서질 않아 신진 노동법학자에게 도움을 요청해 겨우 한 차례의 토론회를 개최했을 따름이다. 또한 환경노동위원회에 나의 뜻을 설명하고 전원 찬성 속에 협조를 약속받았으나 아직 어느 의원도 구체적으로 어떻게 진행할 것인지 물어온 적이 없다.

노동법 재정비를 위해 남은 임기 동안 연구용역을 시도할 계획이다. 비록 임기 동안 법안이 정비되지 못하더라도 노동법의 개정 방향이나마 제시함으로 차기 국회에서라도 유종의 미를 기대할 수 있기에 최선을 다할 각오이다.

- 2013년 국정감사 우수 국회의원상 수상(2013년 12월)

현장에서 노동운동을 할 때, 하역회사와 임금교섭을 하는데 사장이 나를 믿고 경영 상태를 설명하면서 회사만 제대로 운영되도록 해달라며 백지를 내놓고 임금을 마음대로 결정하라고 제안한 적이 있다. 이때처럼 난감했던 적도 없었다. 그 뒤로 나는 노사관계는 적대적인 관계가 아니라 상호 신뢰라는 인간관계가 바탕이 되어야 한다고 생각했다. 노사 모두가 잘 되어야 국가도 잘 되는 것 아닌가?

　노동운동에 대한 나의 신념은 확고하다. 겉으로의 노사분쟁은 내면적으로 노노분쟁, 노정분쟁, 사사분쟁으로 분석된다. 노동조합의 구성목적은 노사가 서로 믿고 웃으면서 공통의 목표를 위해 나아가는 것으로 외부의 개입보다 자율의 원칙이 준수되는 것이라고 생각해 왔고 앞으로도 변함이 없을 것이다.

　내 삶의 원칙도 이와 같다. 극단적인 개인주의를 버리고 혼자가 아닌 사회구성원 전체가 함께한다는 것을 항상 깨우쳐야 하고, 그 속에서 역할을 찾아야 한다. 더 나아가 현재의 위치를 현실에서 보지 말고 미래를 예측하고 살아야 한다. 그러면서 자부심을 키우고 무슨 일이든 포기 없이 끝까지 해야 한다는 것을 명심해 왔다.

　'지도자는 1,000가지 일을 잘하더라도 한 번 실수가 사망으로 연결된다는 현실'을 나는 늘 중요하게 여기며 살아왔고 앞으로도 그렇게 살아갈 것이다. 요즘 청년들이 많이 힘들어하는 것 같다. 나도 인생을 포기할 만큼 힘든 시절이 있었지만, 나는 스스로의 약속을 지키기 위해 한 길로만 달려왔고, 그것을 일구는 과정이 보람이었다고 자신한다. 함께 행복해지는 일, 그 한 길을 정진한다면 보람 있는 일이 아닌가? 결국 자유민주주

의도 인간사회에서는 홍익인간의 개념 아래 있다는 것을 명심해야 할 것
이다.

약속지킴이 모임 활동사진

신뢰를
실천으로

우리 함께 걸어요

초판 1쇄 발행일 2015년 5월 1일

지은이 새누리당 약속지킴이 모임

펴낸곳 (주)도서출판 예문 ● 펴낸이 이주현

등록번호 제307-2009-48호 ● 등록일 1995년 3월 22일 ● 전화 02-765-2306

팩스 02-765-9306 ● 홈페이지 www.yemun.co.kr

주소 서울시 강북구 미아동 374-43 무송빌딩 4층

© 2015

ISBN 978-89-5659-247-3 (03340)